古逸叢書研究

馬月華 著

北京大學出版社
PEKING UNIVERSITY PRESS

圖書在版編目(CIP)數據

《古逸叢書》研究／馬月華著．—北京：北京大學出版社，2015.1
ISBN 978-7-301-25382-3

Ⅰ．①古… Ⅱ．①馬… Ⅲ．①古籍—中國—清代—叢書②《古逸叢書》—研究 Ⅳ．①Z121.5

中國版本圖書館CIP數據核字(2015)第016522號

北京市社會科學理論著作出版基金資助出版

書　　名	《古逸叢書》研究
著作責任者	馬月華　著
責任編輯	王　應
標準書號	ISBN 978-7-301-25382-3
出版發行	北京大學出版社
地　　址	北京市海澱區成府路205號　100871
網　　址	http://www.pup.cn　新浪微博：@北京大學出版社
電子信箱	zpup@pup.cn
電　　話	郵購部 62752015　發行部 62750672　編輯部 62756449
印　刷　者	北京大學印刷廠
經　銷　者	新華書店
	650毫米×980毫米　16開本　14.75印張　230千字
	2015年1月第1版　2015年1月第1次印刷
定　　價	36.00圓

未經許可，不得以任何方式複製或抄襲本書之部分或全部內容。
版權所有，侵權必究
舉報電話：010-62752024　電子信箱：fd@pup.pku.edu.cn
圖書如有印裝質量問題，請與出版社聯繫，電話：010-62756370

目　録

前　言 …………………………………………………………… 1
緒　論 …………………………………………………………… 1
　　一、研究緣起 ………………………………………………… 1
　　二、研究角度 ………………………………………………… 2
　　三、研究現狀 ………………………………………………… 3

第一章　黎庶昌、楊守敬與《古逸叢書》………………………… 7
　第一節　黎庶昌和他的藏書 …………………………………… 7
　　一、黎庶昌生平 ……………………………………………… 7
　　二、黎氏藏書 ………………………………………………… 10
　第二節　楊守敬和他的藏書 …………………………………… 11
　　一、楊守敬生平 ……………………………………………… 11
　　二、楊氏藏書 ………………………………………………… 15

第二章　《古逸叢書》的刊刻及印本 …………………………… 19
　第一節　《古逸叢書》刊刻經過 ……………………………… 20
　　一、訪書準備 ………………………………………………… 20
　　二、選擇底本 ………………………………………………… 22
　　三、校正底本 ………………………………………………… 24
　　四、刊刻方式 ………………………………………………… 27
　　五、關於刻工 ………………………………………………… 30
　　六、審定校樣 ………………………………………………… 32
　第二節　《古逸叢書》的印本 ………………………………… 34

一、日本單行本 …………………………………………… 34
　　　二、日本彙印本 …………………………………………… 41
　　　三、上海縣署印本 ………………………………………… 44
　　　四、蘇州書局印本 ………………………………………… 48
　　　五、曹允源補刻印本 ……………………………………… 49
　　　六、影印本 ………………………………………………… 50
　　第三節　刊刻《古逸叢書》的遺憾 ………………………… 51

第三章　《古逸叢書》各書底本 …………………………… 55
　　第一節　以刻本原本爲底本 ………………………………… 58
　　　一、詳注本《廣韻》 ……………………………………… 58
　　　二、《太平寰宇記補闕》 ………………………………… 64
　　　三、《周易》 ……………………………………………… 68
　　　四、《楚辭》 ……………………………………………… 72
　　　五、略注本《廣韻》 ……………………………………… 73
　　　六、《論語集解》 ………………………………………… 76
　　　七、《孝經》 ……………………………………………… 78
　　　八、《韻鏡》 ……………………………………………… 81
　　　九、《急就篇》 …………………………………………… 82
　　第二節　以刻本的影抄本或傳抄本爲底本 ………………… 84
　　　一、《爾雅》 ……………………………………………… 84
　　　二、《穀梁傳》 …………………………………………… 88
　　　三、《荀子》 ……………………………………………… 91
　　　四、《尚書釋音》 ………………………………………… 93
　　　五、《姓解》 ……………………………………………… 95
　　　六、《史略》 ……………………………………………… 97
　　第三節　以舊抄本爲底本 …………………………………… 99
　　　一、《玉燭寶典》 ………………………………………… 99
　　　二、《琱玉集》 …………………………………………… 104

三、《日本國見在書目》………………………… 106
　　四、《漢書》…………………………………………… 107
　　五、《碣石調》………………………………………… 108
　　六、《天台山記》……………………………………… 110
　第四節　以拼配之本爲底本………………………… 113
　　一、《莊子》…………………………………………… 113
　　二、《玉篇》…………………………………………… 115
　　三、《文館詞林》……………………………………… 120
　　四、《杜工部草堂詩箋》……………………………… 123
　　五、《老子道德經》…………………………………… 126

第四章　《古逸叢書》校勘研究………………………… 129
　第一節　黎庶昌的校改……………………………… 131
　　一、詳注本《廣韻》…………………………………… 131
　　二、略注本《廣韻》…………………………………… 134
　　三、《杜詩》…………………………………………… 137
　第二節　楊守敬說明的校改………………………… 139
　　一、《莊子》…………………………………………… 139
　　二、《論語集解》……………………………………… 140
　　三、《姓解》…………………………………………… 144
　　四、《史略》…………………………………………… 147
　第三節　未作說明的校改…………………………… 155
　　一、《爾雅》…………………………………………… 156
　　二、《周易程傳》……………………………………… 159
　　三、《玉篇》…………………………………………… 169
　　四、《太平寰宇記補闕》……………………………… 174
　　五、《穀梁傳》………………………………………… 175
　第四節　楊守敬說明不改但實際有校改…………… 177
　第五節　未作主觀校改的例子……………………… 182

一、《急就篇》………………………………… 182
　　二、《孝經》…………………………………… 183
　　三、《天台山記》……………………………… 184
　　四、《碣石調》………………………………… 185
　總　結………………………………………………… 187

附錄一　北京大學圖書館藏楊守敬日本訪得之書……………… 190
附錄二　《古逸叢書》各書底本存佚表………………………… 194
附錄三　《天台山記》文本特點………………………………… 204
　　一、《天台山記》的旁注……………………… 205
　　二、《天台山記》的衍文誤字………………… 206
　　三、《天台山記》的俗字和習慣用字………… 208
　　四、《天台山記》釋文………………………… 212

主要參考文獻……………………………………………………… 224

前　言

本書在我的博士論文基礎上修訂而成。

清末黎庶昌、楊守敬輯刻的《古逸叢書》收集了一批保存在日本的珍稀漢籍，是中國近代學術史上具有重要影響的古籍叢書，迄今仍爲學界廣泛利用。本書考察了揚州中國雕版印刷博物館所藏的《古逸叢書》現存板片以及中國國家圖書館、北京大學圖書館、臺北故宮博物院和日本一些藏書機構的相關藏書，基本釐清了《古逸叢書》編印的緣起經過、各次印本、底本狀況以及對底本的校改等問題。

博士論文寫作期間，得到了很多師友的幫助，在此一併致謝：感謝北大古文獻中心的安平秋先生、楊忠先生、劉玉才先生等諸位老師的指導修改意見，感謝陳捷先生寄給我她與《古逸叢書》相關的一系列文章，感謝復旦大學圖書館楊光輝先生惠贈復旦藏元刻本《周易程傳》的部分書影，感謝揚州中國雕版印刷博物館的時任館長袁淮先生給予我閱覽《古逸叢書》板片的機會，感謝日本學者高橋智先生和美國學者艾思仁先生對論文的啟發性意見。

《古逸叢書》内容龐雜，本書涉及的版本比對和校勘的工作量相當大，由於條件限制，未能對《古逸叢書》全部板片做全面細緻考察，散落各機構的藏書亦未得窺全貌。儘管蒐集的材料基本能夠支持研究結論，但是難免遺珠之憾，希望將來有機會補充修正。水平所限，書中肯定存在着不少問題，敬請大家批評指正。

馬月華記於北京大學
二〇一四年七月

緒　　論

一、研究緣起

在今天的中國域外漢籍收藏中，日本是一個重要的國家。它的收藏中許多是二十世紀三四十年代日本帝國主義者對我國文獻典籍掃蕩和掠奪之物，然而不可否認的是，在十九世紀中期以前的一千多年里，日本一直不斷輸入着中國的文獻典籍，因此其收藏本身也非常有特點。

中國學術界真正開始把流傳於日本的漢籍作爲"學術"來加以考察，是在十九世紀末。① 這時正值晚清，由於各種歷史原因，訪書日本開始成爲中國學界的一種潮流。在衆多的訪書者中，楊守敬是時間比較早而且訪書最爲成功的一位。自光緒六年(1880)夏至光緒十年五月差滿歸國，楊守敬用四年時間就收藏古籍數十萬卷，宋元本、明刻本、舊抄本、和刻本數量衆多，其中不少爲海内孤本，這在清代藏書家中是罕有倫匹的。

在此期間，楊守敬實際主持刊刻了《古逸叢書》二十六種，其中很多書就是流傳於日本而當時國内久已失傳之本。《古逸叢書》的刊刻對中國近代學術史產生了很大的影響，所刻各書被廣泛用於校勘等研究。同時，它也極大地刺激了中國學者去日本訪書的熱情，之後李盛鐸、羅振玉、董康等又繼有赴日訪書之舉。在《古逸叢書》之後，珍貴古籍的影印也成爲風氣，僅以"續古逸叢書"爲名的就有：1919年至1957年商務印書館張元濟主持影印《續古逸叢書》四十七種，1982年至1992年中華書局又影印出版《古逸叢書三編》四十三種等。這些影印古籍爲研究者提供了很大便利，同時對珍貴古籍的流傳和保存也起了很好的作用。

---

①　嚴紹璗《日藏漢籍善本書録·自序》，北京：中華書局，2007年。

然而，隨着近年古籍影印事業的發展和學界視野的逐漸開闊，我們發現《古逸叢書》在刊刻过程中存在着諸多問題。就拿《古逸叢書》之十三《覆元泰定本廣韻》來説。我們知道，元泰定本屬於《廣韻》版本系統中的略注本一系，是這一系統中現存較早之版本，音韻學家徵引頗多。而這一覆刻本的底本，今就藏於北京大學圖書館。將此底本與《古逸叢書》本校勘，發現《古逸叢書》本對底本的改動非常多，但是未作説明也未出校勘記，因此從文本可靠性角度説《古逸叢書》本根本不足憑信。北大本已於 2005 年 12 月由北京圖書館出版社作爲"中華再造善本"之一種影印出版。按理説，它的出現完全可以代替《古逸叢書》本，然而遺憾的是，目前《廣韻》的研究者仍在使用《古逸叢書》本，如 2007 年 6 月由嶽麓書社出版的蔡夢麒《廣韻校釋》，2008 年 8 月由上海人民出版社出版的余廼永《新校互注宋本广韻定稿本》等等。看來它的問題還遠未引起大家的重視。

由此我們不禁會問：除《覆元泰定本廣韻》外，《古逸叢書》中的其他書是否也對底本進行了校改？《古逸叢書》所收各書底本究竟是何版本？以今天的眼光來看《古逸叢書》，其各書還有版本價值嗎？此外，《古逸叢書》本身各次印本的不同以及黎庶昌、楊守敬藏書的來源和流向等問題也都是非常值得研究的課題。

二、研究角度

學界對《古逸叢書》已經有了不少研究，不過，這些研究的角度各不相同：有些致力於研究《古逸叢書》的日本刻工及它在版刻印刷史上的意義；有些側重於探討《古逸叢書》在中日兩國文化交流史上的意義；有些着力對《古逸叢書》中的某一書從文字、思想、内容等角度予以專門研究；等等。我們不可能也不擬對涉及《古逸叢書》的所有方面都作廣泛深入的研究，我們感興趣和主要想做的工作是：從文獻學的角度來考查《古逸叢書》，還原其刊刻經過，比較叢書各次印本，辨析叢書所收各書的底本，闡明其在今天的版本學價值以及使用時需要注意的一些問題。

三、研究現狀

以往對《古逸叢書》研究的成果是我們的基礎，下面根據本書所涉相關問題簡單介紹研究現狀。

黎庶昌其人，《清史稿》有傳，又有黃萬機《黎庶昌評傳》等書，黎庶昌的生平經歷及著述等可由此大致得到瞭解。黎氏藏書去向所知尚不多，目前所見有兩篇文章討論這一問題：一爲劉雨濤《龔澤浦購買黎庶昌珍藏善本書》(《貴州文史叢刊》1992年第3期)，一爲陳捷《貴州省所藏與日本有關之典籍——以黎庶昌舊藏古籍的情況爲中心》一文。（原文爲日文，發表於2001年2月第17次國際"現存於中國的日本有關典籍和文化財產"主題學術研討會。）

楊守敬其人，由楊守敬自編並由其弟子熊會貞補編的《鄰蘇老人年譜》，是研究楊守敬生平經歷最重要的資料。不過，該譜比較簡略，僅一萬多字。後臺灣學者吳天任在此基礎上對楊守敬的事跡做了大量增訂，撰成《楊惺吾先生年譜》一書(臺灣藝文印書館，1975年)。近年楊守敬的族重孫楊世燦又撰有《楊守敬學術年譜》。楊守敬的著述頗多，謝承仁等編《楊守敬集》(共13册，湖北人民出版社，1988年)，楊氏著述大多集中於此。

關於《古逸叢書》的刊刻及各書底本、版本特點等，陝西師範大學賈二強先生1986年碩士論文《〈古逸叢書〉考》有過系統討論。賈先生論文由黃永年先生指導，資料詳實，論證嚴謹，本論文參考頗多。不過，該文主要從文獻記載對《古逸叢書》各書底本作分析，很少搜訪底本實存情況，也未對底本實物作仔細考察，且該論文撰作年代較早，不少資料尚未及見到。本書將在充分吸取其成果的基礎上，糾正其中不正確的説法，並補充新資料。

本書所利用的相關資料和研究成果主要可分爲以下幾個部分。

第一部分，主持刊刻者自己的記錄。黎庶昌對《古逸叢書》刊刻情況的説明主要集中在《古逸叢書》卷前《敘目》以及《古逸叢書》各書卷後，這些跋文皆收入黎氏《拙尊園叢稿》一書中。楊守敬跋文多附於《古逸叢書》各書卷後，後《日本訪書志》一書又收入更多相關跋文。民國十九年（1930）王重民先生曾遍錄當時他所經眼的楊守敬手跋，輯爲《日本訪書志補》，又新增一些《古逸叢書》相關書跋。另外，楊守敬有一部手批《經籍訪古志》流傳於日本，其中有些批語涉及《古逸叢書》的刊刻及底本情況，長澤規矩也《楊惺吾日本訪書考》曾對這些資料作了詳細介紹（收入《長澤規矩也著作集：第二卷》，日本東京汲古書院，1982年）。

第二部分，楊守敬與日本當時一些學者的筆談記錄。陳捷先生指出，以往研究楊守敬在日本訪書這段經歷時"所利用的材料大多未超出《鄰蘇老人年譜》、《古逸叢書》跋文、《日本訪書志》及《日本訪書志補》等。事實上，在研究楊守敬的日本訪書活動時，除了上述爲學者所熟知的材料外，尚有一些很有價值的記錄保存下來"。這些筆談資料，歸納起來約有以下幾種：第一種，楊守敬與森立之的筆談記錄《清客筆話》，陳捷整理，已收入《楊守敬集》第13册，陳先生又撰有《關於〈清客筆話〉及其價值——日本所藏楊守敬資料解題之一》一文（《原學》第5輯）。第二種，楊守敬與巖谷修的筆談記錄，陳捷在《關於楊守敬與巖谷修筆談資料的初步考察——日本所藏楊守敬資料解題之二》一文中有詳細整理和研究（《北京大學學報》1998年日本研究中心成立十周年特輯）。第三種，楊守敬與宮島誠一郎的筆談記錄，陳捷《楊守敬と宮島誠一郎の筆談錄》一文有詳細整理和研究（《中國哲學研究》第12號，東京大學中國哲學研究會，1998年11月）。此外，陳捷《關於楊守敬與日本刻工木村嘉平交往的考察》一文（《中國典籍與文化論叢》第7輯），使我們對日本刻工木村嘉平有了更多了解，爲深入研究《古逸叢書》的刊刻經過提供了重要資料。

第三部分，楊氏善本藏書的實存情況記錄。阿部隆一於二十世紀七十年代對臺北故宮博物院藏楊氏觀海堂善本進行了全面調查，撰有《"中華民國國立故宮博物院"藏楊氏觀海堂善本解題》一文（收入《（增訂）中國訪書志》，日本東京汲古書院，1983年）。此外，臺灣學者趙飛鵬《觀海堂藏書研究》（臺北漢美圖書公司1991年初版，臺北花木蘭文化出版社2005

年修訂版)也對觀海堂藏書的歷史以及實存情況作有研究。這些楊氏實存藏書的考察,是了解《古逸叢書》底本的重要參考資料。

第四部分,日藏善本書目録。主要是澀江全善、森立之所編《經籍訪古志》和最近嚴紹璗先生編著的《日藏漢籍善本書録》等書。

關於叢書在刊刻過程中對底本的校改問題。比較早注意到這一問題的,是日本學者長澤規矩也《〈古逸叢書〉的可靠性》一文(《長澤規矩也著作集：第一卷》,日本東京汲古書院,1982年)。長澤規矩也得到《爾雅》、《論語集解》和《杜工部草堂詩話》三種書的《古逸叢書》校樣本,將它們與《古逸叢書》定本比對,指出《古逸叢書》對底本皆作了校改。賈二强《〈古逸叢書〉考》論文中也簡單提到了元泰定本《廣韻》、《玉篇》等書對底本的校改,不過未作詳細討論。范志新《〈古逸叢書〉本〈爾雅〉之底本辨析》(《文獻》2008年第2期)一文認爲《古逸叢書》本《爾雅》"是一經多次作僞之本",儘管其結論和具體論證皆存在許多問題,但是范文提到《古逸叢書》本對底本的改動還是正確的。蘇芃《原本〈玉篇〉殘卷國内影印本述評》(《中國典籍與文化》2008年第4期)指出了《古逸叢書》本《玉篇》的校改問題。此外不少介紹《古逸叢書》的文章在提到其刊刻時也略會談到一些它的不足,這些討論多只是泛泛而談,没有多少針對性和深入文本的分析。到目前爲止,深入討論《古逸叢書》文本可靠性問題的文章還十分少見,全面爲《古逸叢書》某一書作校勘的工作還未曾見到。本書的最後一章,將選擇《古逸叢書》中的部分書與底本作校勘。

本書附録三討論《天台山記》的文本書寫特點。《天台山記》是一篇浙江天台山地方志,唐徐靈府撰。關於此書的底本及刊刻情況,黎庶昌《古逸叢書·敘目》語焉不詳,楊守敬則未有任何記載。近年嚴紹璗先生編著的《日藏漢籍善本書録》也未著録《天台山記》的日本藏本。我們將日本國立國會圖書館網上提供的日本平安時代(794—1192)抄本《天台山記》全部影像與《古逸叢書》本比較,發現《古逸叢書》本的字體、書法及所摹蟲蛀痕跡皆與國會圖書館本十分相似,國會圖書館本應即《古逸叢書》底本。前人爲《天台山記》作釋文有三種:一爲清陸心源釋文(見《唐文拾遺》卷五十),一爲日本《大正藏》釋文,一爲日本學者薄井俊二 2001 年以來所作釋文。我們在三種釋文的基礎上爲《天台山記》作了新的釋文,並且討論了此本的文字書寫特點,作爲附錄附於本書之末。

第一章　黎庶昌、楊守敬與《古逸叢書》

《古逸叢書》的出版者署名爲"遵義黎氏",即黎庶昌,但是從各種資料中我們可以看出,《叢書》的實際主持刊刻者爲楊守敬。儘管如此,我們還是必須承認黎庶昌在叢書刊刻過程中起到的巨大作用。首先,是黎庶昌將這部叢書的刊刻作爲一件正式的事情來做,以此事爲契機,楊守敬得以安心地全力以赴來從事《古逸叢書》的刊刻。第二,《古逸叢書》刻資未用公款,而是主要由黎庶昌等人出資①,"乃節三年薪俸萬數千金"②。第三,在《古逸叢書》選擇底本和刊刻過程中,黎氏作了不少努力,並且叢書中也滲透着黎氏本人的許多意見。這些特點,隨着對《古逸叢書》討論的深入,讀者自明。因此,在本章第一節介紹《古逸叢書》的出版者時,我們對黎庶昌、楊守敬二人分別予以介紹。

第一節　黎庶昌和他的藏書

一、黎庶昌生平

黎庶昌,清末著名外交家和文學家,《清史稿》有傳。人們對黎庶昌的研究很多,專著有黃萬機先生的《黎庶昌評傳》,書末並附有《黎庶昌年譜簡編》,對其一生的主要經歷按年代描述。③ 本節就據前人的這些研究簡單介紹黎氏生平。

---

① 光緒十年(1884)黎庶昌片奏:"此次刻資,係由經費存息及臣薪俸所餘項下取給,亦有長崎廣商鍾仕良、何獻墀捐助之款,概未動支公項,合併陳明。"(見清金武祥《粟香隨筆》三筆卷五所引,光緒刻本)
② 陳矩《東遊文稿·記遵義黎蒓齋先生刊〈古逸叢書〉》,光緒十九年(1893)刻本。
③ 黃萬機《黎庶昌評傳》,貴陽:貴州人民出版社,1989年。

黎庶昌(1837—1897)，字蒓齋，貴州遵義人。"先世務農，自祖父黎安理仕至山東長山縣令，遵義黎氏才開始成爲仕宦之家。父兄輩也只任同知、訓導、州判、知州一類低級職官，而黎庶昌則官至駐外使節、川東道，進入中層官員地位，成爲黎氏這個低級官吏家庭中的跨灶之子。"①

　　黎庶昌幼時家境貧寒，六歲喪父，主要由其長兄、伯父教讀。此外，表兄鄭珍、舅兄莫友芝也經常對黎庶昌的學業加以指點，鄭珍在經學和文學上皆有很深的造詣，而莫友芝則爲晚清著名版本目錄學家。少年的黎庶昌在這些領域皆有了良好的基礎。

　　咸豐年間，貴州各地相繼爆發起義，貴州的科舉考試因而停止舉行。咸豐十一年(1861)，黎庶昌到北京應順天鄉試，落第。第二年同治元年(1862)，黎庶昌參加恩科鄉試，又落第。不過很快，黎庶昌命運的轉機出現了。就在該年，發生了"星變"——異常的天文現象，清政府認爲這是現實求變的信號，於是下詔廣求朝野有識者之言。這時黎庶昌寫了《上皇帝書》②，指陳時弊，暢談革除弊政方略。同治皇帝看過之後，特賞知縣，並分交曾國藩查遣。在此後的六年里，黎庶昌主要在曾氏幕府中幫辦文書事宜。期間，他向曾國藩學習散文作法，並與幕中許多文人學者多有交遊，與薛福成、張裕釗、吳汝綸等被稱爲"曾門四弟子"。

　　離開曾府之後，黎庶昌歷任吳江知縣、青浦知縣、揚州荷花池榷務及通州花布釐捐局榷務等職。光緒二年(1876)起，黎庶昌隨郭嵩燾出使英國任參贊，後又任德國、法國參贊等職。光緒七年，奉命出使日本，任欽差大臣，至光緒十年十二月以丁憂回國，這是黎氏第一次出使日本。這期間最重要的一項政績就是探知日本即將出兵朝鮮，電促北洋大臣發兵朝鮮，挫敗日軍占領朝鮮計劃。而《古逸叢書》二十六種也正是在黎庶昌的這次任上刊刻完成的。

　　對於《古逸叢書》的刊刻，黎氏有一種強烈的使命感，他在《古逸叢書·敘目》中説：

---

① 來新夏《黎庶昌對異域古籍搜刊的貢獻》，《北京圖書館館刊》1993年第2期。
② 即《上穆宗毅皇帝書》，已收入《拙尊園叢稿》，清光緒二十一年(1895)金陵狀元閣刻本。

予使日本之明年，得古書若干種，謀次第播行，屬楊君星吾任校刻。惟夫古籍之僅存，兵燹腐蠹之無常，其勢不日趨散亡不止。學士大夫雖病之而無術以免，惟好之而即求，求之而即傳，差足救敝於後。予非苟爲其難也，古書之流遺，何幸復見於異邦，而自予得之，且以付刊焉。予亦不自知所以然，庸詎知非天之有意斯文而啓予贊其始也！予患不學久矣，今天假此使事歲月，俾得從事讀書，不可謂非厚幸。子曰"好古敏以求之"，請自兹始。……古書之不亡，古人之精神自寄之，豈予所能增重而獨至，蒐輯之責似若有默以畀予者，固不敢不勉也。

而《古逸叢書》完成之後，它也確實成爲黎庶昌一生的標誌性成果之一。

光緒十三年十一月黎庶昌再赴日本任欽差大臣，光緒十六年九月任期屆滿，是其第二次出使日本。光緒十七年十月至光緒二十一年，任四川川東兵備道員兼重慶海關監督。這期間，他裁汰陳規，倡辦實業，修建病院；又開辦洋務學堂，培植英才，並選送一批優秀生出洋留學英、法諸國；他捐出薪金在重慶修建雲貴會館，以擴大西南諸省商務活動，政績卓著。光緒二十一年，黎庶昌返回遵義故居養病，光緒二十三年逝世於沙灘舊宅。

黎庶昌很滿意自己所選擇的人生道路，曾自述其宦跡[①]：

年二十六而應詔上書言事，頗自傅于蘇子瞻、陳同甫一流；二十七而從軍江、皖；三十四而綰符治縣；四十而奉使出洋，今十五年於兹矣。

黎庶昌著述頗多，詳見黄萬機《黎庶昌評傳》後所附《黎庶昌著作簡介》。與本論文相關的主要是其《拙尊園叢稿》一書。《拙尊園叢稿》六卷，爲黎氏奏議、書札、墓誌、序跋、考據、遊記等的彙録，其中與《古逸叢書》相關跋文有三篇：《古逸叢書·敘目》、《書原本玉篇後》、《跋日本津藩有造館本正平本論語集解》。這三篇中，《古逸叢書·敘目》又附於光緒二十一年《古逸叢書》卷首，《書原本玉篇後》亦已附於《古逸叢書》之十一"影舊鈔卷子原本玉篇零卷"卷後。此書有清光緒十九年上海醉六堂石印本和光緒二十一年金陵狀元閣刻本。

---

① 黎庶昌《答李勉林觀察書》，見《拙尊園叢稿》卷二第十四葉，光緒二十一年金陵狀元閣刻本。

二、黎氏藏書

光緒十一年(1885)從日本歸國後，黎庶昌在老家貴州遵義築"拙尊園""夷牢亭"以收其藏書。對於自己的藏書，黎氏並無多少記載，其詳情我們不得而知。中國國家圖書館藏有　部抄本《拙尊園存書目》①，從中可以略窺其藏書概貌。黎庶昌又出資修葺禹門寺，把在日本購得的日本翻刻明南藏佛經全帙寄儲寺中藏經樓。②

關於黎氏藏書後來去向的記載很少，目前我們見到的僅兩篇文章：一爲劉雨濤《龔澤浦購買黎庶昌珍藏善本書》③，另一篇爲陳捷《貴州省所藏與日本有關之典籍——以黎庶昌舊藏古籍的情況爲中心》。④ 由這兩篇文章結合其他一些資料來看，黎氏藏書在其生前就有流散，陳捷指出貴州省博物館藏《拙尊園存書目》中就有"此卷已售去"等記載，這部分書今天已很難一一考證。黎庶昌去世后，後人將其藏書出賣，其中一部分賣給了四川鄉紳龔澤浦。劉雨濤指出：

> 黎庶昌晚年因就川東道任，駐節重慶。在他去世後，子孫們欲出售其藏書，乃商之於四川大學中文系教授彭舉(雲生)、歷史系教授蒙文通及葉秉誠等人。彭、蒙、葉諸先生到黎庶昌寓所，參觀了全部藏書，認爲這批善本書很有學術價值，又很成套，但根據自己的需要和財力，僅能購買十多二十部，這樣就會使這套書殘缺不全，而喪失其

---

① 《拙尊園存書目》，收入林夕主編《中國著名藏書家書目彙刊(近代卷)》，北京：商務印書館，2005年。據陳捷先生考察，在貴州省博物館也藏有一個《拙尊園存書目》抄本，與國圖藏本有所不同，陳文詳下。

② 《拙尊園叢稿》卷二內編《禹門寺置佛藏記》："光緒七年，余奉使日本，遇坊肆聞有繙刻南藏本佛經全帙，遂以千金購製寄儲，使與寺藏經樓之名相稱。十一年，余奉譚旋里，見寺多阤撓，楹棟榱桷風練雨瀸，日益朽剝，丹臒失華，乃命工修飭，改易而髹塗之，四閱月告竣，一木一石煥然增新矣。"光緒二十一年(1895)金陵狀元閣刻本，卷二第六十五葉。

③ 劉雨濤《龔澤浦購買黎庶昌珍藏善本書》，《貴州文史叢刊》1992年第3期。

④ 原文爲日文，原標題爲《貴州省における日本関係典籍について——黎庶昌の古典籍蒐集およびその旧藏書の行方を中心として》，發表於2001年2月第17次國際"現存於中國的日本有關典籍和文化財產"主題學術研討會。(《中国に伝存の日本関系典籍と文化財》，International Symposium 17 February 19—22, 2001.)

完整的學術價值。蒙先生提議物色一位家庭富有的藏書家,將這一套善本書買下來。不久,崇慶縣(舊名崇慶州)大紳龔澤浦到成都旅遊。龔是崇慶縣擁有一千多畝地的大地主,家資殷富,酷愛藏書,他與彭先生是小同鄉,而蒙先生也與他有舊,於是由彭、蒙、葉三人説合,龔澤浦以三千元大洋買下了黎庶昌珍藏的這批書,搬運庋藏崇慶縣中南街龔澤浦的家裏。

從劉雨濤先生的這段記載來看,龔澤浦所購的似是黎庶昌留在四川的藏書。1951年龔澤浦被冠以"惡霸地主"之名,其財產被全部沒收,這部分書轉由位於成都的四川省圖書館收藏。劉雨濤接着指出:

> 1951年冬天,龔澤浦以"惡霸"罪名被鎮壓,他的全部財產(包括所有藏書)被沒收。1952年上半年,四川省圖書館用幾輛大卡車將龔澤浦所有藏書運到成都。黎庶昌一生苦心經營得來的一整套善本書,被保存在公共圖書館的書庫中,供給廣大專家、學者研究和閱覽。

今天,我們在四川省圖書館的官方網頁可以看到這樣的記載:

> 是年(1951)該館(川西人民圖書館)還接收周新甫、姜明達、<u>龔澤浦</u>、羅厚甫、劉鑒泉、王武君及崇慶縣上古寺、成都市外僑管理科等處捐贈綫裝古籍61706冊又25幅。

黎庶昌的另外一部分藏書被黎氏後人於1958年賣給了重慶和長沙的古書店,陳捷先生指出,這部分書後來損失十分嚴重,"文革"中許多已被燒毁。不過,今天仍然存有一些劫餘之物,如貴州省博物館就藏有《拙尊園存書目》抄本和黎庶昌稿本《牂柯故事》等珍貴資料。

第二節　楊守敬和他的藏書

一、楊守敬生平

楊守敬一生未曾中過進士,但在學術界卻負有盛名。他在歷史地理學、版本目錄學、金石學、書法等方面皆有很高的造詣,其中歷史地理學方面的學術成就最高,代表作爲《歷代輿地圖》、《水經注疏》。近代學者羅振玉曾將他在這方面的成就與王念孫、段玉裁之小學和李善蘭之算學並譽爲清代"三絶"。楊守敬對日本書法界的影響也非常之大,被日本書法界譽爲"近代日本書道之父"。

《清史稿》有楊守敬傳。《清史稿》以外,又有楊守敬年譜三種。清宣統三年(1911),楊守敬憶及"三十年前,日者推余命,流年止七十三"①,認爲自己"今年命將盡,乃徇其請,追述生平",曾自定年譜。民國四年元月九日楊氏去世。楊氏自撰年譜止於辛亥(1911)十一月十一日,之後至其去世之日的這段經歷由其弟子熊會貞補編完成,這便是我們今天見到的《鄰蘇老人年譜》②。《鄰蘇老人年譜》只是一本簡譜,僅一萬多字,臺灣學者吴天任在此基礎上對楊守敬的事跡做了大量增訂,撰成《楊惺吾先生年譜》③,十分詳備。近年楊守敬的族重孫楊世燦又撰有《楊守敬學術年譜》④。本節主要依此三譜來介紹楊守敬生平,側重於其在日本的經歷。

楊守敬(1839—1915),譜名開科,榜名愷,後更名守敬,字鵬雲,號惺吾(又作星吾、心物),晚年自號"鄰蘇老人",湖北宜都人。

楊守敬出生於一個商人家庭,四歲時父親去世,六歲時"母教以識字讀書",八歲起出外就師學習,二十四歲考取舉人。這中間曾因家里經濟困難而兩次輟學,回家經商。不過,他學習十分勤奮,即便是輟學,"每日雖專心生意,夜間仍讀書學文不輟"。⑤

從同治元年(1862)楊守敬二十四歲時中舉,至光緒十二年(1886)四十八歲"絶意科名",楊守敬曾先後七試進士,終因時運不濟而落榜。可以説楊守敬在功名仕途上很不得志,但是也正因如此,他能將其全部精力投入到學術研究及古籍收藏的領域。楊守敬每次入京赴考期間,都會廣交學者文人,遍遊京師書肆,廣泛搜羅古書和碑版文字,這些經歷鍛煉了他

---

① 楊守敬、熊會貞《鄰蘇老人年譜》,謝承仁等編《楊守敬集》第 1 册,武漢:湖北人民出版社,1988 年。
② 楊守敬、熊會貞《鄰蘇老人年譜》,見上注①。
③ 吴天任《楊惺吾先生年譜》,臺北:藝文印書館,1975 年。
④ 楊世燦《楊守敬學術年譜》,武漢:湖北人民出版社,2004 年。
⑤ 本章此處及以下引文如無特別説明皆出《鄰蘇老人年譜》。

在古籍版本、金石碑帖鑒定方面的眼力。

光緒五年(1879)底，楊守敬收到時任駐日公使的何如璋邀請，邀請其赴日任隨員。光緒六年(1880)三月，楊守敬第六次會試不中，無奈之下，遂於四月攜眷前往日本。楊守敬初到之時，由於何如璋和副使張斯桂之間的矛盾，他的隨員名分一直未定，半年多以後楊守敬才以"英語通譯"的身份受事。而實際上楊守敬根本不懂英語，很顯然這是一個只拿俸禄没法干事的閒散職務，於是楊守敬每日遊於市上。

楊守敬剛到日本時，時任駐日參贊的黃遵憲就告訴他要留意搜集日本所藏的珍本古籍。吴天任《楊惺吾先生年譜》指出："先是，先生初至日本，嘉應黃公度方任使館參贊，告以中土珍本古籍，唐鈔宋刻，時復邂逅相遇，勸其留意搜輯，先生因有日本訪書之舉。"黃遵憲於光緒三年(1877)末至八年(1882)任駐日參贊，其《日本雜事詩》第七十九首："鐵壁能逃劫火燒，金繩幾縛錦囊苞。採鶯詩韻公羊傳，頗有唐人手筆鈔。"自注言："余到東京時，既稍加珍重，然唐鈔宋刻，時復邂逅相遇。及楊惺吾廣文來，余語以此事，並屬其廣爲搜輯，黎純齋星使因有《古逸叢書》之舉，此後則購取甚難矣。"

於是，每日遊於東京市上的楊守敬開始大量收購各種古籍。除了直接購買之外，楊守敬有時也採用置換的方式，"覩書店中書多所未見者，雖不能購，而心識之。幸所攜漢、魏、六朝碑版亦多日本人未見，又古錢、古印爲日本人所羨，以有易無，遂盈筐篋。"楊守敬去日本時，曾帶去了漢、魏、六朝、隋、唐的碑帖及各種古錢、古印譜等一萬三千多册，他用這些"以有易無"，換回許多珍本。同時，這些碑帖也向日本傳播了我國的書法藝術，楊守敬"近代日本書道之父"之稱正由此而來。

光緒七年(1881)三月，清廷正式任命黎庶昌爲駐日公使，不過，黎氏正式到日本，卻已是本年十二月①。起初因爲楊守敬的去留問題，黎、楊二人有過一些摩擦。當黎庶昌見到楊守敬所作《日本訪書緣起條例》後，很受感動，於是有了與楊守敬一起將當時尚存於日本而國內久佚的珍本

---

① 據黃萬機《黎庶昌評傳》書末所附《黎庶昌年譜簡編》。

古籍刊刻流傳的想法。①

在黎庶昌的委託下，楊守敬開始更爲用心地訪書。這時，他得到了一本對他成功訪書至爲關鍵的目錄學著作《經籍訪古志》。《經籍訪古志》由日本漢學家森立之、澀江全善等合著，該書主要收兩類書：一是漢籍的古抄本，主要是日本的古抄本，二是傳入日本的宋元古本。②《經籍訪古志》指導着楊守敬的訪書，楊守敬按目索驥，得到其中的大部分書，並以《經籍訪古志》爲綫索得到了此目之外的多種珍本。

訪書的同時，開始刊刻《古逸叢書》。《古逸叢書·敍目》説"經始於壬午，告成於甲申"，在光緒八年（1882）至光緒十年（1884）兩年的時間裏，楊守敬爲《古逸叢書》的刊刻付出了極大的心力。"於是黎公擇取付梓人，囑守敬一人任之。守敬日與刻工磋磨善惡，又應接日本文學士，夜則校書，刻無寧晷。"

訪書收獲頗豐的同時，楊守敬在學術上的視野和境界也得到了很大的提升。楊守敬在致其友人黄蕚的信中説："學問一事，敬以前皆毫未聞。自來此，因給覽數萬卷書，始知此中門徑。"③夏日新指出："楊守敬來日以前，雖然對目録學已開始留心，但關注的重在圖書的學術分類，版本收藏情況等。具體對古籍辨別鑒定，並不十分内行。在同日本學者的交往中，他在這方面得到很大提高。如對日本鈔本中注文多有無謂虛字的原因④，就是通過森立之指出後才悟得的。"⑤

---

① 《鄰蘇老人年譜》："見余所爲《日本訪書緣起條例》，則大感動，遂有刻《古逸叢書》之志。"《楊守敬集》第 1 册第 17 頁。

② 澀江全善、森立之著《經籍訪古志》是繼日本《見在書目録》後最重要的目録學著作，是對日本古代目録學的一個總結。楊守敬在日本時，該書只有抄本形式流傳，楊守敬回國的第二年（1885），《經籍訪古志》在公使徐承祖主持下，由公使館隨員姚文棟負責，以六卷並《補遺》一卷的鉛印本形式排印出版。

③ 容肇祖《史地學家楊守敬》所引，《禹貢》半月刊第三卷第一期，禹貢協會 1935 年。

④ 《日本訪書志》唐玄宗開元注《孝經》一卷條下，楊氏指出："日本古鈔本經書注中每多'之''也'等字，阮校謂是彼國人所加，森立之謂是隋唐之遺。余通觀其古鈔本，唐本最多虛字，至北宋始多删削而未盡，至南宋迺翦截八九，遂各本爲一律，颇與立夫之説相應。但此本注脚較石臺每多'也'字，兩本雖有初注、重注之分，不應違異若此。余後見鈔本至多，乃知古鈔者因注文雙行難于均齊字數，故往往於對行字懸空數字者增添虛字以足之，故所增之字總在注末而各鈔不同。其在注中者，則原本皆如是，故各鈔皆同。至於經文，則毫無增損，其有異同，故是隋唐之遺。阮説、森説各據一邊，爲發其凡如此。"謝承仁等編《楊守敬集》第 8 册《日本訪書志》第 71 頁。

⑤ 夏日新《楊守敬日本訪書成功原因初探》，《江漢論壇》2007 年第 4 期。

光緒十年(1884)五月,楊守敬差滿歸國,任黃岡縣教諭。光緒十七年,任黃州府儒學教授。光緒二十五年,楊氏應張之洞電邀,任兩湖書院輿地門教習。光緒二十八年,轉任武昌勤成學堂總教長。光緒三十三年勤成學堂改爲存古學堂,楊守敬仍任總教長,第二年,辭教長職。宣統二年,任通志局總校。民國三年(1914)受袁世凱聘爲顧問、參政院參政。民國四年元月九日楊守敬因中風去世。

楊守敬著述很多,詳見《楊守敬集》①。與本論文相關的主要是他自編的《日本訪書志》和後人所輯的《日本訪書志補》,兩者皆已收入《楊守敬集》。楊守敬在日本時每得一書,都會作篇跋文,歸國後又有補撰修改。光緒二十三年開始選録其中字跡清晰的付書手清稿,陸續上板,經過五年刻成《日本訪書志》十六卷。② 楊守敬去世後,觀海堂部分藏書一度歸於北平故宫博物院,當時在北平故宫博物院工作的王重民先生曾遍録當時他所經眼的楊守敬手跋,並參以他書,輯爲《日本訪書志補》,共收楊氏題跋逸文四十六篇,民國十九年作爲中華圖書館協會叢書之一鉛印出版。王先生之後,又有一些續補之作,如臺灣"中央圖書館"於 1982 年編印的《"國立中央圖書館"善本題跋真跡》中收録楊守敬題跋真跡二十篇③,劉昌潤先生又輯得楊守敬題跋逸文十九篇④等等,不過,這些題跋逸文皆與《古逸叢書》無關,這裏就從略了。

二、楊氏藏書

在日本的四年時間里,楊守敬得到了大量的古籍珍本。楊守敬在致友人黄蕚的信札中説:"弟現在所藏書已幾十萬卷,其中秘本亦幾萬卷。就中有宋板藏書可以相併,其他皆不足言也。自幸此身有此奇遇,故一切

---

① 謝承仁等編《楊守敬集》第 13 册末有《楊守敬著述總目》。
② 關於《日本訪書志》刊刻情況及其版本詳見劉昌潤先生整理《日本訪書志》"前言",謝承仁等編《楊守敬集》第 8 册第 19 頁。
③ 臺灣"中央圖書館"特藏組編《國立中央圖書館善本題跋真跡》,臺北:臺灣"中央圖書館"1982 年 12 月。
④ 劉昌潤《日本訪書志續補》,謝承仁等編《楊守敬集》第 8 册。

富貴功名，皆漠不關懷。"①對其藏書顯出相當的滿足和自信。光緒十年五月回國時，楊守敬將在日本訪到的書全部帶回了國內。光緒十四年在湖北黃州築園藏書，因與蘇東坡舊居相鄰，故名"鄰蘇園"。光緒二十九年，楊守敬將藏書搬至武昌，建"觀海堂"，後人多稱楊氏藏書爲"觀海堂藏書"。

辛亥革命時，楊守敬避居於上海，在武昌之書來不及運出。幸運的是，當時的都督黎元洪發出了保護楊守敬藏書的指示："照得文明各國，凡於本國之典章圖籍，罔不極意保存，以爲國家光榮。兹查楊紳守敬，藏古書數十萬卷，凡我國同胞，均應竭力保護。如敢有意圖損毀及盜竊者，一經查覺，立即拿問治罪。楊紳係篤學老成之士，同胞咸當敬愛，共盡保護之責，以存古籍而重鄉賢。"楊氏藏書安然無恙。民國元年，楊守敬將倖免於難的藏書從武昌運到上海。

楊守敬去世後，楊氏後人欲將其藏書出售，經過時任教育部長的大藏書家傅增湘先生的努力，民國八年(1919)楊氏藏書以七萬餘金(一説爲三萬五千金)由當時的北洋政府撥款收購。起初，這批書藏於政事堂。不久之後，北洋政府將其中"約十之五六"的書撥給"松坡圖書館"，另一半儲藏於集靈囿。②民國十五年北洋政府又將儲藏於集靈囿之書撥給故宮博物院，民國二十一年何澄一將這部分書整理編目。③大陸解放前夕，故宮博物院的這批楊氏藏書大部分被國民黨運抵臺灣，留在北京故宮博物院的書很少，北京故宮博物院圖書館前館長朱賽虹先生稱："南遷之後，本院所存觀海堂藏書已十不及一。"④而"松坡圖書館"之書後來皆歸入今中國國家圖書館。也就是説，楊氏藏書今天主要分藏在中國國家圖書館、臺北故宮博物院以及北京故宮博物院。

不過，楊氏後人當時其實並未將楊氏藏書的全部售給北洋政府，而是保留了其中的一部分，這部分主要是日本手抄卷子本文書。1965年，楊守

---

① 容肇祖《史地學家楊守敬》所引。
② 楊氏藏書的收購和收藏經過見趙飛鵬《觀海堂藏書研究》，在其1986年碩士論文基礎上修改而成，臺北：臺灣漢美圖書公司1991年出版；2005年修訂再版，收入潘美月、杜潔祥主編《古典文獻研究輯刊初編》，臺北：臺北花木蘭文化出版社。
③ 何澄一編《故宮所藏觀海堂書目》，民國二十一年(1932)北平故宮博物院圖書館出版。
④ 朱賽虹《觀海堂藏書與日本漢文典籍的回傳》，《紫禁城》2002年第3期。

敬的孫子楊先梅將家中當時所存的全部手抄卷子本捐獻給了湖北省博物館。2006年湖北省博物館將這部分卷子本整理出版。① 其他在1965年之前散出而轉由私家收藏的零散卷子本有些今天也已有目錄發表，比如濟南張景栻先生所得楊守敬舊藏就已編成《楊守敬舊藏日本卷子本目錄》②。

這裏還需要指出的是，楊氏不少藏書在其生前就已經出售。從日本歸國後，楊守敬便出售過他的一些藏書，這點在其同時代人的筆記和藏書志中有不少記載。葉昌熾《緣督廬日記抄》卷三記載：

（甲申九月）初三日得翼甫書，寄來楊星吾出售書目二紙，有古鈔《易》《書》單疏，宋刻《尚書注疏》《春秋集傳》《玉篇》《廣韻》，《玉篇》又有元刻三本，《廣韻》四本，各不同板，《文選》李善注亦有宋、元各一本，又有宋刊《唐文粹》《宋文鑑》《禮部韻略》，金刊《五音集韻》，影宋本《尚書正義》《爾雅》及舊槧舊抄醫書甚夥，皆是日本攜歸者，洵大觀也。③

"甲申"爲清光緒十年（1884），也就是説，楊氏回國當年就開始售書了。又如潘祖蔭《滂喜齋藏書記》卷一指出：

北宋刻《廣韻》五卷，一函五册。黎星使庶昌奉使日本，宜都楊星吾廣文隨軺東渡，訪得宋元槧甚多，攜歸售之。此本及南宋刻《謝幼槃集》皆歸滂喜齋。④

這裏的"北宋刻《廣韻》"即《古逸叢書》之十二《廣韻》的底本，楊守敬將此書售予了潘祖蔭。今此書藏於上海圖書館，詳本書第三章。

楊氏之所以售書，多因經濟窘迫，《鄰蘇老人年譜》稱："乙未，五十七歲，……又故家鄧姓率余舊友，多有求余書者，余以扶柩葬母需費，乃留一月，得五百千而歸。"又，"及（辛亥）十月九日，驚傳漢陽已失，武昌民軍亦

---

① 見《湖北省博物館藏日本卷子本經籍文書》一書卷前唐剛卯《概述》。湖北省博物館編《湖北省博物館藏日本卷子本經籍文書》，上海：上海辭書出版社，2006年。
② 張景栻、張旻編《楊守敬舊藏日本卷子本目錄》，《藏書家》2001年第4期，濟南：齊魯書社，2001年。《藏書家》同期並有杜澤遜先生介紹張景栻先生之文：《長伴蠹魚老布衣——記藏書家張景栻先生》。
③ 葉昌熾《緣督廬日記抄》，民國二十三年（1934）上海蟬隱廬石印本。
④ 潘祖蔭《滂喜齋藏書記》，民國十三年（1924）海寧陳氏慎初堂鉛印本。

捨城而逃。……而自兩兒去後，吾每夜不能成寐，若有差失，吾命休矣，全家何所依賴？今幸日本人知余在此，尚有求余書者，所得潤金亦略可補濟，若余復死，則全家餓莩矣。"楊守敬在光緒二十七年刊印的《日本訪書志》中已記載了某些書的去向，如：(下文所列，除第1條外，趙飛鵬《觀海堂藏書研究》一書皆已引用)

1. 宋刻《尚書正義》二十卷條，"乃從書記官巖谷修借原本用西法照出，意欲攜歸，醵金重刊，久不能集事。丙戌又攜入都，以付德化李木齋，許以重刊。旋聞木齋丁艱，恐此事又成虛願也。"[①]

2. 宋槧本《尚書注疏》二十卷條，"此書今歸南皮張制府"。[②]

3. 南宋槧巾箱本《周禮鄭氏注》十二卷條，"江陰繆筱珊編修愛不釋手，乃影摹一通，而以原本歸之"。[③]

4. 日本覆刻宋本《春秋經傳集解》三十卷條，"又稱此外唯狩谷望之藏一本，而余乃並得之，以一部與章君碩卿"。[④]

5. 宋刊監本《論語集解》條，"余攜此書歸時，海寧查君翼甫不惜重金力求，余不之與。章君碩卿酷愛之，余與約，能重刻餉世則可，碩卿謂然，乃跋而歸之。後章君罷官，以抵關君季華夙債，關君攜之都中，又轉售于李君木齋。"[⑤]

6. 宋槧《五代史記》："此本今歸江陰繆筱珊編修。"[⑥]

此外，楊氏藏書售出者應該還有不少，趙飛鵬指出臺灣"中央圖書館"所收劉承幹嘉業堂藏書以及張鈞衡適園藏書中就有一些書爲楊氏舊藏。而北京大學圖書館中也有一些楊守敬舊藏，頗值注意，詳見本書附錄一。

---

① 謝承仁等編《楊守敬集》第8冊《日本訪書志》第41頁。楊守敬攜歸之本爲照相本，今藏復旦大學圖書館，見《楊守敬集》第1冊書前所附書影。

② 《日本訪書志》，《楊守敬集》第8冊第42頁。

③ 同上書，第46頁。

④ 同上書，第57頁。

⑤ 同上書，第64頁。此書實應名《監本纂圖重言重意互注論語》，今藏北京大學圖書館，詳本文附錄一。此本卷末有楊守敬長跋，跋文末稱："余初攜歸時，海寧查君翼甫一見心醉，不惜重金堅求得之，余與約能重刊此書者方割愛。後查君東歸，不果。而碩卿章君亦酷愛此書，余亦與約，必重刻餉世，碩卿許諾，乃跋而資之。"與《日本訪書志》所記相符。

⑥ 同上書，第130頁。

第二章 《古逸叢書》的刊刻及印本

《古逸叢書》刊刻於十九世紀末的日本，在討論它的刊刻及印本前，我們先來對叢書刊刻的時地背景簡單作一介紹。

從地域上來説。至少從唐代派遣遣唐使開始，日本一直不斷地輸入着中國的書籍，一千多年來逐漸形成了自己的藏書特點。至十九世紀中期，日本的漢籍收藏已經十分可觀，當時日本學者森立之、澀江全善等編有一部目録學著作《經籍訪古志》，主要收兩類書，一是漢籍的古抄本，主要是日本的古抄本，二是傳入日本的宋元古本。這兩類書正是日藏漢籍的特點和價值所在。

古抄本較多，尤其是唐抄本系抄本較多，這一點與日本摹寫漢籍的傳統相關。日本學者尾崎康指出："當時的宫廷中，設立了'校書殿'，這是一個對傳入的漢籍忠實地進行摹寫的機構。因此，日本至今仍然保存着唐鈔[①]本、以及在奈良·平安時代摹寫唐鈔本的古鈔本——此種摹寫的唐鈔本，我們稱之爲'唐鈔本系鈔本'。日本古代摹寫漢籍的傳統，在中世的鐮倉時代和室町時代得以繼續發展。"[②]

這些抄本之所以能在日本保存至今，則得益於日本人的生活習俗及所用紙張，"蓋其國有力之家皆有土藏，故雖屢經火災而不燬，至於鈔本皆用彼國繭紙，堅韌勝於布帛，故歷千年而不碎。"[③]

從時間上來説。楊守敬訪書時正值晚清和日本明治後期，此時的日本，崇尚西學，而將傳統的中國學棄如敝履，"日本維新之際，頗欲廢漢學，

[①] 抄本之"抄"引文多寫作"鈔"，兩字可通，爲尊重引文起見，本書仍保留引文中的"鈔"字，但行文一律作"抄"字。

[②] 嚴紹璗《日藏漢籍善本書録》卷前尾崎康序，北京：中華書局，2007年。

[③] 楊守敬《日本訪書志》卷前《緣起》，謝承仁等編《楊守敬集》第8册第28頁。

故家舊藏幾於論斤估值"。①因爲"欲廢漢學",所以各種珍本古籍大量散出,而"論斤估值"的低廉書價,使得楊守敬能夠廣搜各種珍本,可以說,擺在楊守敬面前的正是收藏日本漢籍一個千載難逢的良機。在這樣的背景下,刊刻《古逸叢書》似乎又不是一件偶然的事了。

第一節 《古逸叢書》刊刻經過

各種因緣湊合,便有了《古逸叢書》的刊刻。黎庶昌《古逸叢書·敘目》指出:"書凡二百卷二十六種,刻隨所獲,概還其真,無復倫次,經始於壬午,告成於甲申,以其多古本逸編,遂命之曰《古逸叢書》。"從清光緒八年(1882)開始,至光緒十年最終完成,叢書的刊刻僅兩年時間,但是楊守敬、黎庶昌以及很多日本刻工卻爲此付出了極大的努力,本節就來具體談談《古逸叢書》的刊印經過。

一、訪書準備

叢書刊刻始於光緒八年,但實際上較早時楊守敬已經開始訪書。前文介紹楊守敬生平時已指出,光緒六年四月,楊守敬來到日本。初到之時,楊守敬幾乎整日遊於市上收購各種古籍。很快,他就發現日本是一個古籍珍本的寶庫,有了選擇其中最重要書籍翻刻流傳的想法,他的《〈日本訪書志〉緣起》作於"光緒辛巳二月"即光緒七年二月,此時黎庶昌還未到日本,楊守敬已經初步列出了"急宜刊布者"書目。

不僅如此,我們從楊守敬與森立之的筆談記錄《清客筆話》②中可以看到,楊守敬已經爲刊刻作了實質性的一些準備工作,他已經在搜羅底本,比如:

卷二 辛巳(1881)七月廿一日
楊:弟好書成癖,頗以公諸世爲藏書。此《穀梁傳》本向山秘物。

---

① 楊守敬《日本訪書志》卷前《緣起》,謝承仁等編《楊守敬集》第8冊第28頁。
② 楊守敬不擅日語,與日本學者交流皆用筆談形式,其與日本學者森立之的筆談記錄《清客筆話》現尚存於日本,陳捷先生對它進行了整理,已收入《楊守敬集》第13冊。

第二章 《古逸叢書》的刊刻及印本 / 21

彼聞我欲刻之，即欣然相讓。①

這裏的《穀梁傳》是指南宋建安余仁仲刻本的一部影抄本，爲向山黄村舊藏，它即《古逸叢書》之二《影宋紹熙本穀梁傳》的底本。

卷一　明治十四年（1881）　翌日三月廿九（朱筆改八）日來訪
……
《玉燭寶典》（森注：柀齋校本，出以示之。）
……
森：《玉燭寶典》，世上《寶典》皆以此本爲原。
楊：守敬不敢奪所愛。但古書今日不刻，他日恐又失，故欲借抄刻之耳。先生不欲此書刻乎？小生亦不取此書到家中，即煩先生屬寫工而抄之上木，可乎？
森：幸有巧手，急速可令寫。
楊：所有《玉燭寶典》本，祈屬工鈔之爲感。②

談話中提到的《玉燭寶典》抄本，就是《古逸叢書》之十四《影舊鈔卷子本玉燭寶典》的底本，森立之請人抄完後，又做了一些校正工作，後楊守敬在森校的基礎上進一步校訂，此本今藏臺北故宫博物院。

光緒七年三月，清廷任命黎庶昌爲駐日公使，十二月，黎氏抵達日本。很快兩人便有了刊刻《古逸叢書》的想法。楊守敬更爲全力以赴地訪書，"及黎公有刻書之議，則日日物色之，又得森立之《經籍訪古志》抄本。其時立之尚存，乃按目索之，其能購者，不惜重值，遂十得八九，且有爲立之所不載者數百種，大抵醫書類爲多，小學類次之"。③《經籍訪古志》對楊守敬訪書起到了指導性的重要作用，楊守敬按目索驥，得到其中的大部分書，並得到此目之外的多種珍本，幾乎將當時日本重要的漢籍網羅殆盡，"余之初來也，書肆於舊板尚不甚珍重，及余購求不已，其國之好事者遂亦往往出重值而爭之，於是舊本日稀，書估得一嘉靖本亦

---

① 陳捷整理《清客筆話》，《楊守敬集》第13册第530頁。
② 同上書，第523頁。
③ 《鄰蘇老人年譜》，《楊守敬集》第1册第18頁。

視爲秘笈，而余力竭矣。"①這種窮盡式的訪書爲《古逸叢書》的刊刻奠定了良好的基礎。

二、選擇底本

光緒八年起，黎庶昌、楊守敬決定將訪得的古籍選擇其中的最善本陸續刊刻流傳，到光緒十年回國前夕，他們共計刊刻了二十六種書。下面我們來談談叢書底本的選擇問題。

黎、楊選書的主要標準是流傳於日本而在我國久已失傳，並且具有很高版本價值的書，《古逸叢書》二十六種書中大部分是符合這一標準的，不過也有一些例外，說詳本章第三節。

選書主要依據的是《經籍訪古志》②，我們可以看到，叢書二十六種中有二十一種見於《經籍訪古志》，它們分別是（以下書名用簡稱，其對應詳細書名見本書附錄二）：

《爾雅》、《穀梁傳》、《論語集解》、《孝經》、《荀子》、
《莊子》、《楚辭》、《玉篇》、詳注本《廣韻》、略注本《廣韻》、
《玉燭寶典》、《文館詞林》、《琱玉集》、《姓解》、《韻鏡》、
《史略》、《漢書》、《急就篇》、《杜詩》、《碣石調》、
《太平寰宇記》。③

由上不難看出《經籍訪古志》在《古逸叢書》選書過程中所起的重要

---

① 《〈日本訪書志〉緣起》，《楊守敬集》第 8 册第 28 頁。

② 前面我們已經指出，楊守敬在日本時，《經籍訪古志》只有抄本形式流傳，楊氏當時所得亦爲抄本，楊守敬回國的第二年(1885)，《經籍訪古志》在公使徐承祖主持下，由公使館隨員姚文棟負責，以六卷並《補遺》一卷的鉛印本形式排印出版。

③ 《日本藏漢籍書志書目集成》第一册影印有徐承祖鉛印本，北京：北京圖書館出版社，2005 年。其中，《爾雅》見卷二第二十七至二十八葉；《穀梁傳》見卷二第六葉；《論語》見卷二第十六至十七葉；《孝經》見卷二第十一至十二葉；《荀子》見卷二第二至四葉；《莊子》見卷五第二十八葉；《楚辭》見卷六第一葉；《玉篇》見卷二第三十五至三十六葉；詳注本《廣韻》見卷二第三十八葉，原誤題爲"大宋重修玉篇五卷"（從其下内容來看，皆爲《廣韻》，"玉篇"二字當爲"廣韻"二字之誤）；略注本《廣韻》見卷二第四十葉；《玉燭寶典》見卷五第一葉；《文館詞林》見卷六第三十七葉；《琱玉集》見卷五第四葉；《姓解》見卷五第八葉；《韻鏡》見卷二第四十三葉；《史略》見卷三第三十至三十一葉；《漢書》見卷三第六葉；《急就篇》見卷二第三十三至三十四葉；《杜工部》見卷六第四至五葉；《碣石調》見卷二第二十五至二十六葉。（轉下頁）

作用。

楊守敬雖然沒有在相關跋文中詳細説明《古逸叢書》選擇底本的具體原則，但是我們將二十六種書的底本經過逐一考察之後，發現其中還是有幾點規律可循：

規律一：如果底本是刻本，儘量以原刻本爲底本刻入叢書，但有時原刻本不存或得不到原刻本，則選擇該書的影抄本或傳抄本。

以原刻本爲底本刻入叢書的書有：詳注本《廣韻》的底本爲南宋寧宗間刻本，《太平寰宇記補闕》的底本爲南宋刻本（以上爲兩種宋刻本）；《周易》的底本爲元至正九年（1349）積德書堂刻本，《楚辭》的底本爲元高日新宅刻本，略注本《廣韻》的底本爲元泰定刻本（以上爲三種元刻本）；《論語集解》的底本爲日本正平刻單跋本，《孝經》的底本爲日本寬政十二年（1800）源弘賢刻本，《韻鏡》的底本爲日本永禄七年（1564）刻本，《急就篇》的底本爲日本天保八年（1837）澀江全善刻本（以上爲四種日本刻本）。此外，《莊子》的卷一至卷二、卷七至卷十共六卷底本爲南宋刻本，《杜詩》前四十卷的底本也爲南宋刻本，其《外集》一卷和《補遺》十卷的底本則爲朝鮮刻本。

以刻本影抄本或傳抄本爲底本刻入叢書的書有：《爾雅》的底本爲日本南北朝（1336—1592）刻本的影抄本；《穀梁傳》的底本爲南宋建安余仁仲刻本的影抄本；《荀子》的底本爲島田重禮影抄本，宋刻原本在當時已不知所踪；《尚書》的底本爲清代汪氏振綺堂藏本的影抄本；《姓解》的底本爲北宋刻本的影抄本；《史略》的底本爲南宋刻本的一部傳抄本。

規律二：對於寫本和抄本來説，底本首選時代最早的本子（即祖本），其次是它的影抄本，再其次是時代較早的抄本。

（接上頁）值得注意的是：在徐承祖鉛印本《經籍訪古志》卷三第二十八葉中雖有"太平寰宇記殘本六卷"一條，但稱"光緒癸未楊守敬在日本東京之日影刻，以收於《古逸叢書》中"云云，實爲《古逸叢書》刻成後所加，似並不能據以説明楊守敬刊刻當時已知此書。不過，楊守敬在《日本訪書志》中提到："余於森立之《訪古志》見有此書宋槧殘本，藏楓山官庫。"則楊守敬所得《經籍訪古志》抄本中已有此書（見《日本訪書志》，《楊守敬集》第8冊第153頁）。

通過將叢書各本與其祖本比對,我們發現:《漢書》、《碣石調·幽蘭》、《天台山記》三者與其祖本皆十分相近,底本就是祖本(唐寫本或日本古抄本)本身或祖本的影抄本;而《玉燭寶典》、《日本國見在書目》的底本則爲祖本的一種傳抄本。另外,《玉篇》和《文館詞林》的底本比較複雜,其中一部分底本是祖本(唐寫本或日本古抄本)本身或祖本的影抄本,另一部分則爲祖本的傳抄本。

規律三:對於叢書底本,楊守敬盡力通過購買或者交換的方式獲得,實在無法得到,則採用照相或影抄的方式獲得一個副本。

有些書的底本是楊守敬自己的收藏,如:《爾雅》的底本就爲楊守敬所得,今藏臺北故宮博物院;《穀梁傳》的底本也爲楊守敬所得,今不知何在;《孝經》的底本爲日本刻本,爲楊守敬所得,今藏中國國家圖書館;兩種《廣韻》的底本皆爲楊守敬所得,後轉歸他人,今分別藏於上海圖書館和北京大學圖書館;《急就篇》的底本爲日本刻本,也爲楊守敬所得,今藏中國國家圖書館。

有些底本則在藏書家或收藏機構處,黎、楊借出影抄或照相使之上版,並不收藏原本,如:《莊子》的卷一、卷七至十就是借當時新見旗山所藏宋本以"西法影照上木";《太平寰宇記補闕》是黎庶昌以欽差大臣的身份從楓山官庫借出宋本照相上版。或者請人影抄,如《玉燭寶典》、《姓解》等書的底本就是楊守敬請人影抄所得。

三、校正底本

選定底本之後,一般來說就可以開始刊刻了。但是我們發現,《古逸叢書》的有些書在刊刻之前還進行了校正底本的工作,楊守敬親自或請森立之等學者對底本進行校勘,列出相關異文,由他自己或其他學者來決定有異文處是否要對底本作改動以及如何改動,這些校正底本有些今天仍然存世。

先讓我們來看看《清客筆話》中的一些記載:

    卷一 明治十四年(1881)
    翌日三月廿九日(朱筆改八)日來訪

第二章 《古逸叢書》的刊刻及印本 / 25

> 楊：……又貴邦古書爲我國所佚者，如《姓解》、《史略》、《玉篇》、《玉燭寶典》，皆欲刻之。<u>尤煩先生爲校刊</u>。可乎？①
>
> 卷二　辛巳（1881）　七月廿一日
> 森：《玉燭寶典》書寫半成，本月内可全成也。
> ……
> 森：原本被翁所校。然其寫手不精工，故翁以朱傍書。今以其朱書寫之，則新寫本爲最正。不及校于原本也。<u>且吾又一校，欲以正之也</u>。何如？
> 楊：是誠然。然此抄手似不如被齋本。
> 森：再與原本爲君一校則可矣。②

引文中提到的《史略》和《玉燭寶典》這兩種書的底本皆被楊守敬帶回國内。

《史略》的底本在二十世紀二十年代時曾藏於北平故宮博物院③，當時在北平故宮博物院工作的王重民先生曾目驗該本，並將其中的楊守敬校語輯録成《〈史略〉校勘劄記》④一文，王氏指出：

> 此文從觀海堂《史略》校抄本録出，即《古逸叢書》原稿本也。書前有"蒹葭堂"、"木氏永保"、"淺草文庫"三印，後有"昌平坂學問所"圖記（此圖記《古逸叢書》本脱去）。……先生跋是書云，"原本亦多誤字，今就其顯然者改之，其稍涉疑似者仍其舊"。余曾整理楊氏遺書，極迻録之以饗學子，更于以覘宋刻之真也。民國十六年三月王重民謹記。

可見，《史略》的底本上有楊守敬許多校語，這些校正有些已經體現在《古逸叢書》中，有些則未能體現出來，詳見本書第四章。

---

① 陳捷整理《清客筆話》，《楊守敬集》第 13 册第 521 頁。
② 同上書，第 529 頁。
③ 不過，這一抄本今不見於臺北故宫博物院所編《國立故宫博物院善本舊籍總目》，也不見於北京故宫博物院和中國國家圖書館，不知是否尚存世。
④ 王重民《〈史略〉校勘劄記》，《圖書館學季刊》第二卷第四期，民國十七年（1928）中華圖書館協會編印。

《玉燭寶典》的底本現藏於臺北故宮博物院，臺北《"國立故宮博物院"善本舊籍總目》著錄："《玉燭寶典》存十一卷，隋杜臺卿撰，日本江户末期鈔本，六册，楊守敬手校，《古逸叢書》底本，原缺卷九。"底本上也有楊守敬校語。

此外，我們也常常可以讀到楊守敬自己或請人校書的一些記載，如：《鄰蘇老人年譜》："守敬日與刻工磋磨善惡，又應接日本文學士，夜則校書，刻無寧晷。"①楊守敬與宫島誠一郎筆談時說："弟近日校書刊書甚忙，恨不得有三頭六臂以供驅使。未知先生有相知學生可爲我校書或抄書者，薦一人爲幸。"②校正底本的工作由楊守敬和其他一些學者共同完成。

《日本訪書志》中也常有校正底本的記載，如：

"《廣韻》五卷"條下："余初議刻此書，盡從原本，即明知其誤亦不改，以明張氏校刻之功過，而黎公使必欲從張氏校改，故《古逸叢書》皆守敬一手審定，唯此書及《老子》是黎公使據余校本自爲《札記》，然往往有當存疑而徑改者。"③明確指出《古逸叢書》本對底本進行了校改。

"《論語集解》十卷"條下："今星使黎公訪得原刊本上木，一點一畫，模範逼真，非顯有訛誤，不敢校改。"④

"《史略》六卷"條下："原本亦多誤字，今就其顯然者改之，其稍涉疑似者，仍存其舊。"⑤

需要指出的是，叢書本對底本的校正有兩次，除了刊刻之前的這次校改外，某書初刻完成之後還會作進一步校正。初刻完成之後，楊守敬先印出一些初印本，由他本人及其他學者針對刊刻中產生的錯誤進行糾正，在糾正誤刻的同時也會再次對底本進行校改。爲什麽這麽說呢？這是我們觀察《古逸叢書》板片得到的經驗。2005年揚州建成中國雕版印刷博物館，《古逸叢書》的板片多數入藏（詳下文）。我們知道，《古逸叢書》之十三《覆元泰定本廣韻》的底本爲元泰定二年（1325）圓沙書院刻本，今藏北京

---

① 《鄰蘇老人年譜》，《楊守敬集》第1册第18頁。
② 陳捷整理《楊守敬與宫島誠一郎的筆談録》，《中國哲學研究》第12號（1998年11月1日）第136—137頁，東京大學中國哲學研究會。
③ 《日本訪書志》，《楊守敬集》第8册第88頁。
④ 同上書，第65頁。
⑤ 同上書，第130頁。

大學圖書館。將叢書本與該底本比對可以看到，兩者之間有很多異文，這些異文主要是黎庶昌對底本校改所致（以上皆詳第三章）。當我們將這些異文驗之於《古逸叢書》板片時發現，其中一部分異文可以在板片上找到挖改修補痕跡，另一部分異文則找不到明顯的修挖痕跡。顯然一部分對底本的校正在叢書刊刻之前已經完成，因而在板片上找不到修挖痕跡。而那些在板片上可以找到修挖痕跡的異文，則是在初刻本印出之後，作進一步校正後才體現在板片之上。第二次校正工作的具體情況我們放到"審定校樣"中去談。

四、刊刻方式

我們知道，傳統的刻書工序是：刻前先請書手書寫文字內容，即製作版樣，然後將版樣用漿糊反粘在板木上，刊刻完成時"版樣"即不存。如果是要逼真地翻刻某一現成的書，往往將現成之書拆成單葉直接反粘在板木上，這種做法省錢、省時、省力，但缺點也很明顯，就是會將原本毀掉，因此對於一些珍貴版本來說，又可採用另一種方式，即將薄紙置於原本之上，用墨筆影摹或雙鉤鉤出一個本子，然後以這個本子作版樣來刊刻。以原書或影摹本或雙鉤本作爲版樣刊刻的方式皆稱爲覆刻或影刻。

《古逸叢書》刊刻主要採用的就是這種覆刻的方式。黎庶昌《古逸叢書·敘目》指出："書凡二百卷二十六種，刻隨所獲，概還其真"，"概還其真"與覆刻的意思正同。《古逸叢書》彙印本二十六種書中有二十四種書的內封首字題"影"或"覆"，另外兩種書內封首字一題"仿"，一題"集"，而"仿"字實爲"覆"字之誤題（詳第三章）。可以說除內封題"集"字之書外，叢書基本所採用的就是覆刻的方式。其覆刻所用版樣，又有原本、照相本和影抄本之別。

1. 版樣爲原本

我們曾一度認爲《古逸叢書》之三《覆正平版論語集解》爲採用原本上木的方法覆刻，楊守敬《日本訪書志》指出："今星使黎公訪得原刊本上木，一點一畫，模範逼真，非顯有訛誤，不敢校改。"長澤規矩也《楊惺吾日本訪書考》所錄楊守敬手批《經籍訪古志》此條云："余得此書二部，以一部上木，仍藏一部。"①此書既有兩部，正可用"原刊本上木"，似乎說明版樣即爲正平原刻本。不過仔細考慮，這個猜測不符常情。日本正平刻本《論語集解》是十分珍貴的版本，回國後楊守敬即使出售給別人，也可以售得一個善價，他完全可以用出錢請人影抄的方式將之上版刊刻，沒有必要將原本毀掉。稱"原刊本上木"大概是指以原本爲底本之意。

那麼，《古逸叢書》刊刻過程中是否就沒有採用原本爲版樣進行刊刻的書呢？我們認爲是有的，這就是《古逸叢書》之十一《影舊鈔卷子原本玉篇零卷》中卷廿七的前半部分（"糸"部"糸"字至"纏"字）。該卷"纏"字下日本得能良介跋文稱：

> 清國公使黎蒓齋氏好古博雅之士也，與楊惺吾謀訪求古典，隨得隨刻，著《古逸叢書》若干冊。中有《玉篇》二冊，蓋集古鈔本存各處者，刻成是贈，但糸部前半缺焉。予偶借覽高山寺所傳古文書，獲卷子本《玉篇》一軸，取而校之，則糸部前半全存，合之爲完冊，亦奇矣。因付寫真，更上梓，贈數部蒓齋氏，併行于世。明治十六年十一月薰山得能良介識。

《古逸叢書》本《玉篇》第廿七卷的前半部分所用底本即爲得能良介的這個摹刻本。今臺北故宮博物院楊守敬觀海堂舊藏中就藏有一部這樣的得能良介刻本，將叢書本與之相比，叢書本每半葉多排小字兩行，其餘每行字數、字與字之間的距離、字形、所摹蟲蛀痕跡等皆極爲相似。得能良介稱將自己所刻之本"贈數部蒓齋氏"，黎庶昌得到了好幾部得能良介摹刻本，該本版本既不珍貴，數量又較多，《古逸叢書》覆刻時很可能將其中一部拆成單葉作爲版樣直接上版。

2. 版樣爲照相本

《古逸叢書》刊刻的時代，照相術已經發明，在叢書中有幾種書就是以照相本爲版樣刊刻的。陳捷先生指出："《玉篇》、《莊子註疏》的大部分、《太平寰宇記》、《重修廣韻》等書所使用的方法則是楊守敬和木村嘉平共

---

① 楊守敬有一部手批《經籍訪古志》流傳於日本，其中有些批語涉及《古逸叢書》的刊刻及底本情況，長澤規矩也《楊惺吾日本訪書考》一文錄有這些批語，並對這些資料作了詳細研究。長澤規矩也《楊惺吾日本訪書考》，收入《長澤規矩也著作集：第二卷》，東京：汲古書院，1982年。

同研究成功的照相法。需要注意的是，這裏所説的照相法與後來常見的石印本或珂羅版等近代印刷技術不同，其方法是將需要覆刻的古書拍成照片，然後用這些相片上版刻成版木，按木版印刷的工序刷印。"①《莊子》的大部分、《玉篇》的部分、詳注本《廣韻》、《太平寰宇記補闕》這些書採用照相法上木，皆見於楊守敬《日本訪書志》或黎庶昌《古逸叢書·敘目》記載，本書第三章有詳引。

上引陳文又指出："從拍攝古書的照片到利用古書照片上版覆刻，今天看來好像是自然而然的事。但是，從筆談記錄可以瞭解到，當時還有種種我們今天所想象不到的技術上的困難。明治十五年十二月二十日，在和宮島誠一郎談到照相法時，楊守敬曾説：'先日尚未得法，近日以日本紙寫之，最妙。（此處闕數字，'村'前之字當作'木'）村一人所悟。弟初以日本紙試之，不佳。木村以西洋紙作底，日本紙爲面。'據此可知，在最初以照片直接上版的方法刊刻《古逸叢書》時曾經遇到技術上的問題，楊守敬曾試驗用日本紙而未能成功，最終還是由木村嘉平研究出了以西洋紙在下、以日本紙在上的方法，成功地解決了這一問題。"

3. 版樣爲影抄本或雙鈎本

在《古逸叢書》覆刻過程中，以原本上木的現象十分罕見，而照相法是新生事物，製作成本比較高，楊守敬明確提到用照相法覆刻的僅上述四種書。此外的各書，楊守敬大多没有明確指出具體版樣，我們認爲多數版樣應爲影抄本或雙鈎本。在以刻本爲底本的各種書中，刻本底本多數今天仍然存世，它們顯然不可能是以原本上版，其中的大部分應該是以這種版樣上版刊刻的。

以上我們大致勾勒了叢書刊刻過程中所用的三種版樣。由於資料所限，今天已很難一一考證出《古逸叢書》各書所用的版樣究竟爲何種。

除了覆刻的方式之外，《古逸叢書》還採用了另外一種刊刻方式就是所謂"集字法"。集字是指在没有底本或底本部分缺失的情況下，採用其他字體或者底本所存部分的字體重新摹寫而成的一種本子，以這個新的本子上版刊刻就是集字法。《古逸叢書》中有兩種書採用了這種刊刻方

---

① 陳捷《關於楊守敬與日本刻工木村嘉平交往的考察》，《中國典籍與文化論叢》第七輯，北京大學出版社，2002年。

式:《老子》和《莊子》中的一部分。

《古逸叢書》之六《老子道德經注》,內封題"集唐字老子道德經注"。黎庶昌《敘目》:"日本有摹刻張參《五經文字》、唐玄度《九經字樣》,甚精,與石本無異。又有南總(地名)宇惠攷訂晁以道本王輔嗣《老子道德經注》,今合以局刻華亭張氏本,集張、唐二家經字爲之。"可見該書底本的字體是集日本摹《五經文字》、《九經字樣》之字而成。

《古逸叢書》之八《南華真經注疏》的底本爲當時新見旗山所藏的南宋殘刻本,存卷一、卷七至卷十,後黎庶昌又從市場上購得新見氏佚失的南宋刻本卷二,仍缺卷三至卷六共四卷,這些缺卷以及卷一、卷二、卷七至卷十中的一些缺葉就採用集宋字的方式刻成。黎庶昌《敘目》:"因取坊刻本成疏校訂繕補而別集他卷字當之,不足者命工仿寫,蓋極鉤心斗角之苦矣。"其所集之字多是從存卷中的字體摹出,有些存卷中沒有的字則採用仿寫的方式補足。楊守敬《日本訪書志》"莊子注疏"條下指出"公乃從旗山借宋本,以西洋法影照而刻之。其所缺之卷,則參校坊刻本、《道藏》本而集宋本之字以成之,不惜煩費,必欲爲完書,可謂與玄英有宿緣矣。余初以刻此書工費浩繁,又集字費日力,而所得古書有奇於此者,勸黎公輟此議,以其費刻他書,而黎公堅不許。"

雖然集字法刻成的書比較美觀,全書字體也顯得統一,但是"集字費日力",而且這種方式刻成的書沒有多少版本學意義,陳捷先生指出:"從技術性的角度看,將不同的古本中的字形一一摹寫下來,並將其重新組合成接近古本的形式,這是一種對刻工技術水準要求很高的工作。但是,從文獻學的角度看,雖然字體近古,但對文獻的考訂並無價值,加之既費人工又耗經費,所以楊守敬對使用集字方法刻印《古逸叢書》一直持反對態度。"

五、關於刻工

《古逸叢書》的刊刻歷來被稱爲精審,爲了這部叢書的刊刻,日本許多刻工付出了極大的努力。陳捷《關於楊守敬與日本刻工木村嘉平交往的考察》一文對《古逸叢書》的日本刻工做了不少研究,下面借用該文來簡單談談日本刻工。

楊守敬與日本刻工打交道十分頻繁。《鄰蘇老人年譜》中有一段趣聞,從中可見楊守敬與日本刻工的親密關係以及他對日本刻工的高度評價：

> 癸未（按，即光緒九年，1883），四十五歲。……是年，仍經理刻書事。日本刻書手爭自琢磨，不肯草率，尤以木村嘉平爲最精，每一字有脩改補刻至數次者，《穀梁傳》一部尤無一筆異形，傳至蘇州，潘尚書伯寅（祖蔭）、李廉訪梅生（鴻裔）見之，驚歎欲絕，謂宋以來所未有，國朝諸家仿刻不足言也。而日本人亦服我鑒別之精。每刻一書，先擇其藝之絕高者爲準繩，餘人規模筆法，既成而後使動工，故雖藝之次者，亦有虎賁、中郎之似。然吾每至其家，閱工人所刻之板，不用印刷樣本，即以白板分好惡。猶記一日，我到其店，排坐十八工人，其店主人云："我國工人皆苦先生眼力之精，不能一毫假借，今此十八人中有一領袖，先生試以十八人板閱之，誰爲領袖所刻？如不誤，則真我國所未有矣。"余謝不遑，謂："此十八藝皆已經選擇者，未必能如市上之測字，以鵲啄字，百不失一。雖然，請試之，不效勿哂也。"尋繹再四，拈一板曰：此當是領袖所刻！其時合坐起立，拍掌之聲如雷。

《年譜》這裏所說的木村嘉平即指日本刻工世家木村家族的第四代木村嘉平，他爲《古逸叢書》的刊刻作出了重大貢獻，並因此操勞過度獻出了年輕的生命。《古逸叢書》各書卷末書耳旁標有"木村嘉平"刊記的共有五種書：《穀梁傳》、《莊子》、《史略》、《杜詩》、詳注本《廣韻》。

在木村嘉平之外，還有不少日本刻工爲《古逸叢書》的刊刻作出了很大貢獻，這從《古逸叢書》本身已經找不到痕跡。需要指出的是，《古逸叢書》之十八《韻鏡》末署"井上慶壽刻"，往往使人誤認"井上慶壽"爲《古逸叢書》刻工。其實，"井上慶壽刻"一行已見於《韻鏡》的底本——日本寬政刻本，《古逸叢書》翻刻底本時將這一行也同時翻刻，因此"井上慶壽"並不是《古逸叢書》的刻工，而是寬政刻本《韻鏡》的刻工。

楊守敬與宮島誠一郎在明治十五年（1882）十二月七日的筆談記錄中有一段談及《古逸叢書》的刻工[①]：

[①] 以下引文見於陳捷《關於楊守敬與日本刻工木村嘉平交往的考察》一文，亦見於陳捷整理《楊守敬與宮島誠一郎的筆談錄》一文，兩文標點排版略有不同，此從前者。

官：選刻手幾名？

楊：在我家者二人。木村，江川堂工人。一島田，田十七八歲，一小兒，尤不易得。已刻成五六葉，明日可呈覽也，甚精。十五歲，大人不及也。江川堂有二小兒，一十七八歲，木村同，亦十七八歲也。大澤鉞三郎，神田江川左八衛。

這裏提到了幾位刻工。陳捷指出，江川堂"十七八歲"的"小兒"，是指江川堂第四代主人金次郎，《古逸叢書》中《荀子》、《廣韻》的一部分爲金次郎所刻。同木村嘉平世家一樣，江川堂也是從江戶到明治時期代代相傳的日本著名木版雕刻世家，金次郎於1927年六十四歲時去世。

大澤鉞三郎也是江川堂一支的刻工，曾參與明治時期日本木版印刷界高手合作刊刻的《列祖成績》，當時住在日本東京四谷的傳馬町，1908年9月七十五歲時去世。

除上面提到的這幾位刻工之外，應該還有不少刻工，因資料不足，無法一一考證了。

六、審定校樣

某書初刻完成之後，先行印出一些初印本，由楊守敬等人對這些初印本訂正訛誤，這就是《古逸叢書》的校樣本。日本斯道文庫就藏有這樣的一些《古逸叢書》校樣本，陳捷先生指出："日本慶應義塾大學附屬研究所斯道文庫所藏的《古逸叢書》的校樣本中可以看到一些由楊守敬以朱筆訂正過的錯頁、錯簡和脫衍、誤字。"①

長澤規矩也曾親見《爾雅》、《論語集解》和《杜工部草堂詩話》三部《古逸叢書》校樣本，他指出，"該校正本（按，指《爾雅》校樣本）爲森立之親手校對，在邊框之處有立之按語。可以推測，這些按語當爲立之受楊守敬之托而與十行本相比較所得之物。"又指出，"正平本《論語集解》（按，指《論語集解》校樣本）的書框內記載了同元龜本以及雙跋本進行詳細校對的情況。其筆跡似爲我國之人，但並非森立之。這樣看來，楊守敬在進行校刊

---

① 陳捷《關於楊守敬與日本刻工木村嘉平交往的考察》。

之際,也請了森立之以外的我國人進行幫忙。"①楊守敬不僅親自審定樣本,也會請森立之及其他一些日本學者來審定校樣,審定時除了糾正刻工誤刻之外,會對底本作進一步校正。

這一次校正的工作體現在《古逸叢書》的板片上。除了前面提到的《覆元泰定本廣韻》外,《古逸叢書》中不少其他的書都能在相關板片上找到明顯的修挖痕跡。比如我們在《古逸叢書》之四《周易程傳》卷一相關的一些板片上又找到了二十多處明顯的挖改痕跡(詳見第四章),比較典型的兩處爲:

1. 卷一第十四葉版心之右第十一行,需卦上六象辭下程傳:"雖不當位,而未至於大失也。"從板片上看,"而未至於大失也"一句七字在一小木條上,爲將原板剜改後嵌入新刻。

2. 卷一第廿三葉版心之右第一行,小畜卦上九象辭下程傳:"陰敵陽則必消陽,小人抗君子則必害君子,安得不疑慮乎?若前知疑慮而警懼,求所以制之,則不至於凶矣。"其中,"而(下半字)警懼求所以制(上半字)"諸字在一小木條上,亦爲將原板剜改後嵌入新刻。

圖一 《古逸叢書》本《周易程傳》
　　　北京大學圖書館藏

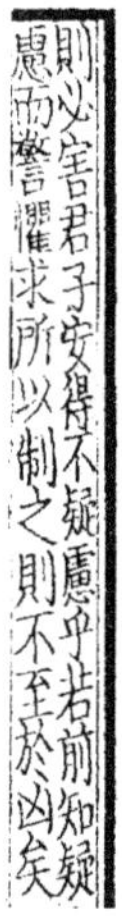

圖二 《古逸叢書》本《周易程傳》
　　　北京大學圖書館藏

---

① 長澤規矩也《古逸叢書の信憑性ついて》,收入《長澤規矩也著作集:第一卷》,東京:汲古書院,1982年。

審定校樣的工作，一者糾正了刻工的誤刻，二者再次校正了底本本身存在的一些錯誤，前者值得肯定，而後者則再次違背了古籍覆刻的原則，雖然其中蘊含着一定的校勘成果，但這種完全可以用校勘記的方式實現，直接改原文的做法不可取。

第二節 《古逸叢書》的印本

近年來，刻本《古逸叢書》成爲收藏界的熱點之一，大家對其各次印本的特點多有討論。但是觀之各家討論，少有指出文獻依據者。且各次印本除了紙張、墨色、刷印技術、開本大小、裝訂形式等等不同之外，在文字内容上也有不同，這一點卻較少有人注意。這一節擬主要從文獻記載和印本實物相結合的角度對《古逸叢書》的幾次重要印本作一梳理，並指出各印本文字内容上的一些不同。

下面我們按日本單行本、日本彙印本、回國後彙印本（包括上海縣署印本、蘇州書局印本、曹允源補刻印本）、影印本等條目分別說明，並介紹《古逸叢書》板片的現存情況。

一、日本單行本

《古逸叢書》的最早印本爲各"單行本"。賈二强《〈古逸叢書〉考》指出："《古逸叢書》每種刻成後必先刷印若干單行，全書刻成復彙印，故傳本有單行本與叢書本之別。"① 不過，賈先生並未指出"單行本"這一說法的文獻依據。

其實，"單行本"一詞見於黎庶昌《古逸叢書·敘目》"影舊鈔卷子原本玉篇零本三卷半"條下：

<u>單行本</u>已出，日本紙幣局長得能良介始從高山寺搜獲糸部卷首

---

① 賈二强《〈古逸叢書〉考》油印本第 7 頁，1986 年陝西師範大學碩士論文，黃永年先生指導。

至"纑"字①半卷,摹刻以印本見詒,因另刊補完,故一卷中有兩次第。聞之柏木探古云"西京某氏尚存一卷,在此刻之外",但未知何部,無從羅致耳。

這也是我們查閱黎庶昌、楊守敬相關跋文所見到的唯一一次提及"單行本",要瞭解"單行本"特點,可以從此入手。

《古逸叢書》本《玉篇》的刊印過程比較複雜,記載其刊刻經過的相關跋文就有不少,除上引黎庶昌《古逸叢書·敘目》"玉篇"條外,又有:《玉篇》卷廿七前半"糸"部"纑"字下日本人得能良介跋文、《玉篇》卷廿二末黎庶昌跋文、《玉篇》書後黎庶昌跋文《書原本玉篇後》、楊守敬跋文等等,本書第三章《玉篇》條下將會詳引。這裏僅再錄一段《玉篇》卷廿二末黎庶昌的跋文:

> 西京知恩院方丈徹定自號松翁,年七十餘,博雅好古人也。今年夏來遊東京,索余所刻《玉篇》,語以崇蘭館及久邇宮親王尚有藏本在此刻之外,因屬訪之。松翁歸後,果假得原本影寫見詒,凡四十三紙(原紙較長,今改爲四十八葉)。其一殘卷從"嗣"字至"敷"字,即前刻弟九卷中之闕文也。其一山部至厷部,即原書弟二十二卷,完然無損。末題"延喜四年",當唐昭宗天祐元年,世閱千歲,歷劫不朽。亟補刻完之。光緒十年六月黎庶昌再識於日本東京使署。

《玉篇》第廿二卷即黎氏在《敘目》中所言"無從羅致"的"西京某氏"所存之卷,光緒十年(1884)夏黎氏得到原本影寫本,將其補刻入叢書。另外,此時黎氏又得到單行本《玉篇》卷九中間所缺殘部的影寫本,也將其補刻入叢書。

綜合《玉篇》的相關跋文來看,《古逸叢書》本《玉篇》的刊印過程至少可分爲三個階段:第一階段僅刊刻《玉篇》卷九(言部至幸部)、卷十八(放部至方部)、卷十九(水部)、卷廿七(糸部"經"字至索部),即黎庶昌《敘目》所稱之"單行本";光緒九年十一月②黎庶昌得到日本人得能良介翻刻本

---

① 從《玉篇》原文看,黎庶昌這裏所記"纑"字爲"纑"字之誤。
② 《玉篇》卷廿七"纑"字下日本人得能良介跋文末署"明治十六年十一月",明治十六年即清光緒九年。

《玉篇》第廿七卷糸部前半部（即糸部卷首至"纏"字），並以之爲底本刻入叢書，第廿七卷成爲完璧，這是第二階段；光緒十年（1884）夏，黎庶昌又得到第九卷所缺部分的影寫本以及第廿二卷（山部至厽部）的影寫本，作爲"續收原本玉篇"刻入叢書，這是第三階段。①

北京大學圖書館藏有一部《玉篇》"單行本"，日本美濃紙印本，索書號LX/4928，李盛鐸舊藏。將其與館藏回國後彙印本（索書號 X/081.17/2706/C5，連史紙印）中的《玉篇》比較，除紙張不同外，又有如下不同：

首先，單行本扉頁鈐"星吾校字監栞督印記"印，內封"古逸叢書之十一"下鈐"單行本"朱記，彙印本皆無。

圖三　單行本《玉篇》楊守敬私印　　　圖四　單行本《玉篇》"單行本"朱記
　　　　北京大學圖書館藏　　　　　　　　　　北京大學圖書館藏

第二，單行本內容較少。它不僅沒有彙印本中的"續收原本玉篇"內容，即無上述第三階段刊刻的部分，而且值得注意的是，兩者"原本玉篇見存目錄"葉的不同：北大本"糸部首缺今存一百十九字"一行，彙印本作"糸部第四百二十五凡三百九十二字"，見下圖。

---

① 黎氏《敘目》"影舊鈔卷子原本玉篇零本三卷半"條的實際寫作時間應介於第二與第三階段之間，也就是在光緒九年（1883）十一月之後，光緒十年（1884）夏之前。

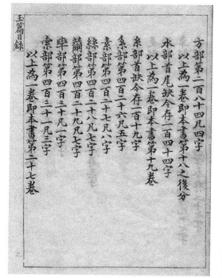

圖五　單行本《玉篇》目錄　　　　圖六　彙印本《玉篇》目錄
　　　北京大學圖書館藏　　　　　　　　　北京大學圖書館藏

以上兩幅書影，左爲北大藏單行本，右爲回國後彙印本，兩者邊框的斷板位置一致，顯然是在同一塊板片上刷印而成。那麽，"糸部"那一行字的不同應該是光緒九年十一月黎庶昌得到日本人得能良介所藏《玉篇》糸部前半部（即糸部卷首至"纏"字）刻本後，對原板挖改所致。也就是説，"單行本"原來並不包括糸部前半部的内容。

不過需要指出的是，雖然北大本目録作"糸部首缺今存一百十九字"，但是該書中第廿七卷實際已經完整，即已經包括了上述第二階段刊刻的内容。看來北大的這部"單行本"較之黎庶昌所説的"單行本"在内容上已有增加，只是目録尚未及改。

由《玉篇》的例子我們可以看出，時間上單行本在前，彙印本在後，内容上彙印本要比單行本多。

那麽，到底有多少種書有日本單行本呢？依據賈二强《古逸叢書》每種刻成後必先刷印若干單行，全書刻成復彙印"的説法，似二十六種都有，不過我們在黎、楊的相關跋文中没有找到關於單行本數量的記載，此説也未敢説必。

目前看來，北大圖書館藏蓋有"單行本"朱記、日本紙印的《古逸叢書》

單行本有:《爾雅》(LX/5358)、《穀梁傳》(LX/7272、X/095.32/4430.2、X/095.32/4430.10)、《周易》(LX/8689)、《荀子》(LX/5831)、《楚辭》(X/811.311/7775.5)、《玉篇》(LX/4928)、《文館詞林》(LX/1835)、《琱玉集》(LX/6795、LX/6799)、《日本國見在書目》(LX/5061)、《漢書》(LX/1836、LX/4797、LX/7868、X/811.311/7775.5)、《碣石調》(LX/8568)等共計十一種書。此外,從其他資料可知還有一些"單行本",比如下文將會提到的詳注本《廣韻》、《姓解》等,"單行本"的具體種數尚有待今後進一步統計。

賈二強指出:"傳世之單行本又分爲兩種:一於扉頁左下鈐'單行本'朱色木記;一'單行本'三字刊於原版上,故作黑色,至以後彙印時方鏟去。黄永年師藏《春秋穀梁傳集解》兩部,均鈐'單行本'印朱記,惟其一卷末尚附楊守敬校札及黎氏印記,又單行本中之最初印者。"我們未見有刻於原版上作黑色"單行本"三字的版本,不過,就我們所見的單印本來看,也有兩點值得説一説。

第一,單行本在《古逸叢書》的排列順序上與彙印本有所不同,比如:

例1,"影舊鈔卷子本琱玉集"在彙印本中的順序是"古逸叢書之十六",而北大所藏一部單行本其內封所題卻是"古逸叢書之十四"。

圖七　單行本《琱玉集》內封
北京大學圖書館藏

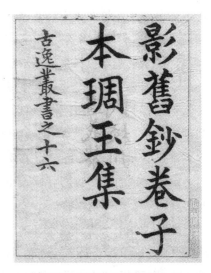

圖八　彙印本《琱玉集》內封
北京大學圖書館藏

這兩個內封顯然並非同一塊板,兩者所題也不相同,一題"舊鈔卷子本琱玉集",一題"影舊鈔卷子本琱玉集",後者多一"影"字。

還有類似的兩個例子。

例2,"覆宋本重修廣韻"在彙印本中的順序是"古逸叢書之十二",但民國間上海商務印書館所影印之"單行本",內封所題卻是"古逸叢書之十"。

圖九　單行本《廣韻》內封　　　　圖十　彙印本《廣韻》內封
　　　北京大學圖書館藏① 　　　　　　　北京大學圖書館藏

可見"覆宋本重修廣韻"在原來的單行本排列中是第十種,彙印本中變爲第十二種。其實,這個特點尚保留在較早的彙印本中,國家圖書館所藏59冊日本美濃紙彙印本《古逸叢書》(國圖索書號11581,詳下文)中,《覆宋本重修廣韻》內封所題也是"古逸叢書之十",而不是"古逸叢書之十二",不過"單行本"三字已經去掉。

例3,"影北宋本姓解"在彙印本中的順序是"古逸叢書之十七",而有的單行本內封所題卻是"古逸叢書之十六"。

---

①　民國十九年(1930)上海:商務印書館影印本,第八版。

圖十一　單行本《姓解》內封　　　　圖十二　彙印本《姓解》內封
　　　網絡資料　收藏地點不明　　　　　　　北京大學圖書館藏

以上三例説明《古逸叢書》在刻成彙印時，對各書順序有所調整。

第二，北大藏有三部《穀梁傳》單行本、二部《琱玉集》單行本、四部《漢書》單行本，對比可知，三個《穀梁傳》內封之"單行本"印記位置有所不同，《琱玉集》、《漢書》的情況類此。可見"單行本"三字並非刻於原板上，而是後鈐上去。

"單行本"印記的字體有兩種：

圖十三　《古逸叢書》單行本朱記 a　　圖十四　《古逸叢書》單行本朱記 b
　　　　北京大學圖書館藏　　　　　　　　　北京大學圖書館藏

此外，各本護葉上多鈐有楊守敬私章，楊氏之章又有兩種：

圖十五　《古逸叢書》單行本楊守敬私印 A　　圖十六　《古逸叢書》單行本楊守敬私印 B
　　　　北京大學圖書館藏　　　　　　　　　　　　　北京大學圖書館藏

多數情況下，A 印配 a 字體印記、B 印配 b 字體印記，但交錯的情況也有不少，並没有特別明顯的規律。

二、日本彙印本

《古逸叢書》自光緒十年刊刻完成之後，在日本東京使署曾刊印多部，我們稱之爲"日本彙印本"。日本彙印本在我國似很少有收藏者，在中國國家圖書館和北京大學圖書館中皆未檢及。中國國家圖書館雖然藏有兩部日本美濃紙印本的《古逸叢書》，但是從其藏印等情況來看，我們認爲這兩部很可能是回國後的上海縣署印本，而不是日本彙印本，内容方面的特點將在下一節"上海縣署彙印本"中來談。這裏主要依據文獻記載來談談日本彙印本的刷印部數及所用紙張這兩個問題，希望澄清以往不太準確的一些說法。

首先關於刷印部數。

由楊守敬自撰、其弟子熊會貞增補的《鄰蘇老人年譜》稱："《古逸叢書》已成，督印百部，黎公以贈當時顯者，皆驚爲精絕。"[①] 人們多據此認爲

---

① 《鄰蘇老人年譜》，《楊守敬集》第 1 册第 19 頁。

《古逸叢書》在東京使署刷印者爲一百部。

其實,在東京使署刷印者並不止此數,這一百部只是黎庶昌自印者,此外求書者自印的也有不少,這一點我們可以從楊守敬與當時日本學者的筆談記錄中瞭解到。《古逸叢書》刊刻完成之後,楊守敬與宮島誠一郎有一次談及《古逸叢書》的刷印問題①:

宮:白紙有幾種?今所見此二種乎?一帖價幾許?
　　先生所刊書類總計二十六,二十六部價幾許?請一部授我。("弟得搨拓則供紙可也"九字抹消。)
楊:如此紙每全部紙幣約四十圓。
宮:紙則我供之可。
　　紙不一,價亦不一。
楊:黎公之書不出售。少少者黎公可贈,若欲全部,即先生邀同人印之可也。或無同人,則數日内我館中有同人夥印,先生備紙價可也。

……

宮:日本紙(傍注:江戶川)幾圓?
楊:搨全部二十六種十圓。
宮:何紙?江戶川二圓六十錢。
　　何卷?册?
楊:百册。
楊:然價太貴。(此處一字殘)上印書不必也。
　　此恐不必言。蓋黎公此紙計算二十部而購之,無餘多也。
　　其他則有之。
　　支那多求之。
　　則價相若。

楊氏和宮島誠一郎的這段筆談記錄原文比較散亂,經由陳捷先生整

―――――――――――
① 陳捷《楊守敬與宮島誠一郎的筆談錄》,《中國哲學研究》第12號(1998年11月1日)第154—155頁,東京大學中國哲學研究會。

理,基本已經清楚可讀。楊守敬說"少少者黎公可贈,若欲全部,即先生邀同人印之可也",則宮島誠一郎似不在黎庶昌所贈"當時顯者"之列,楊守敬又言"數日内我館中有同人夥印",則自備紙在東京使署刷印《古逸叢書》者也有不少,這些印本都不在那百部之列。

其次關於刷印所用紙張。

日本彙印本所用的紙張,一般認爲所用只有日本美濃紙。這個說法並不準確。據史料記載,當時所用紙至少有美濃紙和宣紙兩種。王寶平先生《黎庶昌東瀛訪書史料二則》一文中曾發表過一封黎庶昌歸國前致三條實美的信,信中對這時期的彙印本所用紙張有明確交代。王先生指出:"翌年(按:指光緒十年)八月十五日(10月3日),黎庶昌丁母憂即將回國,臨行前爲表謝忱,特意向日方贈送了已刻完畢的《古逸叢書》24種,以及美濃紙和宣紙。"信函如下:

> 敬啟者 本大臣現丁母憂即應奔喪回國,所有前此刊刻之《古逸叢書》,原擬俟一律竣事後,以兩部奉贈。今時不能待應,先將已成之二十四種送上。美濃紙者一分,請閣下自留;宣紙者一分,請爲傳送貴秘閣存儲,用彰同文盛事。其餘尚有二種,嗣
> 後由隨員張沇送交可也。即頌
> 台祺
> 光緒十年八月十五日
> 欽差大臣黎庶昌
> 太政大臣兼修史館總裁公爵三條實美閣下①

王寶平認爲黎氏向三條實美贈送者爲"已刻完畢的《古逸叢書》24種,以及美濃紙和宣紙",將"美濃紙和宣紙"僅僅理解爲紙張,這是有問題的,如果僅是紙張,談不上"傳送貴秘閣存儲,用彰同文盛事",這裏的美濃紙和宣紙顯然分別指用美濃紙刷印的《古逸叢書》和用宣紙刷印的《古逸叢書》二十四種,還有兩種尚未印完。

由這條記載我們可以確證,《古逸叢書》日本彙印本所用紙張不僅有

---

① 王寶平先生《黎庶昌東瀛訪書史料二則》,《文獻》2004年第4期,第61頁。

美濃紙,也有宣紙。同時,從上文所錄楊守敬與宮島誠一郎的談話中可知,求書者自己刷印《古逸叢書》而採用別的一些紙張者也有不少。

還需要指出的是,由《古逸叢書》的刊印而名聲大噪的日本美濃紙,受到清末國人的追捧,以至後來多有從日本購回美濃紙來印書者。《古逸叢書》板片運回國內後,部分印本就是用美濃紙刷印,因此僅憑美濃紙一項並不能判定是日本彙印本還是回國後彙印本。

三、上海縣署印本

清光緒十年(1884)《古逸叢書》的板片運回國內,此後的印本皆爲回國後印本。根據文獻記載,下面將回國後印本分爲上海縣署印本、蘇州書局印本和曹允源補刻本來談,先談上海縣署印本。

關於《古逸叢書》板片運到上海時的情況,莫棠的一段跋文有比較詳細的記載:

> 光緒甲申,遵義黎蒓齋先生爲出使日本國大臣,刊《古逸叢書》二十六種。其秋,蒓丈奉詔將歸,奏請置書板於江蘇書局,得旨允行。時先君爲上海縣令,巡撫委官湯紀尚來迎收板片。板至啓視,則每板四周皆護以木條,長短與板齊,廣寸餘,刻地甚淺。日本刷印法先以櫻帚塗墨,拂紙既平,則以一圓物堅薄者平壓而宛轉磨之,故字外不漬墨而字字勻潔。官匠皆相顧斂手,於是去其護板之木,復刓深其刻地之淺者,在縣齋召匠試印。余遂請於先君,覓佳紙附印,其中經、子及《草堂詩箋》各數本,尚稱精好,然行間已不能無濡墨。迨後板入局中,則更無佳印矣。當時日本摹印不足二百本,蒓丈嘗以數本授余取價,爲之還素負,每本五十金,豈知今日遂踰十部之值乎。余所印者已十九不存,此本嘗攜以從嶺表,幸而尚在。頃檢讀,感念今昔,不覺憮然。癸丑夏日莫棠。①

此外,黎庶昌在上海的摯友李士棻對《古逸叢書》在上海的刊印經過也有一些記載。較早時,李士棻聽説黎庶昌在日本刊刻《古逸叢書》,非常

---

① 王文進著,柳向春標點《文祿堂訪書記》卷三,上海:上海古籍出版社,2007年,第154頁。

高興,曾賦有"中國書從外國留,唐鐫宋刻再雕鏤"等句詩一首,其序云:"黎蒓齋在日本搜得唐宋逸書廿餘種,皆中國久佚而難購者,捐俸影刊以棄板,奏歸江蘇書局,甚盛舉也。"但後來黎庶昌贈給李士棻的僅《老子》、《莊子》、《荀子》三種書,而不是全套的《古逸叢書》,李士棻頗不悦,又有《柬蒓齋星使》七律詩,其序云:"蒓齋在日本校刊唐宋逸書廿餘種,其全帙多踰百本,頃以《老》、《莊》、《荀》三子見贈,求窺其全,則云在東京曾印多部,已爲達官貴人紛紛索取盡矣,現在莫善徵大令①方集工匠於上海縣署,先印五十部,然後以書板歸蘇州書局。此五十部者亦必達官貴人乃得而有之。"作此詩後不久,李士棻收到黎庶昌來信,"正月十九日得蒓齋手札,許以《古逸叢書》全部見贈",李士棻稱贊黎庶昌"古誼可佩"。②

由上述這些記載我們可以得出幾點結論:第一,《古逸叢書》在上海縣署的印數爲五十部。第二,上海縣署印本的主事者爲時任上海縣令的莫善徵。李士棻稱"莫善徵大令方集工匠於上海縣署",莫棠跋稱"時先君爲上海縣令",莫棠之父即莫善徵,兩者相合。莫善徵即莫祥芝,善徵爲其字。③這一點對以下兩部上海縣署印本的判定比較重要。

中國國家圖書館收藏有兩部日本美濃紙印本《古逸叢書》,其中一部爲59册,索書號爲11581,另一部爲60册,索書號爲13544。前者第十八册《莊子》內有紙籤,上題"莫善徵自留美濃二部,《杜詩》、《莊子》",④後者鈐"銅井山廬藏書"、"獨山莫氏銅井文房藏書印"、"獨山莫祥芝圖書記"、"莫科莫祁莫棠之印"等印,莫科、莫祁、莫棠爲莫祥芝三子,這兩部印本皆與莫善徵有關,很可能爲上海縣署彙印本。

將這兩部印本與以後通行的《古逸叢書》彙印本比較,內容不盡相同,而且在每種書的序、跋等排列順序上也有所不同。比如,這兩部彙印本,

---

① "大令"爲對縣令的尊稱。
② 以上經過詳見李士棻《天補樓行記》一卷,清光緒十一年(1885)上海自刻木活字本。
③ 莫祥芝(1827—1890),字善徵,號九芝,別號拙髯。詳見黎庶昌《拙尊園叢稿》卷二內編《莫善徵墓誌銘》。此銘稱:"君諱祥芝,字善徵,晚多鬚髯,又號拙髯。……子三:科,分部郎中,先没。祁,出嗣君八兄,生芝,兩淮候補鹽大使,庶昌之第二女壻也。棠,貢生,主事銜。"莫棠正爲莫善徵第三子。
④ "莫善徵自留美濃二部",即莫善徵自留的日本美濃紙印本,與莫棠跋"余遂請於先君,覓佳紙附印"一句聯繫起來看,莫棠所謂"佳紙"很可能即指日本美濃紙。

卷後附楊守敬跋文的皆爲八種書：

《爾雅》，清光緒癸未（九年，1883）春正月跋；

《穀梁傳》，清光緒癸未（九年，1883）秋九月跋；

《周易》，清光緒癸未（九年，1883）嘉平月（即十二月）跋；

《荀子》，清光緒甲申（十年，1884）三月跋；

《玉篇》，清光緒十年（1884）正月跋；

《文館詞林》，清光緒甲申（十年，1884）二月跋；

《漢書》，清光緒壬午（八年，1882）四月跋；

《太平寰宇記補闕》，清光緒癸未（九年，1883）九月、十二月望日兩跋。

而後來通行的彙印本《古逸叢書》有十種書後附有楊守敬跋文，多出《論語集解》和《史略》後兩篇跋文。

具體來說，這兩部印本與後來的彙印本（如以北大館藏 X/081.17/2706/C5 爲例）不一致處有：

1.《穀梁傳》

後來的彙印本，《何休公羊傳序》皆在《穀梁傳》正文之前，而在這兩部印本中，該序附於《穀梁傳》正文之後。此書卷末楊守敬《考異》云：「末附《何休公羊傳序》，此因余氏（按：指南宋建安余仁仲）有合刊《公》《穀》二傳跋，故原本摹之，今亦附刊於後。」也就是說，《何休公羊傳序》本與《穀梁傳》無關，只因「余氏有合刊《公》《穀》二傳跋」，且「原本摹之」，所以楊守敬將其附刻在《穀梁傳》之後。可見，楊守敬刊刻當時，《何休公羊傳序》確實應在《穀梁傳》正文之後，而不是在正文之前，這兩部印本與楊說相合。

此外，這兩部印本的《經籍訪古志》跋文皆在楊守敬跋文前，而在後來通行的彙印本中，《經籍訪古志》跋文皆在楊守敬跋文之後。

2.《論語集解》

這兩部印本卷後皆無楊守敬《覆正平論語集解後序》跋文，後來通行的彙印本增加該跋，此跋作於清光緒壬午（八年，1882）十月廿八日。

3.《周易》

此書其實包括宋代程頤《周易程傳》六卷和題呂祖謙編《繫辭精義》二卷兩種書。國圖的這兩部美濃紙印本呂祖謙跋文緊接《周易程傳》卷末、《繫辭精義》卷前，而後來的彙印本呂跋則在《繫辭精義》之後。楊守敬跋文指出："其東萊一跋，此本亦遺之，據董鼎《周易會通》補入。"文中"此本"是指《周易程傳》六卷而言，可見呂祖謙跋文當作爲《周易程傳》所附，國圖藏本的裝訂順序正確。

4.《荀子》

這兩部印本《經籍訪古志》跋文在楊守敬跋文前，而後來的印本《經籍訪古志》跋文在楊守敬跋文之後。

5.《莊子》

這兩部印本成玄英《疏序》在郭象《南華真經序》前，而後來通行的彙印本《疏序》在郭象《南華真經序》後。

6.《玉篇》

所附《經籍訪古志》跋文、黎庶昌跋文《書原本玉篇後》、楊守敬跋文、黎庶昌"光緒十年六月"識文這四篇的順序與後來的印本皆不一致。

7.《文館詞林》

這兩部印本與後來通行的彙印本在內容上有不同，比如我們注意到，《文館詞林》卷四百五十九的第"三十七"葉，兩者就有一些不同：

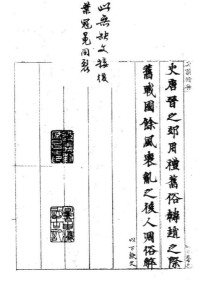 

圖十七　上海縣署印本《文館詞林》　　圖十八　蘇州書局印本《文館詞林》
　　　中國國家圖書館藏　　　　　　　　　　中國國家圖書館藏

左邊那幅書影是我們掃描國圖膠卷圖像的打印頁而得,"此無缺文接後葉冠冕同裂"諸字在原書所粘一紙浮簽上。該頁兩本有明顯不同:

首先,國圖13544"凋俗醉"字旁刻有"以下缺文"四字,而後來的彙印本無此四字,卻增加了一行"以下接後葉冠冕同裂云云";

其次,國圖13544刻有"星吾東瀛訪古記"、"遵義黎庶昌之印"兩印(《文館詞林》各卷之末多刻有這兩印),而後來通行的彙印本將這兩個印挖去。

也就是説,原來刊刻者認爲"凋俗醉"與下文"冠冕同裂"之間有缺文,後來發現"凋俗醉"與下文"冠冕同裂"之間其實並無缺文,所以去掉黎、楊兩印及"以下缺文"四字,並補刻"以下接後葉冠冕同裂云云"一行。

8.《史略》

這兩部印本《史略》卷末皆無楊守敬跋,而後來通行的彙印本增加該跋,此跋作於清光緒甲申(十年,1884)正月。

以上就是目前我們注意到的國圖兩部印本與後來彙印本在内容及各序跋等排列順序的不同。

四、蘇州書局印本

上海縣署印完五十部之後,《古逸叢書》板片即歸蘇州書局。光緒十年黎庶昌片奏云:

> 再,刻書雖非使臣所及,而日本同文之國,崇尚漢學千有餘年,墜簡佚文,往往而有。臣自八年春間訪獲佚書古本多種,即命隨員楊守敬經紀刊刻,題爲《古逸叢書》,其中頗有拾餘種可補《四庫》著録之遺。本年秋間一律完竣,除將板片運交蘇州書局作爲官物聽人刊印外,理合附片具陳。①

黎氏稱:"板片運交蘇州書局,作爲官物,聽人刊印。"人們可以自備紙墨去印書,《古逸叢書》開始真正流行。今存世的《古逸叢書》刻本大多是

---

① 清金武祥《粟香隨筆》三筆卷五所引,光緒刻本。

板歸蘇州書局以後的印本。這些印本，書局刷印發行者多用連史紙和毛邊紙，此外求書者也會採用其他的一些紙自印。蘇州書局印本各館多有收藏，此不詳論。

五、曹允源補刻印本

板片交給蘇州書局後，由於刷印的次數太多，板片磨損比較嚴重。1921年，曹允源對《古逸叢書》的板片進行修補，補刻達一百多葉。中國國家圖書館就藏有一部曹氏補刻印本，索書號爲 XD362，卷前有曹允源《重修古逸叢書敘》，此敘並不多見，今錄之如下：

> 自先生使節還朝，其版藏蘇州書局，印行既久，字多剝蝕。《杜工部草堂詩箋》前四十一卷爲宋麻沙本，尤多漫漶，不可辨識。今年孟夏，召滬上良工用圖書館初印本覆刊，最：《影宋台州本荀子》刊補一葉；《影宋本莊子注疏》刊補七葉；《影宋蜀大字本尚書釋音》刊補三葉；《影舊鈔卷子原本玉篇零本》刊補四葉；《覆麻沙本草堂詩箋》刊補八十九葉。閲半載工始竣，精本古籍遂得完善，既以饜學者之意，亦庶幾不負先生之盛誼也夫！辛酉九月吴縣曹允源。

這次修補，補刻了《荀子》、《莊子》、《尚書》、《玉篇》、《杜詩》五種書的一百零四葉。

經曹氏補版的《古逸叢書》板片，在抗日戰爭期間多有殘損。1960年，江蘇省委作出決定，將全省歷史上流傳下來的書板都集中於揚州市，成立廣陵古籍刻印社。當時曾集中了十六餘萬片古書的板片，包括五十餘種叢書，近九千卷。[①]《古逸叢書》的板片也在其中。

2005年揚州建成中國雕版印刷博物館，廣陵古籍刻印社的板片全部入藏。據該館整理者介紹，《古逸叢書》二十六種書中，《老子》和《孝經》兩種已經全部散失，其他各書的板片也各有不同程度的散佚。《楚辭》的板片由於印刷次數較多，修板和補板的情況非常多。據統計，該博物館目前

---

① 穆石《枯樹綻新芽 古籍煥青春——訪江蘇廣陵古籍刻印社》，《讀書》1980年第10期。

所藏的《古逸叢書》版葉（板片多數爲雙面刻）占整部叢書應有版葉的百分之六十五左右，板片多數保存良好。這些板片，多爲正反兩面雕刻，每板兩邊皆有空白手扶處，上下皆有插槽，一望便知爲日本版。

此外，我們偶爾也能見到流失在外的《古逸叢書》板片，比如位於北京文津街國圖的文津雕版博物館中就收藏有幾塊《古逸叢書》板片。

以上我們大致談了《古逸叢書》主要的各種刻本刷印本，下面我們再簡要介紹一下《古逸叢書》一些影印本的情況。

六、影印本

以《古逸叢書》本（主要是蘇州書局印本）爲底本影印的本子有很多，時至今日，它仍然不停地被影印出版。近年，（揚州）江蘇廣陵古籍刻印社分別於 1990、1994、1997、2002 年將《古逸叢書》影印出版。（南京）江蘇古籍出版社於 2002 年也影印出版了《古逸叢書》。

叢書的各種書也往往被單印：

民國十二年（1923）沔陽盧氏慎始基齋影印本《湖北先正遺書》七十二種之一的《穀梁傳》即影印自《古逸叢書》本；

民國間上海商務印書館影印《古逸叢書》單行本《覆宋本重修廣韻》（見前文"單行本"一節）；

民國間上海商務印書館《四部叢刊》影印《古逸叢書》本《荀子》等；

1955 年北京古籍出版社影印《古逸叢書》本《韻鏡》；

1985 年北京中華書局影印《古逸叢書》本《玉燭寶典》；

此外，《叢書集成初編》中有些書以《古逸叢書》本爲影印底本，如：總類第 173 册《琱玉集》二卷、哲學類第 394－397 册《周易》上下經六卷、哲學類第 410 册《晦庵先生校正周易繫辭精義》二卷、社會科學類第 766 册《漢書·食貨志》一卷、語文學類第 1054－1057 册《玉篇》殘四卷又殘二卷、語文學類第 1224－1228 册《廣韻》五卷並附《宋本廣韻校劄》一卷、語文學類第 1229－1233 册《廣韻》五卷、語文學類第 1239 册《韻鏡》一卷、藝術類第 1673 册《碣石調幽蘭》一卷、文學類第 1690－1691 册《文館詞林》殘十八卷、文學類第 2232－2234 册《黃氏集千家注杜工部詩史補遺》十卷並附《集注草堂杜工部詩外集》一卷、史地類第3098册《太平寰宇記》殘六卷、史地類第3296册《姓解》三卷,等等。

以上所列只是《古逸叢書》影印本的一小部分,此外各種影印本還有很多,很難一一羅列,且其版印多無特殊之處,這裏就從略了。

第三節　刊刻《古逸叢書》的遺憾

從黎、楊二人的生平介紹中我們可以看出,黎庶昌是一位"文章之士",而楊守敬是一位學者。前文也提到,在來日本之前,楊守敬在目録、版本學方面並無過人之處,"余生僻陬,家尠藏書,目録之學,素無淵源"①。到了日本之後,在大量收購古抄舊刻以及同日本學者森立之等人的交流中,楊守敬對古書源流辨别、古籍版本鑒定的能力突飛猛進,較之黎庶昌在這方面要高出一籌。不過,雖然楊守敬實際主持《古逸叢書》的刊印工作,但是真正決定刻哪些書的仍然是黎庶昌,兩者學術旨趣的不同以及版本鑒定水平的差距使得他們在《古逸叢書》的具體刊刻事情上常有意見相左之處,因此在刊刻當時已有許多遺憾。

首先,《古逸叢書》收書的體例本是那些流傳於日本而在我國久已失傳之書,而《古逸叢書》中的有些書卻並不符合這一體例,比如:

《尚書》的底本就並非流傳於日本之書,而是清代汪氏振綺堂舊藏宋刻本的一部影抄本,由黎庶昌的女婿張沆於國內獲得,楊氏《日本訪書志》:"余在日本校刊《古逸叢書》,黎星使女壻張君沆得影寫此本,議欲刻之。"②

蔡夢弼箋注的《杜詩》在我國並未失傳,楊守敬《鄰蘇老人年譜》指出:"蔡刻《杜詩》,廣東尚有刻本。"當時廣東尚有刻本,並非中土失傳之書。

《老子》一書,底本以日本刻本和光緒間局刻本爲基礎並集日本摹刻張參《五經文字》、唐玄度《九經字樣》之字而成,是《老子道德經注》流傳過

---

① 《〈日本訪書志〉緣起》,《楊守敬集》第8册第27頁。
② 《日本訪書志》,《楊守敬集》第8册第42頁。

程中的一個新版本,也不符《古逸叢書》收書體例。此書楊守敬無相關跋文介紹,刻入《古逸叢書》很可能只是黎庶昌的意見。

第二,《古逸叢書》中有些書的版本價值並不很高,楊守敬在《鄰蘇老人年譜》中指出:"其實所刻之書不盡要典,如蔡刻《杜詩》,廣東尚有刻本;《莊子注疏》亦載《道藏輯要》中;而惠琳《一切經音義》、楊上善《太素經》等書皆未刊,頗爲遺恨,然黎公作主,何能盡如我意!"①《古逸叢書》選書最終的決定權在黎庶昌,楊守敬只能對有些書的刊刻持保留意見。

綜觀《古逸叢書》二十六種書,《尚書》、《杜詩》、《莊子》三書,楊守敬皆明確反對刊刻。

《尚書》。此書既非得自日本,版本價值也不足驚人,《日本訪書志》指出:"且此書非陸氏之舊,乃宋人之書,星使駭然。……今不能得開寶以前古本,則此不足驚人也。張君意存見好,必欲刻之,余亦未便深拒。"②楊守敬明顯不贊成此本刻入叢書。

《杜詩》。除了並非我國失傳之書以外,此書本身版本價值也不高。楊守敬非常反對此書的刊刻,傅增湘《校宋殘本杜工部草堂詩箋跋》一文寫道:"憶昔年與楊惺吾於海上,語及《古逸叢書》,謂其中惟《草堂詩箋》原本最劣,當時力阻,星使竟不見納,異日必爲通人所詬。余叩其故,笑而不言。"③可見,楊守敬曾極力反對將此本刻入《古逸叢書》,此本最後刻入叢書,完全是黎庶昌的意見。

《莊子》。《日本訪書志》指出:"余初以刻此書工費浩繁,又集字費日力,而所得古書有奇於此者,勸黎公輟此議,以其費刻他書,而黎公堅不許。"④此書卷一至卷二、卷七至卷十共六卷底本爲南宋刻本,這部分以影照法刊刻,卷三至卷六以及六卷南宋本中的缺葉部分則"參校坊刻本、《道藏》本而集宋本之字以成之"。應該說,楊守敬反對此書的刊刻主要是反對用集字法刻缺卷的做法,集字法費時費力,而集字之本又無多少版本

---

① 《楊守敬集》第1冊第19頁。
② 《日本訪書志》,《楊守敬集》第8冊第42頁。
③ 傅增湘《藏園群書題記》第588頁,上海:上海古籍出版社,1989年。
④ 《日本訪書志》,《楊守敬集》第8冊第173頁。

價值。

另外，《急就篇》一書，其底本爲日本天保八年（相當於清道光十七年，1837）澀江全善刻本，全用顏師古本，版本價值並不高。楊守敬無相關跋文介紹，刻入叢書或許也是黎庶昌的意見。

第三，某些極具版本價值的書卻未能刻入叢書。

上引楊文已經指出："惠琳《一切經音義》、楊上善《太素經》等書皆未刊，頗爲遺恨"，黎庶昌本人也以許多書未能刊刻爲憾，《古逸叢書·敘目》最後指出：

> 按日本所存中土逸書古本，如唐釋慧琳《一切經音義》一百卷，希麟《續音義》十卷，此乃小學之匯歸，佚文之淵藪，有白蓮社刻本，最爲完整可據。唐楊上善《黃帝内經太素注》，原書三十卷，今存二十一卷，予獲有傳抄本。又曾借閲祕閣古寫卷子本《春秋經傳集解》三十卷，其書出自隋唐舊鈔，經傳字句異同極夥，録有校本。又北宋本杜氏《通典》二百卷，卷末鈐"大宋建中靖國元年遼乾統元年高麗十四葉經筵藏書圖記"，槧刻甚精。北宋本《世説新語》三卷。南宋單疏本《尚書正義》二十卷。興國軍本不坿釋音《春秋左氏傳》三十卷。南宋本《集韻》十卷，胄官庫物。又有楊君星吾所收繙刻宋蜀大字本任淵《山谷詩注》二十卷。皆以卷帙繁重，未能謀刻，姑坿記於此，以餉好事君子，庶昌又識。

對比楊守敬《〈日本訪書志〉緣起》中所列擬翻刻的書目：

> 志中急宜刊布者：經部之《易》單疏、《書》單疏、萬卷堂之《穀梁傳》、十卷本之《論語疏》，小學類之蜀本《爾雅》、顧野王《原本玉篇》、宋本《隸釋》；子部之台州本《荀子》，類書之杜臺卿《玉燭寶典》，邵思《姓解》，醫家之李英公《新修本草》、楊上善之《太素經》；集部之《文館詞林》十卷（《佚存叢書》所刻僅四卷），是皆我久佚之籍，亦藝林最要之書，彙刻爲叢書，恐不在《士禮居》、《平津館》下也。若釋慧琳《一切經音義》百卷、釋希麟《續一切經音義》十卷，此小學之淵藪，一部傳而漢唐文字音韻之書皆得以見其崖略。

其中《易》單疏、《書》單疏、宋本《隸釋》、李英公《新修本草》、楊上善之《太素經》、釋慧琳《一切經音義》百卷、釋希麟《續一切經音義》十卷等書，皆未刻成，黎庶昌與楊守敬同憾。

第四，《古逸叢書》對底本不少改動，有些並非黎、楊本意，而黎、楊在有些書的校改問題上意見也不一致。

《杜詩》卷後所附黎庶昌跋文指出："原書每卷首葉第二三行或題'嘉興魯訔編次、建安蔡夢弼會箋'或單題'嘉興魯訔編次'，亦間有不題者，《補遺》卷中或題'臨川黃鶴集注、建安蔡夢弼校正'，或單題'臨川黃鶴集注'，至第十卷則又題'嘉興魯訔編次、建安蔡夢弼會箋'。梓人木邨嘉平病其不一，僅存正、補兩首卷題名外，餘皆削去，使歸一律，而將行款逐卷移前。費此苦心，不知其與原本不合也。刻成後始知之，已追改不及，坿識於此，無令讀者滋疑。黎庶昌記。"刻工對底本擅改，並非黎氏本意，刻成後已追改不及。

此外，前文已經指出《古逸叢書》本對底本作了校改，有些書的校改是黎庶昌的意見，楊守敬並不贊成，如《廣韻》兩種；有些書的校改是楊守敬的意見，並已經在相關跋文中說明，如《莊子》、《論語集解》、《姓解》、《史略》等書；有些書楊守敬未作說明，實際上卻有校改，如《爾雅》、《周易》、《玉篇》、《太平寰宇記補闕》等；有些書楊守敬說明不改，實際上卻有所校改，如《韻鏡》一書。《古逸叢書》的這些校改多數未在書後附校勘記說明，這對《古逸叢書》的使用者十分不利。這是以版本著稱的《古逸叢書》的最大缺點，也是我們討論的重點。

第五，楊守敬所作劄記有些未刻入叢書。

楊守敬《鄰蘇老人年譜》稱："又黎公本文章之士，於古書源流不甚了然，當初議刻《叢書》時，我即自任為黎公每部代作一跋，而不署我之名，黎公則笑云：'我自有我之跋，君自為跋可也。'及為原本《玉篇》跋各成一通，刻之，黎公寄伯寅尚書，回書則云：'君既囑楊君任刻書，即請楊君代作跋，何必以空文為重儓！'而黎公赧然，遂皆不自作跋，亦不願守敬作跋。故《叢書》如《玉燭寶典》、正平《論語》、《史略》諸書均有劄記，皆輟不刻，至今尚存守敬篋中。"這些劄記是楊守敬本人的學術成果，沒能刊刻是一件很可惜的事。

第三章 《古逸叢書》各書底本

我們這裏所説的"底本"是指《古逸叢書》刊刻時實際所根據的本子。要了解各書底本情況，可憑藉的常用資料有這麽幾種：

首先是叢書各書的實際情況，比如書的字體、行款、版式、序跋及牌記等。

其次是叢書各書的内封。每書卷前内封都是黎、楊對該書的版本説明，如《爾雅》内封題"影宋覆蜀大字本爾雅"，《穀梁傳》内封題"影宋紹熙本穀梁傳"等。

第三，黎庶昌於叢書之首撰有《叙目》，對每書各有一小段文字介紹，其中或涉及該書底本情況。

第四，有些書卷後附有《經籍訪古志》或黎、楊跋文等，往往對書的底本有比較詳細的説明。

以上這些都是我們了解《古逸叢書》各書底本的基本材料，但是，這些基本材料各有局限。以各書的實際情況而論，覆刻本以及覆刻本的覆刻本往往將原本的字體、行款、版式、序跋及牌記皆照翻，因此僅憑這些不能判斷出叢書所據的直接底本究竟是原本還是覆刻本或覆刻本的覆刻本。至於内封，其所題往往有問題，且《古逸叢書》不同印次的印本内封就有不同，如本文第二章指出的，《璚玉集》内封單行本題"舊鈔卷子本璚玉集"，而彙印本題"影舊鈔卷子本璚玉集"，後者多一"影"字。黎庶昌《叙目》中的説明與内封所題有時也有不同，如《爾雅》内封題"影覆宋蜀大字本爾雅"，《叙目》作"影宋蜀大字本爾雅"，少一"覆"字。此外，有些書卷後未附《經籍訪古志》或黎、楊跋文，有的即使附有跋文，也未對該書刊刻情況作具體説明。鑒於此，在討論《古逸叢書》各書底本時，還應利用其他一切反映《古逸叢書》刊印經過的原始資料。爲便行文，先將本章所利用的主要資料説明如下：

（1）黎庶昌跋文。除《古逸叢書·敍目》和附於《玉篇》後的黎氏《書原本玉篇後》跋文外，黎氏還有《跋日本津藩有造館本正平本論語集解》一文，已收入《拙尊園叢稿》中。

（2）楊守敬跋文。附於《古逸叢書》各書卷後者有十篇①，分別是（以下用簡稱）：《爾雅》、《穀梁傳》、《論語集解》、《周易》、《荀子》、《玉篇》、《文館詞林》、《史略》、《漢書》、《太平寰宇記》，其中除《漢書》一篇見於《日本訪書志補》外，其餘九篇皆收入《日本訪書志》。此外，《日本訪書志》中還收有未附刻於《古逸叢書》卷後的另外六種書的跋文，分別是《孝經》、《莊子》、《尚書》、詳注本《廣韻》、《姓解》、《韻鏡》。《日本訪書志補》共收《古逸叢書》相關跋文三篇，其中《漢書》一篇跋文已附於《古逸叢書》中，另收有《爾雅》和《論語集解》兩篇書跋。②《日本訪書志》後出，所收楊守敬《古逸叢書》相關跋文最多，本章引楊氏跋文如無特殊說明，皆引自《日本訪書志》，下文不再一一出注。

（3）日本學者澀江全善、森立之《經籍訪古志》。附於《古逸叢書》十五種書後，分別是：《爾雅》、《穀梁傳》、《論語集解》、《荀子》、《玉篇》、《玉燭寶典》、《文館詞林》、《琱玉集》、《姓解》、《韻鏡》、《史略》、《漢書》、《急就篇》、《杜詩》、《碣石調》，這些解題誤字較多，清光緒十一年（1885）徐氏鉛印本已有所糾正。徐氏鉛印本又收有未附於《古逸叢書》後的另外五種書的解題，分別是：《孝經》、《莊子》、《楚辭》、詳注本《廣韻》、略注本《廣韻》。③

（4）民國二十一年何澄一編《故宮所藏觀海堂書目》，④這部書是對當時北平故宮博物院所存楊守敬觀海堂舊藏的實存書目的記載。

（5）楊守敬有一部手批《經籍訪古志》流傳於日本，其中有些批語涉及《古逸叢書》的刊刻及底本情況，日本學者長澤規矩也《楊惺吾日本訪書

---

① 本文第二章已經指出，較早的彙印本如上海縣署彙印本，各書卷後所附楊守敬跋文僅八篇。更早的彙印本所附楊氏跋文應亦不出此八篇之外。
② 《日本訪書志》、《日本訪書志補》，本書所用爲《楊守敬集》第8冊劉昌潤整理本。
③ 詳見第22頁注③。
④ 何澄一編《故宮所藏觀海堂書目》，民國二十一年（1932）北平故宮博物院圖書館出版。

考》一文録有這些批語。①

（6）《清客筆話》。前文已經提到，楊守敬不擅日語，與日本學者的交流皆用筆談形式，其與日本學者森立之的筆談記録《清客筆話》現尚存於日本，陳捷先生對它進行了整理，已收入《楊守敬集》第 13 册。其中有一些記録涉及《古逸叢書》底本的討論。

（7）日本學者阿部隆一於 20 世紀 70 年代對臺北故宫博物院藏楊氏觀海堂善本進行了全面調查，著有《"中華民國國立故宫博物院"藏楊氏觀海堂善本解題》一文。②

（8）賈二强 1986 年碩士論文《〈古逸叢書〉考》，黄永年先生指導。該文資料詳實，論證嚴謹，可資參考者頗多。不過，該文對《古逸叢書》各書底本的辨析主要依據文獻記載，對底本實物的考察不夠，且該論文撰作年代較早，不少資料尚未及見到，因而存在一些疏漏。

經過逐一考察這些底本資料之後，我們發現《古逸叢書》二十六種書的底本情況十分複雜，比如有的底本是宋刻本的日本翻刻本的影抄本，將其中關係一層層釐清並非易事，而有些底本是原本還是原本的影抄本依據現有資料尚無法斷定，等等，諸如此類的問題常常令人有糾纏不清之感。

要將底本問題解釋清楚，需先將底本按各自的版本情況作一分類。長澤規矩也在《〈古逸叢書〉的可靠性》一文中將《古逸叢書》各書所用底本分爲如下四類③：

1. 直接以原本作爲底本類
2. 以原本的影寫本作爲底本類
3. 以原本的抄録本作爲底本類
4. 以自己製作的原本影寫本作爲底本類

---

① 長澤規矩也《楊惺吾日本訪書考》，收入《長澤規矩也著作集：第二卷》。
② 阿部隆一《"中華民國國立故宫博物院"藏楊氏觀海堂善本解題》，收入《（增訂）中國訪書志》，東京：汲古書院，1983 年。
③ 長澤規矩也《古逸叢書の信憑性ついて》（《古逸叢書的可靠性》），收入《長澤規矩也著作集：第一卷》。

這是我們所見對《古逸叢書》底本唯一的一種分類,應該説,這樣分類邏輯是清楚的。但是,長澤氏没有對此分類作任何説明,也没有指出各類都包括哪些書。我們認爲,這種分類在實際操作過程中有不少困難,無法實現。首先,原本和影寫本之别,這對於刻本來說容易區分,而對於抄本來説,除非有題記或其他資料説明是影抄,否則原抄本和影抄本很難區分。其次,如果底本是"自己製作的原本影寫本",它往往是版樣的一種,將其列爲底本的一類並不合適。第三,有些書由各種底本拼配而成,不是單一地用一種底本。

經過各方面綜合考慮,我們擬將《古逸叢書》底本分爲如下四類來談:

1. 以刻本原本爲底本類;
2. 以刻本的影抄本或傳抄本爲底本類;
3. 以舊抄本或其影抄、傳抄本爲底本類;
4. 以拼配之本爲底本類。

下面我們在討論《古逸叢書》刊刻各書所用底本時,大致包括以下三部分内容:第一,簡單介紹各書特點;第二,介紹其底本情況,包括黎、楊獲得經過和其遞藏經過,底本現在還存世的則指出其藏處;第三,判斷底本或相關版本的年代,對黎、楊跋文和《古逸叢書》内封有誤之處予以糾正,並簡介其版本價值。

第一節　以刻本原本爲底本

這裏的"刻本原本"包括宋刻本、元刻本、日本刻本等,下面我們按此三者分别介紹各書。

一、詳注本《廣韻》

内封題"覆宋本重修廣韻/古逸叢書之十二"。

《廣韻》五卷,宋陳彭年等奉敕重修。末附《雙聲疊韻法》。

書後附黎庶昌撰《宋本廣韻校札》一卷。

卷前序末、卷五末、《宋本廣韻校札》卷末板框左下皆題"日本東京木邨嘉平刻"。

　　書中各葉版心下方多摹刻有宋刻工名,如:何昇、方至、宋琚、蔣志、趙中、曹榮、吳椿、吳志、沈思恭、沈思忠等等。

　　宋以來的《廣韻》刻本主要有兩種不同的版本系統,一種因注文簡略或稱"略注本";一種注文詳細,或稱"詳注本"。① 《古逸叢書》之十二即爲詳注《廣韻》,《古逸叢書》之十三則爲略注《廣韻》。

　　先來談談此本的獲得和遞藏經歷。我們知道,《廣韻》向爲小學家所重,宋本《廣韻》更是楊守敬着力尋求之書。森立之原藏一部宋本《廣韻》,與《古逸叢書》底本版本相同,楊守敬非常想得到,然而與森立之幾經交涉,最終未能如願,《清客筆話》中記錄了楊守敬與森立之關於此本的幾次筆談資料:

1. 卷一　　明治十四年(1881)一月廿一日(朱筆旁注:辛巳)楊守敬來訪

　　　　楊:聞有宋本《玉篇》、《廣韻》。
　　　　森:收藏於官庫,今不在家。
　　　　楊:求見。
　　　　森:不能備今日批覽,他日攜來而後可以書報也。
　　　　……
　　　　楊:《玉篇》、《廣韻》可割愛否?
　　　　……

2. 卷二　辛巳(1881)　五月十七日楊守敬來話(朱筆)

　　　　《玉篇》、《廣韻》古宋版(朱筆)
　　　　森:已沽卻了。在兩三年前。

---

① 《廣韻》刻本的"詳注本"和"略注本"之分是比較傳統的意見。近年,韓國學者朴現圭、朴貞玉將《廣韻》的刻本分成四類:"是書版之大類,凡有四種:詳本、略本、略多本、前詳後略多本。詳本,乃字多注詳之槧,多刊於宋、元、清朝;略本,乃字少注略本,多鏤於元、明朝;略多本,乃注解較略本更加删略之本,尙行於元朝;前詳後略多本,乃前四卷從詳本,後一卷隨略多本,始出於清朝。"(朴現圭、朴貞玉《廣韻版本考》第2頁,臺北:學海出版社,1986年)從二朴氏所述來看,其所列四類大體仍不出"詳注本"和"略注本"之分,爲行文方便,這裏姑且採用傳統説法。

楊：猶在此。

森：已有約，然未攜金來，故暫在於此。但堅約不沽於他人，故不得已如此。　《玉篇》、《廣韻》二部百圓

3. 卷五　壬午(1882)三月

宋板《玉篇》　宋板《廣韻》

森：二書已不可追。其他雖稍小冊子，若應其所好則可沽卻也。不只此也。

楊：《廣韻》、《玉篇》二部共價若何？

森：右二部已沽卻了，今不在家，其人則高木壽穎也。

楊：此人云公與約而未定。

森：何日出此言乎？右二書高木已獻于書籍館，君言未知爲何也。

楊：我前日在公處猶見之。

森：其後賣於彼，彼已獻于上也。

楊：然則此近日事乎？

森：二書從去年有約，定爲五十圓。一旦約之，故自諸方雖有請之者，不許，而賣與彼也。

楊：前日公（朱筆改作二書）猶在公處，今云已賣與壽穎，恐託辭也。

森：無嘗不食言。先生屢以此二書責吾，吾辭以前言已久矣。先生可知焉，有前約者不讓于他，是爲義也。君夫察之。

楊：然則此二書竟不得再見乎？或高木有獻書之意而未決乎？

森：昨日吾逢高木，有既獻之言。若先生疑之，則就高木而聞之，刻決疑也。吾不食言也。

楊：公之書以此二書爲第一，我屢向先生言之，公云不賣。孰知僅以五十圓沽卻。此實雖百圓我亦購之。

森：吾非論價高下也，先時已與高木約之，故不賣也。高木者舊知也，已以一冊《見在書目》百圓賣之，我以（朱筆改作書）跋文以付之。凡一旦定約則無違變者，吾徒之法則也，故然，

非珍事也。

……

　　楊守敬的急切以及得知該書已易他主時的遺憾之情躍於紙上。如《筆話》所記，森立之藏本被日本人高木壽穎得到，後來高木將其獻給了日本政府，此本今藏日本宮内廳書陵部。①

　　楊守敬雖然未能從森立之處得到那部宋本《廣韻》，但是後來卻從町田久成處得到了一部同版《廣韻》。②楊守敬跋文指出："北宋刊本，刻入《古逸叢書》中。原爲日本寺田望南所藏，後歸町田久成，余多方購之，未得。會黎公使欲重刻之，堅不肯出，而町田久成喜鐫刻，見余所藏漢印譜數種，亦垂涎不已，因議交易之，以西法影照而上木。"楊守敬用數部漢印譜終於從町田久成處換得了這部珍貴的宋本《廣韻》，並用照相法刻入《古逸叢書》。

　　光緒十年(1884)，楊守敬歸國時將這部書帶回國内，不久此書轉歸潘祖蔭。長澤規矩也《楊惺吾日本訪書考》所錄楊守敬手批《經籍訪古志》此條云："刻入《古逸叢書》，原本歸潘尚書。"潘尚書，即指潘祖蔭(1830—1890)。潘氏曾任清朝刑部尚書，故有此稱。潘祖蔭所著《滂喜齋藏書記》卷一記載："北宋刻《廣韻》五卷，一函五册。黎星使庶昌奉使日本，宜都楊星吾廣文隨軺東渡，訪得宋元槧甚多，攜歸售之。此本及南宋刻《謝幼槃集》皆歸滂喜齋。"

　　潘祖蔭藏本今在上海圖書館，2005年中華再造善本將其影印，觀其藏印，鈐有"讀杜艸堂"、"黄絹幼婦"、"潘祖蔭藏書記"、"上海圖書館藏"、"星吾海外訪得祕籍"等印。其中"讀杜艸堂"、"黄絹幼婦"兩印爲日本人寺田盛業的藏印，楊氏跋文中所稱"望南"正爲寺田盛業之字。可知此本遞經寺田盛業、町田久成、楊守敬、潘祖蔭、上海圖書館等收藏。

　　下面我們談談此書版本年代的判定。上引楊守敬跋文認爲此底本爲"北宋刊本"，現在看來是不對的。此書之刻工如陳壽、方至、何澄、金滋等

---

① 見陳捷《清客筆話》注30。
② 這一點，陳捷《清客筆話》注30已經指出。

皆爲南宋中期杭州地區著名刻工。① 據學者考證,在《廣韻》的流傳版本系統中,此書實屬於南宋寧宗間監本系統。韓國學者朴現圭、朴貞玉指出:"此槧之刻工者多從事於南宋寧宗間刊《大廣益會玉篇》","本槧刻工者鏤他版之時期,以寧宗間爲最多,而溯至孝宗,下至理宗,又其地域以浙地爲主矣,所以本槧刻於寧宗間浙地覆高宗間本也"。至於該本諱字僅避至宋高宗"構",南宋孝宗"慎"以下皆不避,這是由於"宋朝遷都而偏居江東後,文書之於廟諱,仍然戒避,然不若北宋之謹嚴,常有該避而不避諱者,且本槧覆刻高宗間版,而未加闕新廟諱,故慎、惇、擴字皆未闕矣"。②

《廣韻》有不少宋刻本存世,僅南宋寧宗間刻本這個版本就有多部,除了上文提到的日本宮內廳、上海圖書館兩部外,現存至少還有六部,不過這八部刻本的刷印時間並不相同。從南宋到明代,其板片不斷經過修補,朴現圭、朴貞玉將南宋寧宗刻本《廣韻》分爲初刻本和遞修本,並列出了各本收藏單位。它們分別是:

  初刻本:日本靜嘉堂文庫藏本。(按,此本爲清代陸心源皕宋樓舊藏,光緒末歸日本。)

    日本宮內廳書陵部藏本。(按,即高木壽穎獻本。)

    日本國會圖書館藏本。

    上海圖書館藏本。(按,即《古逸叢書》底本。)

  遞修本:日本內閣文庫藏本。

    日本龍谷大學藏本。

    上海圖書館藏。題"宋刻明印本"。

    美國哈佛大學燕京研究所藏。題"宋刻明修本"。

遞修本糾正了初刻本中的一些誤刻,二朴氏書中列有一表③,從表中的異文我們可以看出初刻本與遞修本之別。初刻本朴氏選擇了日本靜嘉堂文庫藏本,遞修本朴氏選擇了日本內閣文庫本,我們從中選錄卷一的幾

---

① 王肇文編《古籍宋元刊工姓名索引》,上海:上海古籍出版社,1990年。陳壽、方至、何澄、金滋分別見該書第261頁、第3頁、第82頁、第279頁。

② 朴現圭、朴貞玉《廣韻版本考》第22—23頁。

③ 同上書,第24頁。

條。下面"右"、"左"分別指刻葉的版心之右和版心之左：

編號	葉數行數	字頭	初刻本（靜嘉堂）	遞修本（內閣文庫）
1	8左·1行	鮦	鮦大鮦	鰹大鮦
2	11右·8行	驍	驍	驍
3	11右·3行	轀	轉頭	軸頭
4	61左·3行	嬡	媚客	媚容
5	61左·9行	悲	十眉	卜眉
6	61左·9行	彬	十巾	卜巾

《靜嘉堂文庫宋元版圖錄》①收有靜嘉堂本兩幅書影，將之與宮內廳本、上海圖書館藏本加以比較，三者版式、字體、斷版位置皆相同，三本爲同版書無疑。

進一步比較，我們發現這三部所謂"初刻本"之間其實也並不完全相同。對應上表我們將三本加以比較：

編號	葉數行數	字頭	靜嘉堂本	宮內廳本②	上圖本③
1	8左·1行	鮦	鮦大鮦	鰹大鮦	鰹大（下缺字）
2	11右·8行	驍	驍	驍	驍
3	11右·3行	轀	轉頭	軸頭	軸頭
4	61左·3行	嬡	媚客	媚客	媚客
5	61左·9行	悲	十眉	十眉	十眉
6	61左·9行	彬	十巾	十巾	十巾

上表中第1、2、3例，同爲初刻本的宮內廳本和上圖本已改正了靜嘉堂本之誤，而與遞修本（內閣文庫本）相合，可見與靜嘉堂本相比，宮內廳本與上圖本爲較後印本。第4、5、6例，宮內廳本和上圖本文字與靜嘉堂

---

① 日本靜嘉堂文庫編纂《靜嘉堂文庫宋元版圖錄》（圖版篇）第31—32頁，東京：汲古書院，1992年。
② 所用爲宮內廳書陵部複製本。
③ 所用爲2005年中華再造善本影印本。

本相同，而與遞修本（內閣文庫本）有異，可見兩者刷印時間較內閣文庫本要早，這幾處錯誤尚未及改正。也就是說，上圖本和宮內廳本的刷印時間應介於靜嘉堂本和內閣文庫本之間。

遞修本雖然對初刻本有所糾正，但是還遺留了不少錯誤，對於這些錯誤究竟是改還是不改，在這　點上，楊守敬與黎庶昌有不同的意見，楊守敬跋文指出："余初議刻此書，盡從原本，即明知其誤亦不改，以明張氏校刻之功過，而黎公使必欲從張氏校改，故《古逸叢書》皆守敬一手審定，唯此書及《老子》是黎公使據余校本自爲《札記》，然往往有當存疑而徑改者。"叢書的刊刻最終遵循了黎庶昌的意見，對底本作了校改。但是，楊守敬的意見也得到了一定的尊重，黎庶昌撰有《宋本廣韻校札》一卷附於此書卷後。

二、《太平寰宇記補闕》

內封題"影宋本太平寰宇記補闕/古逸叢書之二十六"。

《太平寰宇記補闕》六卷，卷末附黎庶昌與日本太政大臣往來公函三封。

書後附楊守敬跋文。

各葉版心上方刻字數，繼以刻工之名。首葉版心下方刻"眉[①]陽王朝"四字。

《太平寰宇記》二百卷，宋樂史撰。它是宋代的一部地理總志，可據以考察宋以前歷代地理沿革、山川道里、故地名勝等情況。書中保存了大量佚文，對古籍整理有重要的參考價值。該書在我國一直有流傳，不過流傳過程中各書多有殘缺。至清乾隆修《四庫全書》時，搜集天下之本，仍然缺其中的卷四、卷一百十三至一百十九，共八卷。《古逸叢書》本《太平寰宇記補闕》以日本所存的宋刻殘本爲底本，覆刻了其中的卷一百十三至一百十八，其中卷一百十四"湘鄉"以下各縣缺。至此，二百卷《太平寰宇記》僅缺二卷半（包括卷四、卷一百十九及卷一百十四的一半），此舉對《太平寰

[①] "眉"字缺末筆。

宇記》的整理作出了重要貢獻。

《古逸叢書》本《太平寰宇記補闕》所用底本爲當時藏於楓山官庫的宋刻殘本。黎庶昌以外交官的身份從楓山官庫借出，並以照相法刻入叢書，《敘目》說：「此宋槧從日本祕閣借出，亦殘闕不完，幸存闕卷自一百十三至十七及十八半卷①，因影照刻補，而以太政大臣往來函件附後以著同文佳話。」

楊守敬跋文對此書的搜訪經過有詳細介紹，楊氏指出：「此書《太平寰宇記》，中土宋刊本久不存。《四庫》著錄據浙江汪氏所進鈔本，闕一百十三至一百十九，凡七卷。② 而乾、嘉間江西萬氏、樂氏兩刊本更缺《河南道第四》一卷，考曝書亭所見池北書庫本亦缺《河南道第四》，則審缺八卷矣。余於森立之《訪古志》見有此書宋槧殘本，藏楓山官庫，意或有足以補中土所佚者，因託修史館監事巖谷修探之，並告知星使黎公，行咨於其太政大臣，借之以出。計原書凡二十五册，爲蝴蝶裝，其存者不及半焉。乃以近刻本校一過，其一百十三至一百十八（原注：一百十四尾缺'湘鄉'以下五縣）則重刊之《古逸叢書》中，並刊其卷首一表。雖尚佚其二卷有半（原注：《河③南道第四》一卷、一百十九一卷、一百十四尾數葉），未爲完書，亦足以慰好古之懷矣。」楊跋後並附錄了日藏殘宋本各卷詳細的存佚情況。

該本避諱至"桓"、"慎"、"敦"等字，爲南宋刻本。賈二強《〈古逸叢書〉考》指出，此本"字體近柳，刻工有眉陽王朝，當出蜀中"。賈氏將叢書本直接稱爲"覆南宋蜀本"，可備一説。

《古逸叢書》本刊出之後，有些學者疑其爲僞書，光緒二十六年（1900）陳運溶撰《太平寰宇記辨僞》六卷，逐道辨駁，認爲日藏宋本是從《輿地紀勝》及其他類書鈔撮而成的一部僞作。後葉德輝亦從陳説，不過他認爲

---

① "十八半卷"爲黎庶昌誤記，叢書本卷十八完整。叢書本所刻卷一百十三至一百十八中卷一百十四僅存半卷。

② 《四庫全書總目》著錄稱："臣等謹案《太平寰宇記》一百九十三卷……惟浙江汪氏進本所闕自一百十三卷至一百十九卷，僅佚七卷。"但是從《四庫全書》本《太平寰宇記》的實際内容看，尚缺卷四《河南道第四》一卷，因此《四庫全書》本實缺八卷。

③ "河"字原誤作"江"字，《古逸叢書》卷後跋文和《日本訪書志》皆誤。從前後文來看，當爲"河"字之誤。《河南道第四》一卷"即卷四。

《古逸叢書》本是楊氏作僞之本：

> 楊從遵義黎蒓齋星使庶昌爲隨員，曾代其刻《古佚叢書》，內如《太平寰宇記補闕》六卷，實出僞撰。其中顯而易見者，如：江西南道岳州沅江縣，楚馬殷改爲橋江縣，宋太祖復爲沅江縣，樂史在太宗時，安得尚有橋江縣之稱？潭州長沙縣所引故事，多見《太平御覽》中，湘潭縣則全録衡山縣遺跡，蓋衡山尚屬潭州，而南嶽本在衡山，茲反引於湘潭，此因湘潭無至。宜都楊守敬本以販鬻射利爲事，故所刻《留真譜》及所著《日本訪書志》，大都原翻雜出，魚目混珠，蓋彼將欲售其欺，必先有此二書使人取證，其用心固巧而作僞益拙矣。所據補割湊成篇，遂於"益陽縣"後云"已殘闕"，作僞之迹亦既顯然。而"武岡縣招屈亭"後十三條全與宋王象之《輿地紀勝》文同，而《紀勝》云引自《類要》，非引自《寰宇記》，彼乃全無別白，遂使僞證愈明。"義昌"改爲"桂東"，"義章"改爲"宜章"，《紀勝》云"避太宗諱"，所改宋本於二縣同不避諱，斷非樂史原書可知。吾友善化陳芸畦太學運溶作《太平寰宇記辨僞》六卷，逐道指駁，以爲從《輿地紀勝》及他類書鈔撮而成。使楊見之，當無所置辨矣。①

余嘉錫在《四庫提要辨證》中對葉説予以批評："不知宋刻原本，今尚存日本圖書寮中，吾國人遊彼都，皆嘗見之。非楊氏所能杜撰，亦非彼國人所能僞作也。陳氏之言，不免少見多怪。猶是錢大昕不信《群書治要》（原注：見《竹汀日記鈔》），江藩不信《論語義疏》之比耳（原注：江説見《漢學師承記·余蕭客傳》中），不足據也。"②今此書之真實性已得學界公認。不過，陳運溶和葉德輝指出的其中存在的問題，也值得研究。

《古逸叢書》本《太平寰宇記補闕》卷末附刻了黎氏與太政大臣兼修史館總裁三條實美之間的三封函件，前兩封爲黎庶昌致三條實美公函，後一封爲三條實美致黎庶昌公函。今日本東京大學史料編纂所尚藏有這三封公函的原件，文字與《古逸叢書》本略有不同，王寶平《黎庶昌東瀛訪書史

---

① 《書林清話》卷十"日本宋刻書不可據"，民國間郋園先生全書本。
② 余嘉錫《四庫提要辨證》卷七"《太平寰宇記》"條，昆明：雲南人民出版社，2004年。

料二則》作了介紹①,現將《古逸叢書》本卷末所刻抄錄如下,東京大學所藏原件與《古逸叢書》的異文,王寶平文已經指出,今於附注中說明。

黎庶昌致太政大臣公函:

敬啓者敝國所傳宋樂史撰進之《太平寰宇記》二百卷,乾隆年間《四庫》箸錄時即闕自一百十三至一百十九七卷,無別本可補。今聞貴國官書庫中尚有此書,宋本具在,意欲煩請貴大臣啓明貴朝家②借與本大臣一觀。如此數卷尚存,擬影刻補完,亦同文盛事,特此奉商,順頌日祉。光緒九年五月十二日。

欽差大臣黎庶昌　太政大臣兼修史館總裁③三條實美閣下

敬啓者昨準台函宋槧《太平寰宇記》一書,承貴朝家破格相借,足爲斯文之幸,本大臣實任欣感④,所有交收此書已飭使署隨員楊守敬與貴館員巖谷修妥爲商辦,耑此復謝並頌勳祺。光緒九年五月十七日　同上銜⑤

太政大臣覆函:

肅復者貴大臣欲借我秘閣宋槧《太平寰宇記》影刻以補貴邦所傳之闕,敬頌來意。我秘閣藏本例不許外出,而如本項則屬同文盛事,乃稟啓朝家,破格以應請焉,如其交收。本大臣命館員巖谷修⑥措辦,貴大臣亦使委員相商量而可。并頌台安。明治十六年六月二十日⑦太政大臣⑧兼修史館總裁三條實美

欽差大臣黎庶昌閣下

這些資料無疑是對《古逸叢書》底本真實性的一個有力證明。宋刻殘

---

① 王寶平《黎庶昌東瀛訪書史料二則》,《文獻》2004年第4期。
② "貴朝家",原件作"貴國家"。
③ "太政大臣兼修史館總裁",原件作"國史館總裁太政大臣"。
④ "實任欣感",原件作"十分欣感"。
⑤ "同上銜",原件作"欽差大臣黎庶昌、太政大臣兼修史館總裁三條實美閣下"之落款。
⑥ "館員巖谷修",原件作"館員某"。
⑦ "二十日",原件作"十八日"。
⑧ "大臣",原件作"太臣"。

本今藏日本宮內廳書陵部，蝴蝶裝，共二十五册。2000年中華書局已將其影印出版。

以上兩種書底本爲宋刻本。

三、《周易》

内封題"覆元至正本易程傳/古逸叢書之四"，《敘目》題"覆元至正本易程傳六卷繫辭精義二卷"。

《周易程傳》①六卷，宋程頤撰；《晦庵先生校正周易繫辭精義》二卷，題宋吕祖謙編。前附宋朱熹撰《易圖》。《易圖》末摹刻有"至正己丑孟春/積德書堂新刊"牌記。

書後附《直齋書錄解題》、《讀書敏求記》、吕祖謙跋文②和楊守敬跋文。

《周易程傳》六卷和《繫辭精義》二卷爲兩種書。

《周易程傳》即北宋理學家程頤爲《周易》所作之傳，它是易學史上的一部名著，是繼魏王弼之後以義理解説《周易》的代表作。它凝聚了程頤一生心血，也是程頤理學思想的代表作。一般被稱爲《周易程傳》，又名《伊川易解》、《伊川易傳》、《程氏易傳》等。

《繫辭精義》，内容包括對《周易》中《繫辭》、《説卦》、《序卦》、《雜卦》的解説。題"東萊吕祖謙編"，一般認爲是託名，其真正編者已不可考，因流傳較少，故亦收入《古逸叢書》。

從《周易程傳》卷前牌記來看，此本應與元至正九年(1349)建陽地區積德書堂刻本有關。而《繫辭精義》的行款、版式與《周易程傳》相同，字體也十分相近，很可能爲同時同地刻本。黎、楊已對兩書的底本有説明。黎氏《敘目》："此本雖元時坊刻，然宋諱如貞、恒、桓、慎、敦等字多缺筆，則元翻宋板也。"楊氏跋文："《伊川易解》六卷、《繫辭精義》二卷，刻入《古逸叢

---

① 卷端題名爲"周易"，下題"程頤傳"，《周易程傳》爲此書習稱。
② 從内容看，吕祖謙跋文實應在《直齋書錄解題》前，本書第二章已經指出《古逸叢書》上海縣署彙印本吕跋正是在《直齋書錄解題》前，將吕跋置於《讀書敏求記》和楊跋之間應在蘇州書局印本之後。

書》。元至正己丑積德書堂刊本,中缺宋諱,當爲重翻宋本。"黎庶昌指出此本底本爲元時坊刻,楊守敬指出爲元至正己丑(至正九年,1349)積德書堂刊本,這些都是正確的。但是他們皆未談及此書底本來源及刊刻情況。兩書底本今不知何在。

《古逸叢書》本《周易程傳》具有很高的版本價值。

《周易程傳》一書傳本有六卷、十卷、四卷本等不同。宋代即著錄有六卷本和十卷本。宋陳振孫《直齋書錄解題》:"《伊川易解》六卷,崇政殿說書河南程頤正叔撰。"①宋王稱《東都事略·程頤傳》:"(程頤)有《易傳》六卷,《文集》二十卷。"②宋晁公武《郡齋讀書志》:"《程氏易》十卷。"③元代馬端臨《文獻通考·經籍考》:"《伊川易傳》十卷。"④又,元人脫脫等編《宋史·藝文志》載:"程頤《易傳》九卷,又《易繫辭解》一卷。"⑤四卷本則爲明人編《二程全書》中所收《伊川易傳》。這些傳本的差異一般認爲是由於"當時本無定本,故所傳各異"。⑥

除上述程傳的單刻本之外,自宋董楷起,又有將《周易程傳》與朱熹《周易本義》合編刊刻者,即將《周易程傳》和《周易本義》分別列入所解說之《周易》經傳各章節之下,重新編次。這樣做方便了當時士子讀書應試,但是缺點也很明顯,就是《程傳》與《本義》的本文常被割裂,而且兩書往往互有攙奪,各失其本來面貌。

時至今日,不論單刻的《周易程傳》還是與《周易本義》的合編刊刻本,

---

① 宋陳振孫《直齋書錄解題》,上海:上海古籍出版社,1987年,第13頁。
② 宋王稱撰《東都事略》,濟南:齊魯書社,2000年,《二十五別史》第14冊,第995頁。
③ 宋晁公武撰,孫猛校證《郡齋讀書志校證》,上海:上海古籍出版社,1990年,第39—40頁。
④ 元馬端臨《文獻通考·經籍考》,上海:華東師範大學出版社,1985年,第67頁。
⑤ 元脫脫等修《宋史·藝文志》,北京:商務印書館1957年《宋史·藝文志·補·附編》,第6頁。也可能此本與上引"十卷本"不同,別是一種。
⑥ 此據《四庫全書總目》(中華書局1965年,第6頁下)。楊守敬跋文認爲傳本之異是後人卷次分合不同所致:"其參差之故,或謂當時本無定本,故所傳各異,而其實非也。余謂《遺書》之四卷爲明人所併,端臨之十卷,蓋據當時坊刻《程朱傳義》合刊云然,而《宋志》因之,非別有所據傳鈔本也。"楊氏認爲十卷本爲當時《程朱傳義》合刊本,證據不足,今姑從《總目》。

宋刻基本已無存①。合編刊刻本今存版本年代最早者爲元刻本，如北京大學圖書館藏元刻《程朱二先生周易傳義》、國家圖書館藏元刻《周易程朱先生傳義附錄》等，存世尚多。②而單刻的《周易程傳》元刻六卷本、十卷本則十分罕見，其中十卷本僅國家圖書館藏有一部，③六卷本則僅復旦大學圖書館藏有一部殘本。

《中國古籍善本書目》中著録復旦藏本爲："晦庵先生校正伊川易傳八卷，元刻本，存卷一至四。"最近，此書又被收入《第二批國家珍貴古籍名録》，編號爲00165，亦題爲"晦庵先生校正伊川易傳八卷"。原本既是一殘本，僅存卷一至四，則"八卷"之説爲推測所得。從該書所存各卷篇幅以及歷代著録來看，此"八卷"當爲"六卷"之誤。更爲明顯的證據就是，《古逸叢書》本《周易程傳》與此本版式行款全同，而且字體十分相近。《古逸叢書》本爲六卷本，復旦本也當爲六卷本無疑。楊守敬跋文指出："蓋自宋董楷有《周易傳義附録》十四卷，坊賈遂以朱子所定之古文從《程傳》，而以程傳之卷第從《本義》，又删其所載異同（唯明廣東崇德堂刊本載異同，而音義亦删除），而二書皆失本真。後來各析爲書，而二書又互相攘奪。近世《本義》有重刊吳革本，始複朱子之舊，而《程傳》原本終不可見。此本仍爲六卷，又異同兩存，其爲東萊定本無疑。"可以説，單刻六卷本反映了《周易程傳》原本的面貌，在《程傳》研究中具有獨特的版本學價值。

需要指出的是，過去認爲中國國家圖書館所藏的元刻《周易程傳》六卷殘本，經學者考證其實是作僞之本。該書存一至四卷，爲張元濟舊藏，

---

① 《中國古籍善本書目》著録國家圖書館藏："《易傳》六卷《上下篇義》一卷，宋程頤撰，宋刻本。存一卷《上下篇義》"。雖爲宋刻本，但《易傳》六卷已不存。其實，清初尚有學者曾見到宋刻六卷本，錢曾《讀書敏求記》卷一"程伊川易解六卷"下："《經籍志》載《伊川易傳》作十卷，吾家所藏宋刻本止六卷。今考《程朱傳義》後二卷小序曰：'程先生無《繫辭》、《説卦》、《序卦》、《雜卦》全解，東萊《精義》載先生解並及《遺書》，今並編入，續六十四卦之後，題之曰《後傳》，庶程朱二先生皆有全《易》云。'則是予所藏六卷爲程氏原書而《後傳》乃據《精義》、《遺書》攙入者。"（管庭芬、章鈺《錢遵王讀書敏求記校證》，《清人書目題跋叢刊四》，北京：中華書局，1990年，第29—30頁）錢曾所藏之宋刻本今不知何在。

② 《第一批國家珍貴古籍名録》00198號、00199號、00200號、00201號等皆爲合編刊刻本，見《第一批國家珍貴古籍名録圖録》（以下簡稱《圖録》）第1册，北京：國家圖書館出版社，2008年。

③ 即《伊川程先生周易經傳》十卷，收入第一批國家珍貴古籍名録，編號爲00195（見《圖録》第1册），中華再造善本已經影印。

張氏《涵芬樓燼餘書錄》著錄："《易傳》，元覆宋本，存四卷，四冊。宋程頤傳，宋諱玄、弘、恒、貞、桓、慎、敦等字，均缺筆，惟甯、丘二字非宋諱，亦爲字不成，向所罕見。半葉十一行，行二十一字，小注雙行，行二十六字，字體行款與黎庶昌所刻《古逸叢書》本脗合無異。惟卷四自《睽卦》以下，此皆缺。黎氏據至正積德書堂刊本重雕，楊守敬謂係元翻宋本。是書中土久佚，且屬精印，雖非全璧，亦可珍已。"①近年多有學者指出該本實爲用《古逸叢書》本做舊而成，如戴南海指出：此本"是清光緒十年黎庶昌刻《古逸叢書》的零種，書賈用棉連紙染色，改裝成所謂黃蕘圃式的蝴蝶裝。書口僞造傷殘，從後托裱。第四卷末葉亦假造殘缺，再用刀僞造蟲蛀孔痕。這樣一來竟把鼎鼎大名的版本學家張元濟蒙混過去了。張氏居然定其爲元至正積德堂刻本，並在卷端鈐蓋'涵芬樓'、'海鹽張元濟經眼'印記，以示珍藏。"②其實前引《涵芬樓燼餘書錄》已指出此書"甯、丘二字非宋諱，亦爲字不成"。顯然，"甯"字是避清道光帝名諱"寧"，至於"丘"字，我們知道，雍正三年清廷下詔避孔子"丘"字名諱，這兩字避諱是清刻本的明顯特徵。

至於元積德書堂本《繫辭精義》，今知尚有二部存世，一部藏日本尊經閣文庫，《尊經閣文庫漢籍分類目錄》著錄："《晦庵先生校正周易繫辭精義》二卷　宋呂祖謙　周易上下經後附本。"③另一部則藏於美國學者艾思仁先生手中。我曾經請教艾思仁先生，是否將手藏的《繫辭精義》與《古逸叢書》本做過比對，兩者有無不同，艾思仁先生告訴我，兩者的差異很大，他認爲《古逸叢書》的底本與自藏本應爲不同版本。其實，從《古逸叢書》刊刻的整體情況來看，這兩者的差異更有可能是楊守敬對底本做了校改所致，這一點在《周易》本身的刊刻中也并非無跡可尋。此本卷後的楊守敬跋文稱："其東萊一跋，此本亦遺之，據董鼎《周易會通》補入。"呂祖謙跋文並非底本所有，而是楊守敬據董鼎《周易會通》加刻，這也是楊守敬對底本改動的一個明證。因未見原書，具體情況如何尚有待進一步研究。

---

① 張元濟《涵芬樓燼餘書錄》，上海：商務印書館1951年鉛印本。
② 戴南海《版本學概論》第七章"鑒別版本的方法"第194頁，成都：巴蜀書社，1989年。
③ 尊經閣文庫編《尊經閣文庫漢籍分類目錄》，日本昭和九年（1934）東京秀英舍。

四、《楚辭》

內封題"覆元本楚辭集注/古逸叢書之九",《敘目》題"覆元本楚辭集注八卷辯證二卷後語六卷"。

《楚辭集注》八卷、《楚辭辯證》二卷、《楚辭後語》六卷,(宋)朱熹撰。《楚辭後語》目錄後摹刻有"歲在癸酉[①]孟春高日新宅新刊"牌記。《集注》、《辯證》、《後語》各首葉書版右上方皆摹刻有"寶勝院"墨印。

《楚辭集注》、《楚辭辯證》、《楚辭後語》的撰作年代並不一致,鄭振鐸先生指出:"朱熹作《辯證》的時間,在宋寧宗慶元己未(1199年),是在他死的前一年。他的《後語》則是未完成的本子(只注釋了前十七篇,以後三十五篇無注)。他的《集注》則大約是完成於1195年左右。……這個《集注》,先曾刊行。今存者有嘉定癸酉(1213年)江西刊本,《辯證》二卷,並附於後。但《後語》六卷,則於熹死後,始由其子朱在爲之印出(1217年)。現在,這個朱在本也已失傳了。再經過十六年,他的孫子朱鑒,才集合了這三部分,成爲現在這個樣子的一部書。"[②]"這個樣子的一部書"是指宋端平間(1234—1236)刻本,爲三種合刻的最早刻本。端平刻本今中國國家圖書館藏有一部,二十世紀五十年代人民文學出版社已影印出版。

關於《古逸叢書》此書底本和刊刻經過,楊守敬跋文中沒有任何說明。黎庶昌《敘目》:"世行本雖多,往往闕《辯證》、《後語》,此獨完整。中間宋諱多缺筆,亦元繙宋刻。"指出是元刻本。賈二強先生指出:"傳世元本行款版式多相同或相近,皆是建陽坊刻。《古逸叢書》本具典型元建本風格。《後語》目後有'歲在癸卯孟春高日新宅新刊'牌記。按元至正二十六年(1366)刊《太平惠民和劑局方》目後牌記爲'建安丙午年高氏日新堂刊行',與此即是一家,則《楚辭》或爲至正二十三年版。"賈先生對比此本與《太平惠民和劑局方》兩者牌記,很有啟發性。不過,他認爲《楚辭》或爲

---

① "酉"字原作卯,以往多釋爲"卯",是不對的,此字爲《說文解字》"酉"字古文,它與"卯"字的區別在於:它起筆爲一橫車,而"卯"字最上部中間斷開不連。

② 鄭振鐸《影宋本楚辭集注跋》,人民文學出版社1953年6月影印宋端平刻本《楚辭集注》。

至正二十三年版"則有問題。前文已經指出,《後語》目後牌記年號並非"癸卯",而是"癸酉"。因此本書很可能爲元至順四年(1333)高日新宅刻本。

《古逸叢書》卷後未録《經籍訪古志》,今檢徐氏鉛印本《經籍訪古志》有:"《楚辭集注》八卷、《後語》六卷,元槧本,求古樓藏。"長澤規矩也《楊惺吾日本訪書考》所録楊守敬手批《經籍訪古志》此條云"刻入叢書"。不過,《古逸叢書》本版式爲"左右雙邊",而《經籍訪古志》所録爲"四周單邊",兩者不同。此外,《古逸叢書》本較《經籍訪古志》所録多"《辯證》二卷"。可見《古逸叢書》本與《經籍訪古志》著録之本並不相同,楊守敬手批"刻入叢書"此條,與實際版本並不嚴格對應。

細審《古逸叢書》本,可以發現《楚辭集注》、《楚辭辯證》、《楚辭後語》各部分卷首右旁皆刻有"寶勝院"印,可見三種皆當爲日本寶勝院舊藏,今不知何在。《楚辭》今宋、元刻本存世尚較多,《古逸叢書》底本可與各本互校。

五、略注本《廣韻》

內封題"覆元泰定本廣韻/古逸叢書之十三"。

《廣韻》,五卷,不題撰人姓名。元人據宋本《廣韻》删削而成。①

卷前"陳州司馬孫愐唐韻序"後摹刻有"泰定乙丑菊節/圓沙書院刊行"牌記二行。

這裏想先談談略注本與詳注本《廣韻》的關係問題。

對於兩者之間的關係,學界一直有不同看法:一種意見認爲詳注本是略注本的增詳本,如:《四庫全書總目》稱略注本爲"廣韻五卷,不著撰人名氏",稱詳注本爲"重修廣韻五卷,宋陳彭年、丘雍等奉勅撰",認爲詳注本較略注本晚出。《中國古籍善本書目》著録詳注本《廣韻》在略注本《廣韻》之後,而且於略注本書名後不著作者姓氏,於詳注本書名後署"陳彭年等

---

① 此據周祖謨説,詳下文。

著"。從其編纂體例看,所持觀點與《四庫全書總目》相同。①

另一種意見則認爲略注本是詳注本的刪節本,如:清朱彝尊《重刊廣韻序》稱:"明内庫鏤板,緣古本箋注多寡不齊,中涓取而删之,略均其字數,頗失作者之旨。"②趙萬里先生在《中國版刻圖錄》中説:"《廣韻》宋時有兩個系統,一爲官版系統,注文完整,一爲建陽坊本系統,注文較簡略。此(指元至正十六年翠巖精舍刻本)爲注文簡略本……明内府本、明初建本,注文均經删節,與此本同出一源。"③周祖謨先生説:"詳注本爲宋陳彭年等原著,略注本則爲元人據宋本删削而成者。"④認爲是元人據宋本《廣韻》删削而成。

在第二種意見中,雖然都認爲略注本是詳注本的刪節本,但是其中又有區別:朱彝尊認爲是明人所删,周祖謨認爲是元人所删,趙萬里則認爲是宋人所删。對於朱彝尊的明人所删説,《四庫全書總目》已經提出批評:"《平聲》'東'字注中引'東不訾'事,重修本作'舜七友',此本訛作'舜之後',熊忠《韻會舉要》已引此本,則當爲元刻矣,非明中涓所删也。"略注本《廣韻》元本現存世還有不少⑤,朱彝尊的明人所删説顯然不能成立。而略注本《廣韻》至今未見有任何宋刻本著錄,趙萬里先生所説"注文較簡略"的宋代"建陽坊本系統"大概也只是推論之詞,宋代是否真正存在過略注本《廣韻》尚只能存疑。因此,從目前略注本《廣韻》存世的情況來看,似周祖謨先生"略注本爲元人據宋本删削而成"的説法比較可信。⑥

回到《古逸叢書》。黎庶昌贊同《四庫全書總目》的意見,認爲詳注本是略注本的增詳本,《敘目》稱:"覆元泰定本《廣韻》五卷,此即《四庫提要》所謂原本《廣韻》,注文簡當者也。予以大中祥符重脩本比勘,其視此書加

---

① 見中國古籍善本書目編輯委員會編《中國古籍善本書目·經部》"小學類·韻書"下所列《廣韻》衆書,上海:上海古籍出版社,1989年。書前《編例》第"十五"條:"本編各部類所錄各書,以著者時代先後爲序,同一書有多種版本時,按時代先後。"
② 朱彝尊《重刊廣韻序》,《四部叢刊》影康熙本《曝書亭集》。
③ 《中國版刻圖錄》第一册第60頁,北京:文物出版社1960年。
④ 周祖謨《廣韻校本·序言》,北京:中華書局,2004年。
⑤ 見朴現圭、朴貞玉《廣韻版本考》。
⑥ 不過,《四庫全書總目》論證詳注本較略注本晚出的許多意見也確實值得考慮,所以略注本和詳注本到底是何關係,尚有待進一步研究。

詳者祇姓氏地理兩門,《提要》議其冗漫,亦良有以。自重修本盛行,此本傳世日希。"但是關於此書底本來源和刊刻經過,《敘目》並沒有任何交代,在已出版的楊守敬各篇跋文中也無任何説明。

《古逸叢書》底本爲元泰定二年圓沙書院刻本,《古逸叢書》本卷後未附《經籍訪古志》相關跋文,而檢徐氏鉛印本《經籍訪古志》中著錄有:"廣韻五卷,金槧本,求古樓①藏,有泰定乙丑菊節圓沙書院刊行木記。""泰定"爲元代年號,稱其爲"金槧本"顯然是不對的。長澤規矩也《楊惺吾日本訪書考》所錄楊守敬手批《經籍訪古志》此條云:"刻入叢書,原本歸李木齋。"李木齋即李盛鐸。也就是説,楊守敬曾得到這部求古樓舊藏,在以之爲底本刻入《古逸叢書》後,將其帶回國内,後此書轉歸李盛鐸。而李氏藏書後多入藏北京大學圖書館,此本今就藏於北大館中。其鈐印有"讀杜艸堂"、"森氏開萬册府之記"、"黄絹幼婦"、"楊守敬印"、"木犀軒藏書"、"木齋"、"李盛鐸印"等,顯示本書遞經寺田盛業、森立之、楊守敬、李盛鐸等人收藏。

《古逸叢書》刊刻時,元泰定本《廣韻》在國内久已失傳,時至今日,此本仍然是海内孤本。從版本系統來説,泰定本《廣韻》是現存略注本版本系統中年代較早的本子,比它更早的版本僅有元延祐二年圓沙書院刻本②,因此泰定本在《廣韻》研究中具有重要的版本學價值,音韻學家徵引頗多。

在 2005 年中華再造善本將北大藏本影印之前,音韻學家所引用的多爲《古逸叢書》本,然而現在看來,《古逸叢書》本對底本的覆刻並不忠實。北大藏本卷前楊守敬跋文稱:"此泰定本《廣韻》,已刻入《古逸叢書》中。其中固多誤字,然足以補正宋本者不少。黎星使必欲據張刻校改,余屢爭之,不得。幸存此原本,他日一一列其異同,别爲札記,亦有功小學不淺。木齋兄其有意乎?丙戌夏四月守敬記。"這篇跋文,不見於《日本訪書志》

---

① "求古樓"爲日本著名目録學家狩谷棭齋的藏書樓,狩谷棭齋爲森立之的老師,其藏書後多歸森立之。

② 朴現圭、朴貞玉《廣韻版本考》指出,這個刻本尚有兩部存世:一部爲四卷殘本,今藏臺灣"中央圖書館";另一部今藏日本天理大學附屬天理圖書館。(《廣韻版本考》第 54—55 頁)

及它的各種續補之作中。據此可知,《古逸叢書》覆刻時對底本作過不少改動。

以上三種書底本爲元刻本。

六、《論語集解》

內封題"覆正平本論語集解/古逸叢書之三"。

《論語集解》十卷,三國魏何晏等集解。卷末有二行跋語:"堺埔道祐①居士重新命工鏤梓/正平甲辰②五月吉日謹誌。"

書後附《經籍訪古志》、《讀書敏求記》和楊守敬跋文《覆正平論語集解後序》。

版心有兩個數字,在上的數字表示卷數,在下的數字表示本卷葉次。

關於此書底本,楊守敬跋文指出:"《論語集解》十卷,日本正平刊本。……今星使黎公訪得原刊本上木,一點一畫,模範逼真,非顯有訛誤,不敢校改。"可見,《古逸叢書》底本爲日本正平刻本。

正平本《論語集解》有所謂雙跋本、單跋本和無跋本之分:"單跋本"即指卷末有"堺埔道祐居士重新命工鏤梓/正平甲辰五月吉日謹誌"兩行跋文者;"雙跋本"是指除了單跋本的那兩行跋文外,另有"學古神德楷法日下逸人貫書"一行跋文者;無跋本則是指沒有這兩條跋文者。《古逸叢書》所覆刻的是其中的單跋本。

雙跋、單跋和無跋這幾種版本刻印略有先後,但究竟孰先孰後,學者們意見不一。條件所限,我們未能逐一見到這幾種版本加以比較,這裏謹引用日本學者武内義雄先生的觀點:"先輩皆云正平版《論語》有三種版本;雙跋本、單跋本、無跋本,然關於三本前後,學者或以無跋本擬原本,或以單跋本爲初刊本,或以雙跋本爲古,猶無定論。昭和六年(1931)五月大阪府立圖書館主辦了一次《論語》展覽會,諸家珍藏陳列一堂,方知所謂雙

---

① "祐"字實際刻作"祏"形,此據習稱改。
② 正平甲辰即日本南朝後村上天皇正平十九年(1364)。

跋本中亦有二種版本。新進學者比較研究的結果是，四種版本中最古者爲大阪圖書館所藏雙跋本，次之單跋本，再次無跋本，諸家所藏雙跋本是依據雙跋祖本而出的別系的覆刻本，因而眞正可稱爲正平版祖版的是大阪圖書館所藏的雙跋本。"①

正平本《論語集解》具有很高的版本學價值。我們知道，何晏單集解本在我國久已失傳，②而主要以包含在南朝梁皇侃《論語義疏》和宋邢昺《論語注疏》中的方式流傳，但皇《疏》、邢《疏》在截錄何注時有不少問題。正平本在《古逸叢書》中的出現，使清儒得見單集解本原貌，因而當時影響很大。正平本其源蓋出六朝舊本，楊守敬跋文指出："驗其格式、字體，實出於古卷軸，絕不與宋槧相涉。其文字較之《群書治要》、《唐石經》頗有異同，間有與《漢石經》、《史》、《漢》、《説文》所引合，又多與陸氏《釋文》所稱'一本'合。彼邦學者皆指爲六朝之遺，並非唐初諸儒定本，其語信不爲誣。"二十世紀七十年代日本學者武内義雄將此觀點修正爲："正平版蓋是本於王朝以前傳來我國之舊鈔本，對照陸氏《釋文》、宋版本而寫定之清家證本而刊刻者。"③最近，孫欽善先生以正平雙跋本爲底本校點了何晏《論語集解》全書，並在書前《校點説明》中對底本的版本價值作了詳細闡述，讀者可以參看。④

楊跋言"非顯有訛誤，不敢校改"，説明叢書本對底本作了一些校改。長澤規矩也曾得到《古逸叢書》本《論語集解》的校樣本，上有不少批語涉及對底本的校改，長澤氏指出校樣本中"市野迷庵、森立之、賴業之印記被

---

① 武内義雄《正平版論語源流考——本邦舊鈔本論語的兩個系統》（原文日文，南京大學文學院俞士玲譯爲中文），劉玉才主編《從鈔本到刻本：中日〈論語〉文獻研究》第 418 頁，北京：北京大學出版社，2013 年。

② 劉玉才先生指出："何晏《集解》單經注本，國内刊本久已不存，迄今亦僅有敦煌、吐魯番出土寫本殘紙，故清初日本正平刊本回傳之後，清儒詫爲奇珍。實際廖氏世綵堂本《論語集解》乃在經注本基礎上附以釋音，猶存五代監之舊，且刊刻時代尚早於正平本。"宋廖氏世綵堂本原本已不存，但中國國家圖書館藏元代相臺岳氏家塾刊本和臺北故宫博物院藏元盱郡覆宋本，均係據宋廖氏世綵堂本覆刻之本，則廖氏世綵堂本尚賴此二本得以保留原貌。劉玉才《廖氏世綵堂本〈論語集解〉評議》，劉玉才主編《從鈔本到刻本：中日〈論語〉文獻研究》第 74—84 頁。

③ 同注①武内義雄文第 417 頁。所謂"清家證本"，原文在前面有如下解釋："賴業（指十二世紀日本明經博士清原賴業）講諸經，首先比較諸本以正文字，後依《正義》以求其解釋，並適當地附上訓讀，於是這被校訂加點之文本，即被稱爲清家家本或清家證本，傳授于子孫孫。"

④ 《儒藏》精華編第 104 册《論語集解》，孫欽善校點，北京：北京大學出版社，2007 年。

去掉",①可見叢書底本遞經市野迷庵、森立之、賴業之等人收藏。此本今不知何在。

七、《孝經》

內封題:"覆卷子本唐開元御注孝經/古逸叢書之五"。《敘目》題:"覆舊鈔卷子本唐開元御注孝經"。

《孝經》一卷,(唐玄宗)李隆基注。

此本共十八章,其中《三才章》書眉題"疏中"兩字,《廣要道章》書眉題"疏下"兩字。卷末有日本文明十八年(1486)桑門祥空跋文、享禄辛卯(四年,1531)苾芻堯空跋文、寬政十二年(1800)源弘賢跋文。

《古逸叢書》本底本爲日本寬政十二年(1800)源弘賢②刻本。楊守敬跋文指出:"唐元宗③開元注《孝經》一卷,享禄卷子本,寬政十二年撫刊,已刊入《古逸叢書》中。"又稱:"係以卷子本改爲摺本。"長澤規矩也《楊惺吾日本訪書考》所錄楊守敬手批《經籍訪古志》此條云:"《古逸叢書》即據屋代弘賢本重翻,而去其日本點校。"可見,《孝經》底本應爲刻本,而並非內封所題"卷子本"。"享禄卷子本"爲寬政十二年刻本的摹刻底本,《古逸叢書》本內封當改題作"覆寬政本御注孝經"。④

底本今藏中國國家圖書館,索書號63193。此本鈐"飛青閣藏書印"、"松坡圖書館印"等印,"飛青閣"爲楊守敬齋號之一⑤。書中夾有狩谷望之《校譌》二紙刻葉,末有朱色題記一行:"安政五年戊午八月十又五日朱筆一句讀畢。瞻淇。"安政五年爲1858年,寫題記的"瞻淇"很可能爲小島尚綱(1839—1880),他是小島尚質的次子,字瞻淇,號子錦,下文將會提到他的父親小島尚質和兄長小島尚真。小島尚綱和他的父兄一樣也是幕府醫官。總之,此底本遞經小島尚綱、楊守敬、松坡圖書館收藏,如今入藏中

---

① 長澤規矩也《古逸叢書の信憑性ついて》。
② 源弘賢,即屋代弘賢(1758—1841),初名詮賢,晚號輪池。日本著名藏書家,其藏書後歸上野不忍文庫。
③ 即"唐玄宗",楊守敬避清諱改稱"唐元宗"。
④ 這一點,賈二强先生已經指出。
⑤ 楊守敬編有《飛青閣錢譜》等書,見謝承仁編《楊守敬集》第12册。

國國家圖書館。

御注孝經序
左散騎常侍軍麗正殿脩國史柱國武強
縣開國公臣元行沖奉勑撰
大唐受命百有四年皇帝君臨之十載
也赫矣皇業康哉帝道万方宅心四隩
來暨握黄炎堯禹之契欽日月星辰之

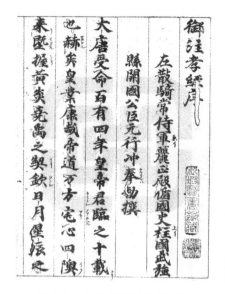

圖十九 日本寬政刻本《孝經》
中國國家圖書館藏

御注孝經序
左散騎常侍軍麗正殿脩國史柱國武強
縣開國公臣元行沖奉勑撰
大唐受命百有四年皇帝君臨之十載
也赫矣皇業康哉帝道万方宅心四隩
來暨握黄炎堯禹之契欽日月星辰之

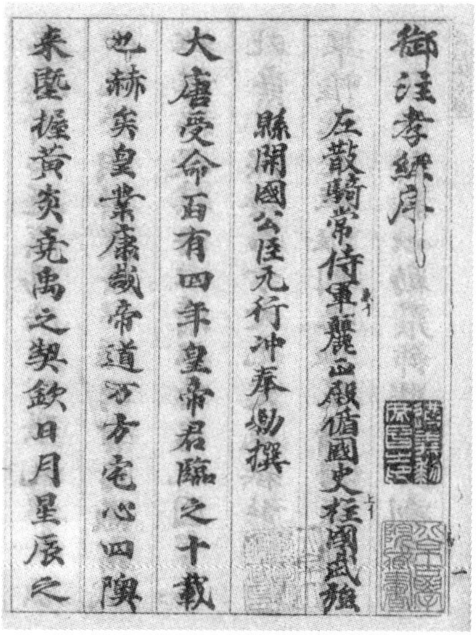

圖二十 《古逸叢書》本《孝經》
北京大學圖書館藏

將底本與《古逸叢書》本相校,《古逸叢書》本除將底本“去其日本點校”外,字體、筆畫等皆與底本非常接近,底本所摹蟲蛀痕跡《古逸叢書》本亦照摹。不過《古逸叢書》本仍有一些漏刻、誤刻之處,詳第四章。值得注意的是,寬政刊本末署“井上慶壽刻”,則井上慶壽爲寬政本刻工,而《古逸叢書》影刻時將這一行也同時影刻,容易讓人誤認井上慶壽爲《古逸叢書》刻工。

唐玄宗注《孝經》有開元、天寶兩次,《唐會要》卷三六《修撰》:“(開元)十年六月二日,上注《孝經》頒於天下及國子學。至天寶二年五月二十二日,上重注,亦頒於天下。”[①]今存者皆爲天寶注本,開元注本久已失傳。開元注早出,雖然不能反過來校正天寶注本,但可借以判斷今存天寶注本之間的異文,楊守敬跋文指出:“按此書與石臺重注本頗有更改,固不可以此本校重注本,然亦有足證重注本之異同者。如《諸侯章》注‘恒須戒慎’,

① 宋王溥撰《唐會要》卷三十六,清乾隆武英殿聚珍版叢書本。

正德本作'恒須戒懼',《疏》標起止,亦作'戒懼',阮校以爲誤。此本作'恒慎戒懼','慎'爲'須'字之誤。至'戒懼'分承上'戰'、'兢'二項,玩注文自見。'懼'字必非'慎'誤,此石臺本之不可從者。……《孝治章》①注'臨撫其人',岳本改'撫'作'於',此作'臨茊',可知岳本之作'於',因形近而誤。"楊氏舉例甚多,此不具引。

關於此本的版本特點,楊跋還有幾個重要觀點,值得注意。

楊守敬進一步闡明了源弘賢已指出的《孝經》御注與邢疏往往不合之説。元行沖疏《孝經》原爲開元注本而作,而邢昺疏則爲天寶注本而作,邢昺疏節錄元行沖疏,因此往往造成注與疏之間的違異。楊氏指出:"竊怪邢氏翦截元疏,而不知元疏本爲初注本而作,可謂至疏。豈邢氏作疏時第見元氏單疏而未見元宗初注本,故其序文只知'天寶二年'之注,不言'開元二年',而疏中與石臺本違異之處遂失之不覺然?則此本真唐人之遺,爲北宋人所不見,若非有元疏序可憑,誰信有此事哉?"

楊守敬指出古時注與疏皆別行,此書之所以在書眉會出現"疏中"、"疏下"是爲便於講習之故。"又按,古注與疏皆別行,無合併之本。此本祇錄注文,何以有元疏之序並《三才章》、《廣至德章》有'疏中'、'疏下'之語?然余所得日本《易》、《書》、《詩》古鈔北宋單注本,其楣端往往錄疏中要義,以便講習,不得謂皆從南宋合併之本錄出也。"

楊守敬指出日本古抄本注中之所以多"之"、"也"等字,在注中是隋唐抄本即如此,在注末則多爲日本人抄寫時所加。"日本古鈔本經書注中每多'之'、'也'等字,阮校謂是彼國人所加,森立之謂是隋唐之遺。余通觀其古鈔本,唐本最多虛字,至北宋始多刪削而未盡,至南宋迺翦截八、九,遂各本爲一律,頗與立夫之説相應。但此本注腳較石臺每多'也'字,兩本雖有初注、重注之分,不應違異若此。余後見鈔本至多,乃知古鈔者因注文雙行難于均齊字數,故往往於對行字懸空數字者增添虛字以足之,故所增之字總在注末而各鈔不同。其在注中者,則原本皆如是,故各鈔皆同。至於經文,則毫無增損,其有異同,故是隋唐之遺,阮説、森説各據一邊,爲

---

① 當爲《聖治章》之誤題。

發其凡於此。"

八、《韻鏡》

內封題:"覆永禄本韻鏡/古逸叢書之十八"。

《韻鏡》一卷,佚名撰;附《韻鑑序例》一卷,宋張麟之撰。

卷前紹興辛巳張麟之序後摹刻有"慶元丁巳重刊"牌記。卷末有享禄戊子孟冬清原宣賢跋,並有"頃間求得宋慶元丁巳張氏所刊之的本而重校正焉,永禄第七歲舍甲子王春壬子"二行木記。

書後附《經籍訪古志》。

《韻鏡》是現存最古的等韻圖之一,約作於五代宋初,作者已不可考。該書在國內失傳已久,至清末收入《古逸叢書》後方重爲國人所知,是音韻學研究中重要的參考書。

《古逸叢書》底本爲日本永禄七年(1564)刻本。楊守敬跋文指出:"《韻鏡》一卷,日本舊刻本,刊入《古逸叢書》。……日本享禄戊子清原宣賢合諸傳鈔本重刊之,頗有更改。永禄七年云又得慶元丁巳所刊原本重校之,始還其舊。"享禄戊子即元年(1528),該年所刻之《韻鏡》一般稱爲"享禄本"。① 永禄七年(1564)清原宣賢據宋慶元丁巳本對享禄本板片修補重訂②,稱爲"永禄本"。從《古逸叢書》本卷末的兩行牌記和楊守敬的跋文可以確定,《古逸叢書》底本爲永禄本《韻鏡》。

不過,《古逸叢書》書後所附《經籍訪古志》卻是爲享禄本《韻鏡》而作:"《韻鏡》一卷,享禄戊子覆宋本。……聞有永禄刊本,未見。"與《古逸叢書》底本並不相符。長澤規矩也《楊惺吾日本訪書考》所錄楊守敬手批《經籍訪古志》此條云:"今在飛清閣,已刻入叢書。"似乎楊氏得到了這部永禄本《韻鏡》。然而,事實上除了今臺北故宫博物院收藏有一部楊守敬舊藏

---

① 楊跋認爲"享禄本"是"清原宣賢合諸傳鈔本重刊之",可能並不準確,該年清原宣賢跋文稱:"《韻鏡》之書行於本邦,久而未有刊者,故轉寫之訛,烏而焉,焉而馬,覽者多困彼此不一。泉南宗仲論師偶訂諸本,善不善者且從且改,因命工鏤板,期其歸一,以便於覽者,且曰'非敢擴之天下,聊備家訓而已'。於戲,今日家書乃天下書也,學者思旃。"所以,"享禄本"一般認爲是泉州堺釋宗仲校刻本。

② 阿部隆一《(增訂)中國訪書志》第 62 頁。

的享禄本《韻鏡》①外,我們在臺北故宮博物院、中國國家圖書館、北京故宮博物院這三個單位的目録中皆未找到任何永禄本《韻鏡》的著録。因此,我們懷疑楊守敬批語中"今在飛清閣"者是承《經籍訪古志》所記享禄本《韻鏡》而言,楊氏所得到的是享禄本而非永禄本,而"已刻入叢書"者實爲永禄本,永禄本是享禄本的修板重訂本。楊氏批語上下句所指不同,只是一個含糊説法。

《古逸叢書》所覆刻的永禄底本今不知何在。日本京都大學圖書館藏有一部永禄本《韻鏡》,與《古逸叢書》底本爲同版書。將這部永禄本與《古逸叢書》本比對,可以發現兩者有異文,很可能是《古逸叢書》本校改所致。楊守敬跋文稱:"凡此差互,不無疑竇,或又校改傳刻之誤。今悉依原本,俟識者定之。"與事實不完全相符。

九、《急就篇》

內封題:"仿唐石經體寫本急就篇/古逸叢書之二十二"。

《急就篇》三十四章,(漢)史游編,第七章、末兩章爲後漢人續。

書後附《經籍訪古志》和日本天保八年(1837)七月小島知足跋文。

《急就篇》是西漢元帝時黃門令史游編寫的一部兒童識字課本,是完整保存至今的年代最早的蒙書。《急就篇》的流傳過程十分複雜,頭緒紛紜,王國維《校松江本〈急就篇〉》一文將其源流作了梳理。據王國維研究,《急就篇》歷代流傳的版本很多,從版本系統來説,大致可分三類:吳皇象本、魏鍾繇本、唐顔師古"兼綜諸本"注解本。對這三類版本的優劣,王氏總結道:"以章論,皇本尚存先漢之舊,鍾、顔則有竄入之章。以文字言,則皇本屢經傳摹,自不能無譌,鍾、顔二本亦有改字之失。各有優劣,不能偏廢也。"②就章數而言,皇象本最少,共三十一章;鍾繇本最多,共三十四章,較皇象本多出"焦滅胡"、"齊國"、"山陽"三章;顔師古本三十二章,有

---

① 阿部隆一《(增訂)中國訪書志》第61頁著録此本。臺北故宮博物院編《"國立故宮博物院"善本舊籍總目》著録:"《韻鏡》一卷,宋張麟之撰,日本享禄元年翻刊宋慶元三年本,一册。"其索書號爲:故觀003989。

② 王國維《校松江本〈急就篇〉序》,《觀堂集林》第262頁,北京:中華書局,1959年。

"焦滅胡"章,無"齊國"、"山陽"二章。① 就文字來說,各本互有優劣。

《古逸叢書》本底本爲日本天保八年(1837)澀江全善②刻本,由小島知足用仿唐石經體書寫而成。此書卷末附錄小島知足跋文指出:"友人澀江抽齋刀圭之暇,研精經籍,究心小學,將刻此篇以貽同好,求書於余,乃爲書此本并記其顛末云。天保八年七月小島知足識。"今中國國家圖書館藏有一部日本天保八年澀江全善刻本,索書號爲 58898,與吾丘衍《學古編》同冊。《學古編》首葉鈐"碧流館藏書"、"激素飛青閣藏書記"、"北平圖書館"等印。《急就篇》卷端下鈐"乘附文庫"印,末有"文久元年辛酉③十二月十二日/同社矢島玄碩君所惠/大椿堂主人"藍色題記。此本應即《古逸叢書》底本。從這些印記來看,此本遞經矢島玄碩、大椿堂主人、乘附文庫、楊守敬等收藏。

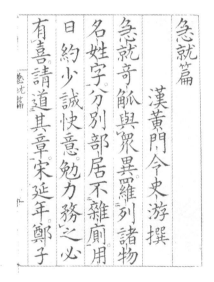

圖二一　日本天保八年刻本《急就篇》
　　　　中國國家圖書館藏④

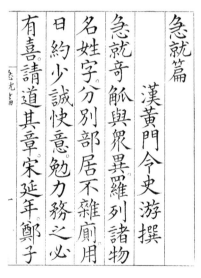

圖二二　《古逸叢書》本《急就篇》
　　　　北京大學圖書館藏

---

① "焦滅胡"、"齊國"、"山陽"等章名,皆爲取章首之字以名。就三十四章本來說,"焦滅胡"爲第七章,"齊國"、"山陽"分別爲第三十三和三十四章。

② 澀江全善(1805—1858),名全善,字道純,號抽齋,江户人。爲《經籍訪古志》的著者之一。

③ 相當於清咸豐十一年(1861)。

④ 中國國家圖書館不提供掃描圖像,僅提供紙質打印件。原書"急就篇"下有"乘附文庫"朱印,這裏未能顯示。

我們將《古逸叢書》本與該刻本逐一比較，發現兩本不僅行款、字體一致，而且没有任何異文。黎庶昌《敘目》稱："《仿唐石經體寫本急就篇》一卷，凡三十四章，日本天保八年小島知足所書。字體摹唐石經，工楷雅致，作初學讀本最善。"僅言底本爲"小島知足所書"，並且將《古逸叢書》内封題作"仿唐石經體寫本急就篇"。準確地説，此書底本應爲日本天保八年澀江全善刻本，《古逸叢書》内封宜改題作"覆天保本急就篇"。

《古逸叢書》本《急就篇》共三十四章，是用顔師古本三十二章配入"齊國"、"山陽"二章而成。小島知足跋文指出："故今從顔本，又録入二章，凡卅四章，依皇本及讚州本校正……今竊效唐石經例，壹歸正體者，所以守夫子正名之教，急學者之先務，不得不然也。"明言天保刻本是將顔師古本三十二章配入"齊國"、"山陽"二章，並依皇象本及日本南海讚州善通寺藏摹唐殘本校正而成。不過，從其文字來看，皆與顔本相同，王國維在《校松江本〈急就篇〉》中，曾用到《古逸叢書》本《急就篇》，他指出："此日本小島知足寫本。雖云古寫本，然盡從颜本校改，實颜本也。"

以上四種書底本爲日本刻本。

第二節 以刻本的影抄本或傳抄本爲底本

楊守敬訪書，有時未能見到或得到原刻本，而只是得到了它的影抄本或傳抄本。所謂影抄本是指與原本行款、字形幾乎完全一致的一種抄本，而傳抄本的字形則往往與原本有所不同。以下六種書，内封皆題"影宋"等字樣，而實際上《史略》一書與宋刻原本字形差距較大，我們認爲，《史略》底本應是宋刻本的一種傳抄本。

下面六種書中，《爾雅》的底本現尚存於臺北故宫博物院，《姓解》的底本在《觀海堂書目》中曾有著録，《史略》的底本民國時曾藏北平故宫博物院，其餘三種書《穀梁傳》、《荀子》、《尚書釋音》的底本均不知何在。

一、《爾雅》

内封題"影覆宋蜀大字本爾雅/古逸叢書之一"。《敘目》題"影宋蜀大字本爾雅",少一"覆"字。①

《爾雅》三卷,晉郭璞注。末有"將仕郎守國子四門博士臣李鶚書"一行。

書後附《經籍訪古志》、楊守敬跋文。

《爾雅》的底本情況比較複雜,概括而言就是日本翻刻本的影抄本。這部底本今藏臺北故宫博物院。

與該底本相關的楊守敬跋文有三篇,表述略有不同。楊跋一見於臺北故宫博物院所藏底本之上,一見於《古逸叢書》卷後,一見於《日本訪書志》中。

臺北故宫博物院所藏底本上楊跋:"北宋刊本《爾雅》,日本東京高階氏所藏。……辛巳七月荆州楊守敬記。"②寫作此跋時楊守敬認爲東京高階氏所藏爲北宋刊本。

《古逸叢書》卷後楊跋:"右大字本《爾雅》,末有博士李鶚書一行。森立之《訪古志》據王明清《揮麈録》定以後唐蜀本重雕,當得其實。……光緒癸未春正月楊守敬記。"③這段跋文中楊守敬並没有明確表明自己對版本的判斷,只是表示贊同《經籍訪古志》的意見。《經籍訪古志》指出:"《爾雅》三卷,覆宋大字本,京都高階氏藏。……文字豐肥,楷法端勁。敬、驚、弘、殷、匡、胤、玄、朗、恒、禎、真、徵等字欠筆,間有南宋孝宗時補刊,桓、遘、慎三字欠筆。……可知北宋時有覆刻李本者傳播皇國,當時影刻以行世也。"

《日本訪書志》:"《爾雅注》三卷,影鈔蜀大字本。……此書據松崎明復云,是日本室町氏所刻,原本今尚存東京高階氏,余嘗於黑田某所見之,果是日本重翻,字體校影鈔殊肥,黑田告余云日本今存僅此一本。"這時楊守敬已經指出高階氏所藏實爲日本翻刻本。

也就是説,起初楊守敬可能據傳聞認爲日本東京高階氏所藏《爾雅》爲北宋本,後來見到高階氏藏本實物,知高階氏所藏實爲日本翻刻本。據近年日本學者長澤規矩也的研究,這部日本翻刻本爲日本南北朝刊本,並

---

① 以下各書,如《敘目》與内封所題有所不同,則注明,如與内封相同,則不再説明。
② 引自阿部隆一《(增訂)中國訪書志》第50—51頁。王重民《日本訪書志補》中收入了這篇跋文,不過,未録最後"辛巳七月荆州楊守敬記"一句。"辛巳"爲光緒七年(1881)。
③ "光緒癸未"即光緒九年。

且後來在日本神宫文庫中發現了一部同版書。①

《古逸叢書》底本即這部日本翻刻本的影抄本,現藏臺北故宫博物院。《“國立故宫博物院”善本舊籍總目》著録:“《爾雅》三卷,日本明治間影鈔南宋國子監本,三册,近人楊守敬手書題識。”②而民國二十一年(1932)故宫博物院出版物稱:“本院所庋楊氏觀海堂藏書中有日本影鈔室町氏覆宋本《爾雅》,即黎刻所自出。”③一題“影鈔南宋國子監本”,一題“影鈔室町氏覆宋本”,似乎不同。但今臺北故宫藏《爾雅》日本影抄本僅一部,兩者似應指同一部書。據長澤規矩也的研究,似可改爲“影鈔日本南北朝覆宋本”。

此書臺北故宫博物院索書號爲:故觀 011774—011776,鈐“宜都楊氏藏書記”白文印、“楊守敬印”白文印、“星吾海外訪得祕笈”朱文印等,其書影如下:

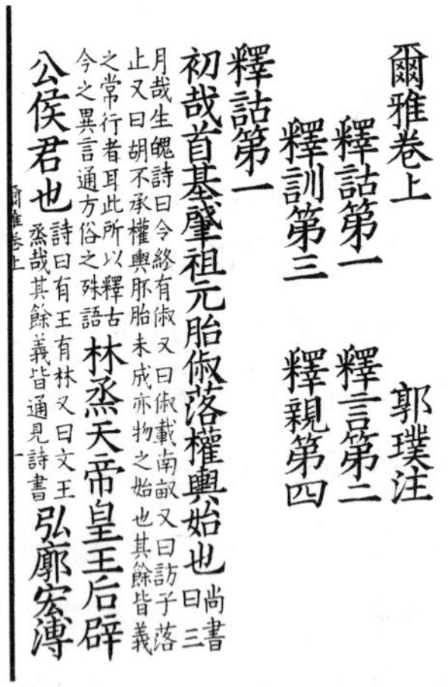
爾雅卷上 郭璞注
釋詁第一 釋言第二
釋訓第三 釋親第四
釋詁第一
初哉首基肇祖元胎俶落權輿始也 尚書曰三月哉生魄詩曰令終有俶又曰俶載南畝又曰訪予落止又曰胡不承權輿胚胎未成亦物之始也其餘皆義之常行者耳此所以釋古今之異言通方俗之殊語
林烝天帝皇王后辟公侯君也 詩曰有王有林又曰文王烝哉其餘義皆通見詩書
弘廓宏溥

圖二三 影抄日本南北朝覆宋本《爾雅》

臺北故宫博物院藏④

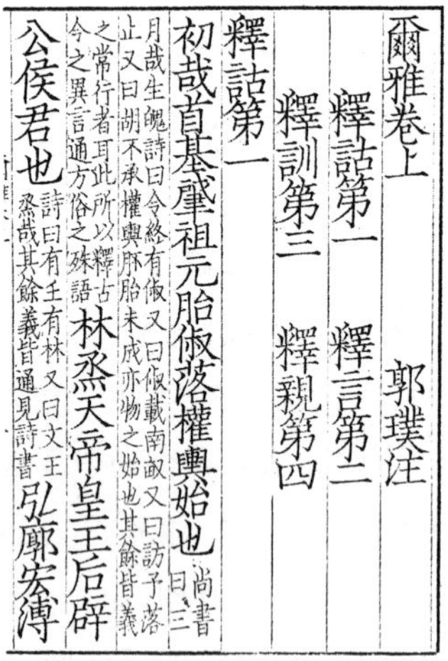
爾雅卷上 郭璞注
釋詁第一 釋言第二
釋訓第三 釋親第四
釋詁第一
初哉首基肇祖元胎俶落權輿始也 尚書曰三月哉生魄詩曰令終有俶又曰俶載南畝又曰訪予落止又曰胡不承權輿胚胎未成亦物之始也其餘皆義之常行者耳此所以釋古今之異言通方俗之殊語
林烝天帝皇王后辟公侯君也 詩曰有王有林又曰文王烝哉其餘義皆通見詩書
弘廓宏溥

圖二四 《古逸叢書》本《爾雅》

北京大學圖書館藏

① 神宫文庫的這部已經影印出版,長澤規矩也在爲該書所撰的《解題》中指出了這一意見,日本古典研究會《神宫文庫藏南北朝刊本〈爾雅〉》,昭和四十八年(1973)東京汲古書院。後來在《〈古逸叢書〉的可靠性》一文中,長澤氏又重申了這一觀點。日本的南北朝時代指公元 1336—1392 年,期間日本同時出現南、北兩個天皇,且各有承傳。

② 臺北故宫博物院編《“國立故宫博物院”善本舊籍總目》,臺北故宫博物院,1983 年。

③ 《天禄琳琅叢書》第一集《敘目》,民國二十年(1931)故宫博物院。

④ 臺北故宫博物院網絡上多有所藏各書書影,但圖像精度較小,比較模糊。本書所用的臺北故宫書影皆是掃描臺北故宫藏書的黑白複印頁或打印頁而得,以下不再出注説明。

《古逸叢書》本内封題"影覆宋蜀大字本爾雅",有些繞口,且"宋蜀大字本"之説並不準確,王國維已詳辨之。① 黎庶昌《敘目》中其實已經將該書底本交代得比較清楚:"此書末有'將仕郎守國子四門博士臣李鶚書'一行,爲蜀本真面目,最可貴。宋諱闕'慎'字,其爲孝宗後繙刻無疑。日本再繙之。今又從再繙本影雕,展轉撫摹,僅存郭廓而已。按後唐平蜀,明宗命太學博士李鶚書五經,刊板國子監中,見王明清《揮塵餘録》。"據此,下面再簡單理一理"蜀"、"宋"、"覆"、"影"四字關係。

先談"蜀"字,《經籍訪古志》早已指出:"是本卷末題李鶚名銜者蓋即後唐蜀本面目之僅存者。"②前引楊守敬《古逸叢書》卷後跋文也已指出:"森立之《訪古志》據王明清《揮塵録》定以後唐蜀本重雕,當得其實。"可見,這裏的"蜀"是指五代的後唐平定前蜀之後在蜀地的刊本。

其次"宋"字。《古逸叢書》木避"桓"、"遘"、"慎"等字,有南宋翻刻本痕跡。

其次"覆"字。《敘目》"日本再繙"之意,即謂日本翻刻南宋監本。

最後"影"字。指日本翻刻本的影抄本,也就是《古逸叢書》的底本。前引《日本訪書志》:"原本今尚存東京高階氏,余嘗於黑田某所見之,果是日本重翻,字體校影鈔殊肥,黑田告余云日本今存僅此一本。"從語氣來看,楊守敬只是偶然見到高階氏本原本,而且楊氏明確强調高階氏本"字體校影鈔殊肥",我們將上引神宫文庫所藏的日本南北朝刻本與臺北故宫所藏《古逸叢書》底本相比較,前者較後者的筆畫確實要肥一些。

用→表示,以上所説各本的關係爲:五代後唐蜀本→南宋監本→日本南北朝翻刻本→日本影抄本(即《古逸叢書》底本)。從這個序列來看,《古逸叢書》内封題"影覆宋蜀大字本爾雅"不如題作"影覆宋本爾雅"③更爲

---

① 王國維《覆五代刊本〈爾雅〉跋》,《觀堂集林》。
② 《經籍訪古志》這一段的完整文字爲:"按《五代會要》云:'後唐長興三年,中書門下奏請依石經文字刻九經印板,召能書人端楷寫出,旋付匠人雕刻,每日五紙。'宋王明清《揮塵録》云:'後唐平蜀,明宗命大學博士李鶚書五經,做其製作,刊板於國子監中,印書之始,今則盛行於天下,蜀中爲最。明清家有鶚書五經印本存焉,後題長興二年也。'據此,則是本卷末題李鶚名銜者蓋即後唐蜀本面目之僅存者可知。"
③ "覆宋本"即指日本翻刻宋本。

簡明確切。

最後需要指出的是，《古逸叢書》刊刻時對底本作了不少校改，正是由於這些校改，最近有學者懷疑《古逸叢書》本《爾雅》是一個作僞之本，范志新先生認爲："《古逸叢書》本並非是所謂覆刻高階氏覆宋本，而是以國子監本爲藍本，參酌十行本、吸納清儒的治學成果，多次改造卷首卷尾文字而成之本"，"是一經多次作僞之本"。① 范文將《古逸叢書》本對底本的校改斥之爲作僞，言之過重。從上面的敘述中我們可以看出，《古逸叢書》本《爾雅》的底本記載歷歷可考，相關各本也多有存世者可供檢驗，《古逸叢書》本並非如范文所說"是一經多次作僞之本"。且范文的論證本身尚存在着不少問題，對於范文的問題，陳東輝、彭喜雙已有詳論②，這裏不再贅述。

二、《榖梁傳》

內封題"影宋紹熙本榖梁傳/古逸叢書之二"。

《春秋榖梁傳》十二卷，晉范寧集解，唐陸德明音義，宋余仁仲等校。

卷前有《春秋榖梁傳序》，卷末附《漢司空掾任城樊何休序》③。《何休序》後並附有一段紹熙辛亥（二年，1191）余仁仲題記："《公羊》、《榖梁》二書，書肆苦無善本，謹以家藏監本及江浙諸處官本參校，頗加釐正。惟是陸氏釋音字或與正文字不同，如：此序'釀嘲'，陸氏'釀'作'讓'；隱元年'嫡子'作'適'，'歸含'作'晗'，'召公'作'邵'；桓四年'曰蒐'作'廋'。若此者衆，皆不敢以臆見更定，姑兩存之，以俟知者。紹熙辛亥孟冬朔日建安余仁仲敬書。"此外，《春秋榖梁傳序》後及卷十二末有"余氏萬卷堂藏書記"牌記，卷一、卷三、卷七、卷八、卷十、卷十一末題"仁仲比較訖"，卷二、卷四、卷五、卷六、卷九末題"余仁仲刊于家塾"，卷十二末題"癸丑仲秋重

---

① 范志新《〈古逸叢書〉本〈爾雅〉之底本辨析》，《文獻》2008年第2期。
② 陳東輝、彭喜雙《"〈古逸叢書〉本〈爾雅〉之底本辨析"商榷及釋疑》，《圖書館工作與研究》，2009年第3期。
③ 較早印本《漢司空掾任城樊何休序》在卷末，而後印本則皆在《春秋榖梁傳序》前，詳見本文第二章。

校訖"。

《漢司空掾任城樊何休序》末、卷六末、卷七前皆摹刻有"金澤文庫"墨印。《漢司空掾任城樊何休序》末板框左下題"日本東京　木邨嘉平刻"。

書後附《經籍訪古志》、楊守敬跋文並《余仁仲萬卷堂穀梁傳考異》一卷。

從書中題記與牌記來看，此本顯然與著名的南宋余仁仲刻本有關。楊守敬與森立之在《清客筆話》中有一段記錄曾談及此書底本：

> 卷二　辛巳（1881）
>
> 七月廿一日
>
> 楊：……此《穀梁傳》本向山秘物。彼聞我欲刻之，即欣然相讓。蓋刻之非徒弟附以不朽，即向山亦不朽也。先生藏古書宜刻者甚多，弟望以向山爲懷。且先生老矣，此書若刻，先生名亦不朽。且弟非爲利也。如《穀梁傳》，刻之明知無還本之日，蓋好之少也。
>
> 森：日本小島，且在今日則學者掃地無一人。只汲汲爲浮雲之貴者皆是。雖然，同好者流亦唯有四五輩耳。噫！如（森氏朱筆改爲在）貴邦則如《穀梁傳》讀之不知幾千人。我邦無一人讀《穀梁》者。況其善本與否，誰分涇渭是爲耶？
>
> 楊：我邦讀《穀梁傳》者，萬人中不一人。三《傳》束高閣，古今同慨。唯《左傳》頗有習之者。

楊守敬跋文指出："原本舊爲日本學士柴邦彥所藏，文政間狩谷望之[①]使人影摹之，纖豪畢肖，展轉歸向山黃村[②]。余初來日本時，即從黃村求得之，慫恿星使何公重繙以傳。會瓜代，不果。暨新任星使黎公迺以付之梓人，踰年而後成。"長澤規矩也《楊惺吾日本訪書考》所錄楊守敬手批《經籍訪古志》"春秋穀梁傳"條云："《古逸叢書》所刊，係以求古樓影寫本

---

① 狩谷望之（1774—1835），本姓高橋，後改姓狩谷，名望之，字卿雲，號棭齋、六漢老人、蟬翁、求古樓、超花亭等。日本漢學家。

② 向山黃村（1826—1897），名榮，通稱榮五郎，號黃村，江戶人。日本漢學家。

上木。"可見，《穀梁傳》的底本當爲南宋建安余仁仲刻本的影抄本，曾經狩谷望之、向山黃村遞藏，後被楊守敬得到。楊守敬《觀海堂書目》曾著錄有"《穀梁傳》四本，十二卷，影宋本"①，可能即此書底本，只是今已不知何在。而柴邦彥所藏宋刻原本，後歸阿波國文庫，在德島光慶圖書館的火災中燒毀了。②

今余仁仲刻本《穀梁傳》存於世間的僅有臺北故宮博物院所藏的一部殘本，存卷七至卷十二，共六卷，遞經清代著名藏書家汪士鐘、瞿氏鐵琴銅劍樓以及近人沈仲濤等收藏。③ 臺北故宮本爲一殘本，而《古逸叢書》本爲全本，可以説《古逸叢書》本是《穀梁傳》研究中非常重要的一個版本。

雖然臺北故宮殘本與《古逸叢書》底本所據都是南宋余仁仲刻本，但是兩者卻並不完全相同，而是有初印與修訂重印之別。從《古逸叢書》本來看，除了有余仁仲紹熙辛亥(1191)題記外，卷十二末又題"癸丑仲秋重校訖"，"癸丑"在"辛亥"後兩年，所以《古逸叢書》底本所據本當爲余仁仲"癸丑仲秋"修訂重印本。楊守敬跋文："余仁仲萬卷堂所刻經本，今聞於世者，曰《周禮》、曰《公羊》、曰《穀梁》。……惟《穀梁》僅康熙間長洲何煌見之。然其本缺宣公以前，已稱爲希世之珍。此本首尾完具，無一字損失，以何氏校本照之，有應有不應，當由何氏所見爲初印本，此又仁仲覆校重訂者。故于何氏所稱脱誤之處，皆挖補擠入。然則此爲余氏定本，何氏所見猶未善也。"已指出《古逸叢書》底本所影之宋本爲余仁仲覆校重訂本。④

另外，《穀梁傳》卷後爲何會附有何休序的原因也有必要在這裏解釋一下。楊守敬《考異》指出："末附何休《公羊傳序》，此因余氏有合刊《公》

---

① 《觀海堂書目》一册本，林夕主編《中國著名藏書家書目彙刊(近代卷)》第十册，北京：商務印書館，2005年。
② 阿部隆一《(增訂)中國訪書志》第37頁。
③ 《"國立故宮博物院"藏沈氏研易樓善本圖錄》第8—10頁，臺北故宮博物院1986年12月。《四部叢刊》影印本《春秋穀梁傳》的卷七至十二，當時就是借瞿氏鐵琴銅劍樓藏本影印，而卷一至卷六則用《古逸叢書》本配補。
④ 張麗娟《南宋建安余仁仲刻〈春秋穀梁傳〉考》一文對此有詳論，張文收入《版本目錄學研究》第一輯，北京：國家圖書館出版社，2009年。

《榖》二傳跋,故原本摹之,今亦附刊於後。"因爲叢書所據底本有此序,所以叢書本在翻刻時原樣刻之。張麗娟指出:"《金澤文庫本圖錄》中收錄了阿波國文庫所藏宋刻原本《春秋榖梁傳》的書影,其中一幅爲卷前春秋榖梁傳序;一幅爲何休序後的紹熙辛亥孟冬朔日建安余仁仲跋。"也就是說,阿波國文庫所藏宋刻原本《春秋榖梁傳》卷後即有此葉,影抄本忠實地影摹了這一葉。張文接着指出:"雖然余仁仲此篇跋文的内容統說《公羊》和《榖梁》,但它原本綴於《公羊》何休序後,是不應該出現在《榖梁》中的。或許阿波國文庫所藏的這部《春秋榖梁傳》,原本也有一部《公羊》相儷,因某種原因,《公羊》中的何休序和序後的余仁仲跋,被植於《榖梁》中,亦未可知。"①

三、《荀子》

内封題:"影宋台州本荀子/古逸叢書之七"。

《荀子》二十卷,唐楊倞注。卷前有楊倞《荀子注序》,卷末附漢劉向《書錄》、宋國子監准熙寧元年九月八日中書劄子、宋淳熙八年(1181)唐仲友後序。

各卷前後多摹刻有"金澤文庫"墨印。

書後附楊守敬跋文、《經籍訪古志》。各葉版心下方多有刻工名,如"蔣輝"、"李忠"、"王定"、"林俊"等,皆爲南宋著名刻工,②其中"蔣輝"最爲著名。

此本與宋代著名的朱熹彈劾唐仲友製造假幣案有關,蔣輝、王定等刻工皆見諸這段公案中。

朱熹彈劾唐仲友共六封奏狀,其《按唐仲友第六狀》言:"據蔣輝供,元是明州百姓。淳熙四年六月内,因同已斷配人方百二等僞造官會事發,蒙臨安府府院將輝斷配台州牢城,差在都酒務着役。月糧僱本州住人周立代役,每日開書籍供養。去年三月内,唐仲友叫上輝就公使庫開雕《楊

---
① 詳上引張麗娟《南宋建安余仁仲刻〈春秋榖梁傳〉考》一文。
② 王肇文編《古籍宋元刊工姓名索引》,上海:上海古籍出版社,1990年。李忠、王定、林俊分别見該書第168頁、第34頁、第224頁。

子》、《荀子》等印板。輝共王定等一十八人，在局雕開。"①這裏，"官會"指宋代紙幣"會子"，蔣輝犯了製造假幣的重罪，但他能僞造紙幣，也從側面說明他雕版技術之高超。在朱熹六封彈劾狀中，唐仲友不僅讓犯人蔣輝替自己製造假幣，還讓蔣輝等人替自己刻書獲利，台州公使庫本《荀子》就是其中之一。《古逸叢書》本《荀子》版心下方刻有"蔣輝"、"王定"等刻工人名，卷後又有唐仲友序，即源自台州本《荀子》。

《古逸叢書》所覆刻的底本並非宋刻台州本原本，而是它的一部影抄本。楊守敬跋文指出："《荀子》二十卷，宋刊本，刻入《古逸叢書》。……余初來日本時，從書肆購得此書雙鉤本數卷，訪之，乃知爲狩谷望之舊藏台州本，此其所擬重刊未成者。厥後從島田篁村②見影摹全部，因告知星使黎公，求得之，以付梓人。一仍其舊，踰年乃成。"長澤規矩也《楊惺吾日本訪書考》所錄楊守敬手批《經籍訪古志》"荀子"條云："此書原本今不知所在。《古逸叢書》所刊，係以島田重禮影抄本重繙。"看來，楊守敬至少曾得到兩部台州本《荀子》的抄本：一部爲狩谷望之雙鉤本，不全，一部爲島田重禮影抄本，後者爲《古逸叢書》底本。今兩本皆不知何在。

楊氏之所以選用影抄本而未採用原本作底本是由於宋刻原本在當時已經不知所踪③，楊守敬與森立之的筆談記錄《清客筆話》中談到：

> 卷四　辛巳八月二日楊守敬來訪
> 楊氏以柀齋宋板《荀子》影抄本見示焉，云今日于琳琅閣購得之。（朱筆）
> 森：柀齋本宋板《荀子》將翻刊之，令杉本庸三寫（朱筆補書"之本"）也。（朱筆補書：簽題荀子云云）澀江道純書也。此時已不寫了也。
> 楊：有此書不翻刻是恨事。今日已不知原本何在？

---

① 《晦庵先生朱文公文集》卷第十九，《四部叢刊》影明嘉靖本。
② 即島田重禮(1828—1898)，名重禮，字敬甫，號篁村。江戶人。是日本明治時期著名的漢學家和藏書家。島田翰爲其子。
③ 從《古逸叢書》本各卷前後多摹刻有"金澤文庫"墨印來看，台州刻本曾爲日本金澤文庫舊藏，這一點卷末所附《經籍訪古志》已經指出。

森：散佚以後，頗爲搜索，不（森氏朱筆改爲未）知在處。

《古逸叢書》本卷末附熙寧元年（1068）九月八日中書劄子："《荀子》送國子監開版"，宋淳熙八年（1181）唐仲友後序又指出"悉視熙寧之故"，則台州本《荀子》屬於《荀子》版本系統中的北宋熙寧國子監刻本一系。從《古逸叢書》覆刻本的諱字來看，此本避諱至南宋孝宗"慎"字，或爲孝宗時刻本。值得注意的是卷十一第六、七葉版心下方刻有"嘉定十一年換"字樣，則叢書底本所據之原宋刻台州本似應爲南宋寧宗嘉定十一年（1218）之修補印本。

《古逸叢書》本是《荀子》研究中很重要的一種版本，高正先生在比較了《荀子》五十二種重要版本後指出："《荀子》之校勘，宜取《古逸叢書》影刻南宋台州本爲底本，而以南宋浙北刻本、南宋刊删纂圖互注巾箱本、南宋劉旦校刻纂圖分門類題注巾箱本及南宋坊刻元明遞修本爲主要參校本。得此五本，有校勘價值之《荀子》異文資料，則已略近完備，其餘諸本文字，縱偶有可取者，亦甚寡矣。"①將《古逸叢書》本作爲研究《荀子》的基礎。高書後並附有校勘這五本的異文記錄——《〈荀子〉宋槧善本重要異文校勘記》。這個《校勘記》爲《荀子》的深入研究提供了寶貴資料，向爲研究荀學者所重。不過，《古逸叢書》本底本並非台州本原本，而只是一個它的影抄本，影抄本和宋本之間並不能保證一定完全相合，這是其一。第二，《古逸叢書》本各書對底本多有校改，很難説《古逸叢書》本《荀子》一定保留了台州本《荀子》的原貌。因此《荀子》研究"取《古逸叢書》影刻南宋台州本爲底本"的做法可能不妥，我們贊同一些學者的意見，主張《荀子》的校勘還是應以南宋浙北刻本爲底本。南宋浙北刻本，祁陽陳澄中舊藏一部，今藏中國國家圖書館，中華再造善本已經影印。

四、《尚書釋音》

內封題："影宋大字本尚書釋音/古逸叢書之十"。《敘目》題："影宋蜀大字本尚書釋音"。後者多一"蜀"字。

---

① 高正《〈荀子〉版本源流考》，北京：中國社會科學出版社，1992年。

《尚書釋音》二卷,唐陸德明撰。

卷前摹刻有"汪魚亭藏閱書"、"汪仲子曾讀一過"墨印。《尚書釋音下》首行下摹刻有"汪魚亭藏閱書"墨印。

書末附清潘錫爵跋。

《尚書釋音》即陸德明《經典釋文》的一種,又稱《尚書音義》。楊守敬跋文指出:"首不題《經典釋文》卷幾,當是單行本。"

《古逸叢書》本卷末附有潘錫爵跋,敘述自己影抄經過,叢書底本即潘錫爵影抄本。據潘跋和此本卷前摹刻之印,可知潘氏影自汪氏振綺堂①藏本,當時潘氏影摹了兩本。今汪氏藏本和兩部影抄本皆已不知所踪。

黎庶昌《敘目》指出:"影宋蜀大字本《尚書釋音》一卷,武昌張廉卿所藏,咸豐初年吳縣潘鬯侯手摹,與士禮居蜀大字本《孝經》、《論語》行款同,鬯侯詫爲黃蕘圃、顧千里諸人所未見,不誣也。"從諱字來看,該本避宋諱至"遘"、"慎"字,原本當爲南宋刻本。《敘目》認爲出南宋蜀本,賈二強先生指出:"黎氏《敘目》題影宋蜀大字本,審其字體作歐體,絕不類蜀本。黃氏《士禮居叢書》中翻宋蜀大字本《論語音義》、《孟子音義》、《孝經音義》,與此本行款版式及版幅俱同,謂出蜀本,亦爲有據。字體不類,或係影寫本摹刊失之。"可從。

該書並非得自日本,而是得於國内,刻入《古逸叢書》是黎庶昌的意見。楊守敬跋文:"余在日本校刊《古逸叢書》,黎星使女壻張君沇得影寫此本,議欲刻之。余謂此書非得之日本,似不必彙入,且此書非陸氏之舊,乃宋人之書,星使駭然。……張君意存見好,必欲刻之,余亦未便深拒。"

楊守敬指出此本爲北宋開寶年間陳鶚改定之本,"余乃檢《崇文總目》及《玉海》證之,知爲宋開寶中太子中舍陳鶚奉詔刊定,以德明所釋乃《古文尚書》,與唐明皇所定今文駁異,令鶚删定其文,改從隸書。故段若膺、盧紹弓於《釋文》中此二卷深致不滿。"楊氏對陳鶚的改定有嚴厲的批評:"陳鶚不學至此,而以删定通儒之書,豈非千古恨事!"不過,楊守敬也承認

---

① 卷前摹刻印中,"汪魚亭"即指汪憲。汪憲(1721—1771),字千陂,號魚亭,浙江人,是汪氏振綺堂藏書的始創者。

此本對今本《經典釋文》中的《尚書》部分仍有一定的校正作用：

> 《序》"訓"下："攝十四三篇亡"，盧刻本"四"、"三"互倒。"科斗"下"蝦蟆"不作"蟇"。《堯典》"靤"下"如充反"，不作"如充反"；"女于"下"上惡反"，不作"上而反"。《舜典》"難"下"乃丹反"，不作"乃但反"；"稟餼"不作"蘱"。《大禹謨》"解"不作"懈"。《禹貢》"雍"下"州名，後同"，不作"後名州同"；"鉤般"不作"盤"；"犀"，"細兮反"不作"繩"。《武城》"四月始生魄然貌"，不作"然也"。《酒誥》"文王第稱穆"下"黃僕"，不作"皇僕"。《召誥》"度，待洛反"，不作"時洛"。《洛誥》"惟七年周公攝政"，盧本脫"周公"二字。《君奭》"奔走"下"使人歸趣之"，不作"趣之"。《君陳》"長"，"誅丈反"，不作"丁丈"。此皆勝于盧本者也。

這裏的"盧本"當指乾隆末盧文弨抱經堂刻本《經典釋文》，盧本以校勘精審而著稱。

五、《姓解》

內封題："影北宋本姓解／古逸叢書之十七"。

《姓解》三卷，宋邵思撰。

書後附《經籍訪古志》。

《姓解》三卷，北宋邵思撰，景祐二年（1035）成書。書分"一百七十門二千五百六十氏"，"一百七十門"是指一百七十個部首，"二千五百六十氏"分別排列在各部首下，每氏之下介紹此氏之由來及歷史名人。邵思其人《宋史》無傳，生平已不可考。今由《姓解序》可知其爲鴈門（今屬山西代縣）人，生活在北宋間。該書最早著錄於宋陳振孫《直齋書錄解題》，後《通志·藝文略》、《玉海》等書中也有著錄。成書於南宋紹興間的鄧名世父子《古今姓氏書辨證》一書對《姓解》已多引用。此後，元明諸家書目中除馬端臨《文獻通考·經籍考》外，未見有著錄者，清乾隆間修《四庫全書》時亦未見此書。直到刊入《古逸叢書》，方重爲國人所知。

《姓解》一書簡明扼要，甚便研究者。且其引用之書有些今天已經失傳，因此此書仍有重要的參考價值。書中不少內容襲自《廣韻》，清人段朝端指出："其書半本《廣韻》，……其中引用各書亦皆本自《廣韻》。"甚至多有與《廣韻》同誤者，如卷一《水四十》"潘"姓下《姓解》注："周文王畢公之子曰季孫，食菜於潘水，因以爲氏。"段氏指出："按'王'下應有'子'字，今奪，蓋沿《廣韻》之誤。"①畢公爲周文王第十五子，稱"周文王畢公"顯然不妥。今觀各本《廣韻》（包括宋本、《四庫全書》本等）卷一"二十六桓"之"潘"字下注皆作"周文王畢公"，確與《姓解》同誤。類似的例子還有很多，段說可信。

《古逸叢書》底本爲北宋刻本的影抄本。光緒鄰蘇園刻本《日本訪書志》中有兩篇楊守敬《姓解》跋文，內容基本相同。一篇題："《姓解》三卷，北宋槧本，刻入《古逸叢書》。……原本爲向山黃村舊藏，雕鏤之精，罕有倫匹，蓋即景祐刊本也……"另一篇題："《姓解》三卷，刻入《古逸叢書》……此本爲向山黃村舊藏，雕鏤之精，罕有倫匹，蓋即景祐刊本也。迺影鈔而重刊之……"兩者的不同之處主要有二點：第一，前者題"北宋槧本"，而後者無；第二，前者無"迺影鈔而重刊之"一句，而後者有。

在《清客筆話》中，楊守敬曾談到《姓解》：

> 卷一　明治十四年(1881)翌日三月廿九（朱筆改八）日來訪
>
> 楊：……又貴邦古書爲我國所佚者，如《姓解》、《史略》、《玉篇》、《玉燭寶典》，皆欲刻之。尤煩先生爲校刊，可乎？
>
> 楊：……再《姓解》、《史略》、《玉燭寶典》等書，如有抄本，弟願得之。
>
> 卷二　辛巳(1881)七月廿一日
>
> 楊：……又有《史略》、《姓解》，弟皆屬人影抄之，皆欲刻之。

楊守敬"屬人影抄"之本應即《古逸叢書》底本。楊守敬《觀海堂書目》曾著録有"《姓解》校本一本，三卷，影宋本"②，但查閱中國國家圖書館、臺

---

① 段朝端《邵氏姓解辨誤》一卷，清光緒間邵武徐氏刻本。
② 《觀海堂書目》一冊本，林夕主編《中國著名藏書家書目彙刊(近代卷)》第十冊。

北故宫博物院及北京故宫博物院的藏書目，皆未見有影抄本《姓解》，叢書底本今不知何在。

北宋刻本今藏於日本國會圖書館，爲"日本重要文化財"。"敬、殷、匡、弘、恒"等字皆缺筆，卷首鈐"寶宋閣珍賞"、"經筵"、"養安院藏書"①、"向黄邨珍藏印"、"東京圖書館藏"等印，卷末鈐朱文長方印，文字依稀可辨者爲"高麗國□□□□□藏書大宋□□□元年大遼乾□□□"，此印又見於日本宫内廳書陵部所藏北宋本《通典》，印文全文爲"高麗國十四葉辛巳歲藏書大宋建中靖國元年大遼乾統元年"。"高麗國十四葉"是指高麗國第十四世肅宗，"建中靖國元年"爲公元1101年，即北宋徽宗登基之年。據研究，明萬曆間日本權臣豐臣秀吉入侵朝鮮，將此書掠至日本，後此書由曲直瀨正淋、向黄村等遞藏，今藏日本國會圖書館，2013年已經影印出版。②

將《古逸叢書》本與北宋本比較，兩者行款、版式、字形筆畫皆十分相近。北宋本錯誤很多，《古逸叢書》本在影刻時作了不少校改，楊守敬《日本訪書志》指出："姓下所引名人，往往朝代淩亂，父子乖錯，分一人爲二，以複爲單，以虜爲漢，甚至'鄁''郗'不分，'咸''威'不辨，又好雜採謬說，幾於目不覩書傳者之所爲，訂不勝訂，非第不可與《元和姓纂》等書絜長較短也。"

六、《史略》

内封題"影宋本史略/古逸叢書之二十"。

《史略》六卷，宋高似孫撰。

各葉版心下刻有"昌"、"桂"等刻工名。

首葉摹刻有"蒹葭堂藏書印"、"木氏永保"、"淺草文庫"等墨印。

書後附《經籍訪古志》和楊守敬跋文。《經籍訪古志》後書版左下方題"日本東京　木邨嘉平刻"。

---

① 養安院是十六至十七世紀間日本一代名醫曲直瀨正淋(1565—1611)的藏書樓名。
② 劉玉才、稲畑耕一郎編《日本國會圖書館藏宋元漢籍選刊》第7冊《姓解》，南京：鳳凰出版社，2013年。

《史略》是一部史書目錄學專著，該書分類著錄了唐以前各類史書六百多種，作者爲南宋人高似孫。高氏於經、史、子、集四部目錄皆有輯録，其中除《子略》一書有流傳外，《經略》、《史略》、《集略》皆久已失傳，而《史略》在刻入《古逸叢書》後，始爲國人所見。楊守敬對此書有一段評價："按史家流别，已詳於劉知幾《史通》，高氏此書未能出其範圍。況餖飣雜鈔，詳略失當。……其他書名之誤、人名之誤與卷數之誤，不可勝紀。據其自序，成書於二十七日，宜其罅漏如斯之多也。似孫以博奧名，其《子略》、《緯略》兩書，頗爲精覈，此書則遠不逮之，久而湮滅，良有由然。唯似孫聞見終博，所載史家體例亦略見於此篇，又時有逸聞，如所採《東觀漢記》，爲今《四庫》輯本所不載，此則可節取焉。"雖然此書錯誤不少，但是其中載有一些佚文，至今仍具有一定參考價值。

卷前有高似孫寶慶元年（1225）序，此本或即刻於該年。楊跋指出："高似孫《史略》六卷，宋槧，原本今存博物館。此書世久失傳，此當爲海外孤本。首有'蒹葭堂'印，'木氏永保'印。按木世肅，大坂人，以藏書名者也。"《古逸叢書》本摹刻之印與楊跋相合。

南宋刻本《史略》今藏於日本國立公文書館，爲"日本重要文化財"。公文書館的網站上有此書書影，①將其與《古逸叢書》本比對可以發現，兩者雖然行款、版式皆相同，但是字形筆畫卻有不小差距，《古逸叢書》底本應非該宋刻本的影抄本，而只能是它的一個傳抄本，這個傳抄本的字形與宋刻原本有較大差距。

《清客筆話》中：

> 卷二　辛巳（1881）七月廿一日
> 楊：……又有《史略》、《姓解》，弟皆屬人影抄之，皆欲刻之。"

這裏楊守敬"影抄"的對象應即上文所說的傳抄本，楊守敬當時可能未及覈對宋刻原本，而認爲所得抄本就是宋刻本的影抄本，因此將《姓解》內封題作"影宋本史略"，現在從宋本情况看其內封當改作"仿宋本史略"。

---

① http://www.archives.go.jp/exhibition/digital/kanseki/contents/photo.html?id=photo11_1

這個底本民國時藏於北平故宮博物院，王重民曾目驗該本，並將底本上的楊守敬校記輯爲《〈史略〉校勘劄記》一文①。王重民指出："此文從觀海堂《史略》校抄本録出，即《古逸叢書》原稿本也。……余曾整理楊氏遺書，極逿録之以嚮學子，更于以覿宋刻之真也。民國十六年三月王重民謹記。"這一抄本今不見于臺北故宮博物院，也不見於北京故宮博物院，不知何在。

楊跋又指出："原本亦多誤字，今就其顯然者改之。其稍涉疑似者，仍存其舊。"楊守敬對這部底本作過很多校改，説詳第四章。

第三節　以舊抄本爲底本

上兩節談的是與刻本相關的《古逸叢書》底本，這一節我們談談與寫本、抄本相關的叢書底本。與刻本不同，寫本和抄本都是手寫完成的本子，因此每部都是獨一無二的。抄本又有影抄（或輾轉影抄）本、傳抄本、傳抄本的影抄本等不同，如果以這些本子爲底本的刻書者不對所用底本作明確説明，要分辨上述不同的抄本顯然十分困難。

以下六種書中，《漢書·食貨志》底本是公元八世紀日本寫本的影抄本，《碣石調·幽蘭》底本是唐寫本的影抄本，《玉燭寶典》、《日本國見在書目》的底本都是日本舊抄本的一種抄本，《天台山記》的底本很可能就是日本平安時代（794—1192）抄本，而《琱玉集》的底本情況則不明，大概是公元八世紀日本寫本的一種傳抄本。爲避免分類過於瑣細，這裏我們籠統地稱這些書爲"以舊抄本爲底本"。

一、《玉燭寶典》

內封題"影舊鈔卷子本玉燭寶典/古逸叢書之十四"。《敘目》題："覆舊鈔卷子本玉燭寶典"。一題"影"，一題"覆"。

---

① 王重民《〈史略〉校勘劄記》，《圖書館學季刊》第二卷第四期，民國十七年（1928）中華圖書館協會編印。

《玉燭寶典》十二卷，缺卷九，隋杜臺卿撰。

書後附《經籍訪古志》和《直齋書錄解題》。

《玉燭寶典》是隋代杜台卿所編的一部時令節日資料彙編，"玉燭"之稱由《爾雅》"四氣和謂之玉燭"的說法而來。從孟春起，按一年十二月分爲十二卷，每卷先引《禮記·月令》，次錄東漢蔡邕的《月令章句》，然後引用古書中該月相關資料，並對該月的習俗、節日一一說明。該書對文化史研究以及古籍的校勘輯佚皆有很高的價值，但在刻入《古逸叢書》之前，在我國久已失傳。

黎庶昌與楊守敬皆未對此書底本和刊刻情況作說明。不過，《清客筆話》中，森立之與楊守敬多次談到《玉燭寶典》：

1. 卷一　明治十四年(1881)三月廿九日，

> 《玉燭寶典》(森注：梛①齋校本，出以示之。)
>
> 楊：貴邦所有皆缺一卷乎？
>
> 森：《寶典》原本一卷缺，余所藏本，梛齋舊藏，同人以朱筆校正者也。
>
> 楊：此似影鈔，何以有誤字？
>
> 森：原卷則唐人傳來舊鈔本也，故往往有訛字。其訛字亦一一有所原，不能容易改正。是宋版已前之抄本。可貴重，可貴重。
>
> 楊：即煩先生屬寫工而抄之上木，可乎？
>
> ……
>
> 森：《玉燭寶典》，世上《寶典》皆以此本爲原。
>
> 楊：守敬不敢奪所愛。但古書今日不刻，他日恐又失，故欲借抄刻之耳。先生不欲此書刻乎？小生亦不取此書到家中，即煩

---

① 《清客筆話》原整理者陳捷作"梛"，"梛齋"指狩谷梛齋，是森立之的老師。最近，崔富章、朱新林將此字改爲"棭"，他們認爲今藏日本專修大學圖書館的森立之、森約之父子抄校本《玉燭寶典》才是《古逸叢書》底本，"森氏有棭逆養真齋"，且森氏父子抄校本各卷卷末多有"棭齋森約之"的題記，因此將"梛"改爲"棭"。(崔、朱之文詳下)但是，"梛齋"變成"棭齋"，有很大問題。森立之下文稱"原本梛翁所校"，"梛翁"是對老師的尊稱，與此"梛齋校本"呼應，沒有問題。但如果按照崔、朱的意見，"原本梛翁所校"就需要讀成"原本棭翁所校"，就有問題了。森約之生於一八三五年，一八七一年因急病卒於福山(見《清客筆話》陳捷注 3)，卒時年方三十六歲，似乎不可能稱爲"翁"。這裏我們還是遵從原整理者陳捷先生的意見。

先生屬寫工而鈔之上木，可乎？

森：幸有巧手，急速可令寫。

楊：所有《玉燭寶典》本，祈屬工鈔之爲感。

2. 卷二　辛巳(1881)　七月廿一日

森：《玉燭寶典》書寫半成，本月内可全成也。

楊：此即柀齋所倩書手抄之者乎？我將刻之。

森：逸於彼存於我之一書也。不可不刻也。

楊：又有《史略》、《姓解》，弟皆屬人影抄之，皆欲刻之。此《玉燭寶典》想是從原書影抄而出，可以上木。此新抄則不可上木。

森：原本柀翁所校。然其寫手不精工，故翁以朱傍書。今以其朱書寫之，則新寫本爲最正。不及校于原本也。且吾又一校，欲以正之也。何如？

楊：是誠然。然此抄手似不如柀齋本。

森：再與原本爲君一校則可矣。

3. 卷四　辛巳(1881)八月二日楊守敬來訪

楊：《玉燭寶典》誤字甚多，柀齋所校十之二三耳。若以《太平御覽》及《禮·月令》鄭注、蔡氏《月令》等書校之，其誤字當有五六也。僕僅校三四葉，已改其誤字數十。

森：我輩以有誤字本爲貴。若其誤字一目而可知，知而後説立，説立而後校注成。别作無一誤之定本則可，不得以古本爲誤本也。是我家之讀法也。

4. 卷六收有楊守敬辛巳(1881)七月初四日的籤條。

借《玉燭寶典》、《儀禮注》抄本。　　楊惺吾立　辛巳七月初四日

其中，第4條材料在七月四日，要早於第2條材料的發生時間。七月廿一日森立之説："《玉燭寶典》書寫半成，本月内可全成也。"這時候還没有抄完，所以七月四日的籤條只能説明楊守敬有"借《玉燭寶典》、《儀禮注》抄本"的想法，而不是楊守敬已經得到了《玉燭寶典》的抄本。八月二

日楊守敬與森立之談及《玉燭寶典》的校勘問題，由此看來，楊守敬得到《玉燭寶典》抄本當在該年七月底。

由《清客筆話》我们知道，《古逸叢書》本底本爲楊守敬委托森立之據狩谷棭齋校本所作的抄本。這部底本現藏於臺北故宫博物院，索書號爲：故觀 012085－012090。[1]《"國立故宫博物"院善本舊籍總目》著録："《玉燭寶典》存十一卷，隋杜臺卿撰，日本江户末期抄本，六册，楊守敬手校，《古逸叢書》底本，原缺卷九。"[2]此本鈐"楊守敬印"白文印、"飛青閣藏書印"白文印、"宜都楊氏藏書記"白文印、"星吾海外訪得祕笈"朱文印等，書影如下：

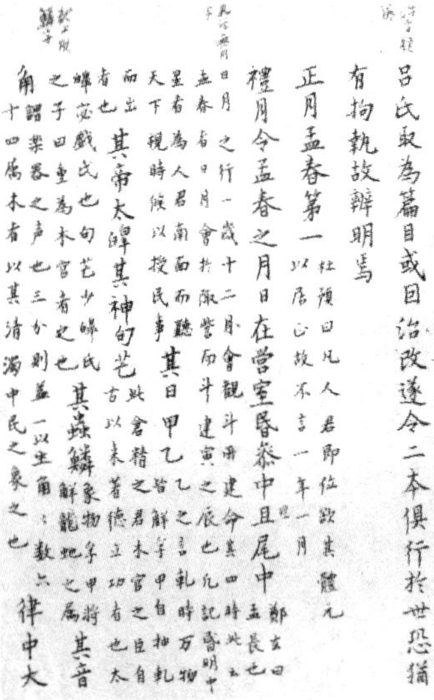
呂氏取為篇目或曰治改遂令二本俱行於世恐猶
有拘執故辨明焉
正月孟春第一 杜預曰凡人君即位欲其體元以居正故不言一年一月
禮月令孟春之月日在營室昏參中旦尾中 鄭玄曰孟長也日月之行一歲十二月會觀斗所建命其四時此云孟春者日月會於陬訾而斗建寅之辰也凡記昏明中星者為人君南面而聽天下視時候以授民事 其日甲乙 乙之言軋時万物皆解孚甲自抽軋而出者也 其帝太皞其神句芒 此倉精之君木官之臣自古以来著德立功者也太皞宓戲氏也句芒少皞氏之子曰重為木官者之也 其蟲鱗 象物孚甲將解鱗龍蛇之属 其音角 謂楽器之声也三分則益一以生角、数六十四属木者以其清濁中民之象之也 律中大

圖二五 楊守敬抄校本《玉燭寶典》 臺北故宫博物院藏

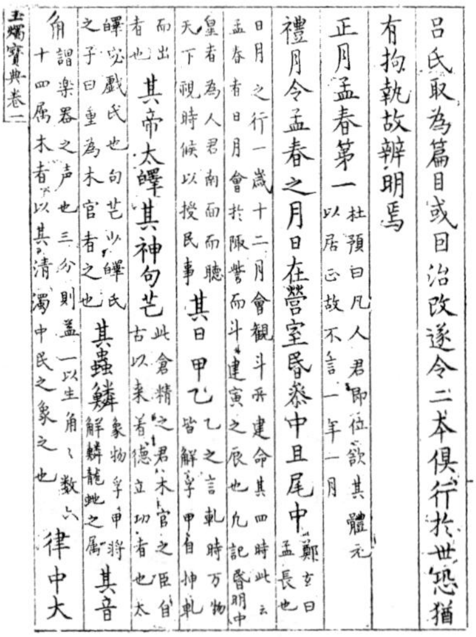
呂氏取為篇目或曰治改遂令二本俱行於世恐猶
有拘執故辨明焉
正月孟春第一 杜預曰凡人君即位欲其體元以居正故不言一年一月
禮月令孟春之月日在營室昏參中旦尾中 鄭玄曰孟長也日月之行一歲十二月會觀斗所建命其四時此云孟春者日月會於陬訾而斗建寅之辰也凡記昏明中星者為人君南面而聽天下視時候以授民事 其日甲乙 乙之言軋時万物皆解孚甲自抽軋而出者也 其帝太皞其神句芒 此倉精之君木官之臣自古以来著德立功者也太皞宓戲氏也句芒少皞氏之子曰重為木官者之也 其蟲鱗 象物孚甲將解鱗龍蛇之属 其音角 謂楽器之声也三分則益一以生角、数六十四属木者以其清濁中民之象之也 律中大
玉燭寶典卷一

圖二六 《古逸叢書》本《玉燭寶典》 臺北故宫博物院藏

與《古逸叢書》本行款相同，字體、筆畫皆十分相近。

崔富章、朱新林認爲今藏於日本專修大學圖書館的森立之、森約之父

---

① 阿部隆一《(增訂)中國訪書志》第 83 頁著録此本。

② 臺北故宫博物院編《"國立故宫博物院"善本舊籍總目》，臺北故宫博物院，1983 年。

子抄校本是《古逸叢書》本底本,他們指出:①

> 以上《古逸叢書》本與影印舊鈔卷子本文字歧異,而與森氏父子鈔校本完全一致。因此,從《清客筆話》的實録文獻到《玉燭寶典》的版面風貌、字體、字形再到文字異同,我們可以得出結論:黎庶昌、楊守敬影刻《玉燭寶典》的底本,不是尊經閣文庫所藏舊鈔卷子本,也不是毛利高翰影鈔本,而是森立之父子的傳鈔合校本。《古逸叢書》牌記標識的"影舊鈔卷子本玉燭寶典",與事實不符。我們從《清客筆話》的記録得知,是楊守敬把森氏傳鈔合校本誤認成"影鈔"本了。此傳鈔本經森氏父子歷時數年的校勘,其文獻準確度優於尊經閣文庫所藏舊鈔卷子本。

強調《古逸叢書》底本並非影刻自"舊鈔卷子本",也非"毛利高翰影鈔本",而是一個傳抄本,這是很正確的。但是他們認爲《古逸叢書》本的底本爲森立之父子的傳抄合校本則有問題,其將《清客筆話》中原整理者釋作"柀齋藏本"等的"柀齋"改釋爲"棳齋"更是證據不足。據《清客筆話》以及臺北故宫藏本的實際情况看,我們認爲臺北故宫本才是《古逸叢書》本的真正底本。

崔、朱文中提到"尊經閣文庫所藏舊鈔卷子本"和"毛利高翰影鈔本",前者是指今日本尊經閣文庫所藏的公元十一世紀至十四世紀日本寫本《玉燭寶典》,卷子本六軸,爲日本舊加賀藩主前田綱紀舊藏。後者是指十八世紀江户時代佐伯侯毛利高翰命人從前者影抄而成的本子,今藏日本國立公文書館。

尊經閣文庫本是所有《玉燭寶典》本的祖本,已缺卷九,因此以上各本皆缺卷九。日本似乎存在過一個保存有卷九的本子,島田翰在《古文舊書考》中指出:"《玉燭寶典》十二卷,卷子本……今是書,裝成卷子,相其字樣紙質,當在八九百年外矣,而卷第九尚儼存,卻佚卷第七後半。"他當時録下了卷九之文,可惜並未將其附在《古文舊書考》中,而是將它收在了自己

---

① 崔富章、朱新林《〈古逸叢書〉本〈玉燭寶典〉底本辨析》,《文獻》2009年第3期。

的另外一部著作《群書點勘》中，"卷第九文長，不錄，收在《群書點勘》中。"①而島田翰《群書點勘》的手稿今已失散，②《玉燭寶典》終缺一卷。

《玉燭寶典》一書多俗字、訛字，整理起來十分困難。對於《玉燭寶典》的研究者來說，以上所說的抄本皆不易見，所以《古逸叢書》本仍然是無法代替的研究《玉燭寶典》的重要版本。此外，日本斯道文庫教授高橋智先生告知，還有一部《玉燭寶典》的《古逸叢書》校樣本今藏於斯道文庫，可供研究者參考。

二、《琱玉集》

內封題："影舊鈔卷子本琱玉集／古逸叢書之十六"。

《琱玉集》第十二卷、第十四卷，唐佚名撰。

書後附《經籍訪古志》。

《琱玉集》是一部唐人編纂的類書，編者難考。歷代書目如《崇文總目》、《通志·藝文略》、《宋史·藝文志》、明《國史經籍志》等皆作"二十卷"③，現僅存第十二、十四兩卷。第十二卷分聰慧、壯力、鑒識、感應四篇；第十四卷分美人、醜人、肥人、瘦人、嗜酒、別味、祥瑞、怪異八篇。每篇之中，先列人名，然後分別講述各人事跡，說明資料出處。其所引各書，不少已經失傳。

黎、楊皆未對此書底本和刊刻情況作說明，《古逸叢書》卷後所附《經籍訪古志》："《琱玉集》零本二卷（舊鈔卷子本，尾張④真福寺藏）。原十五卷，見存十二、十四兩卷。……文字遒勁，似唐初人筆蹟，真罕見之寶笈也。"真福寺舊藏的《琱玉集》今藏於日本大須觀音寺寶生院，爲"日本國

---

① 島田翰《古文舊書考》（出版社更名爲《漢籍善本考》）第175-178頁，北京：北京圖書館出版社2003年。
② 劉玉才《島田翰其人其事》，《版本目錄學研究》第一輯第357頁。
③ 《經籍訪古志》作"十五卷"，見下文。
④ 尾張是日本江户時代的一個藩名。

寶",其版本今定爲"八世紀日本人寫本"。① 昭和八年(1933)日本古典保存會曾將此本影印出版,不過我們未能找到這一出版物,無從將它與《古逸叢書》本比對。

楊守敬有一次與宮島誠一郎筆談時曾談及《琱玉集》的刊刻:"《琱玉集》,貴邦古寫。以宋板他書置於旁而刻之,原本則大惡,唐人所著。"②

今臺北故宮博物院藏有一部日本抄本《琱玉集》,楊守敬觀海堂舊藏,索書號爲故觀012175,鈐"黑川氏圖書記"朱文印、"楊守敬印"白文印、"字士弘号望南"朱文印、"寺田盛業"白文印、"飛青閣藏書印"白文印、"讀杜艸堂"朱文印、"天下無雙"朱文印、"星吾海外訪得祕笈"朱文印等,書影如下:

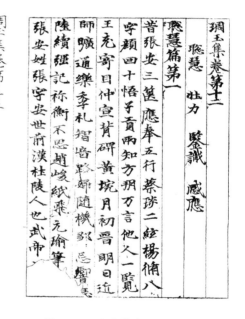

圖二七　日本鈔本《琱玉集》　　　　圖二八　《古逸叢書》本《琱玉集》
　　　　臺北故宮博物院藏　　　　　　　　　　北京大學圖書館藏

---

① 詳見嚴紹璗《在真福寺訪"國寶"》。該文爲《日本藏漢籍珍本訪察隨筆》的一部分,已收入《日藏漢籍善本書錄》。嚴紹璗指出,真福寺在1945年的戰火中被毀滅,今名古屋香火旺盛的"大須觀音",即爲該寺之後身。原寺所藏之典籍文獻,現由該寺寶生院掌管。
② 陳捷整理《楊守敬與宮島誠一郎的筆談錄》,《中國哲學研究》第12號(1998年11月1日)第137頁,東京大學中國哲學研究會。

與叢書本相比，兩者字形差距較大，且叢書本所摹蟲蛀痕跡多與之不同，它應非叢書底本。《古逸叢書》底本今不知何在。

三、《日本國見在書目》

內封題"影舊鈔本日本國見在書目／古逸叢書之十九"。《敘目》題"影舊鈔卷子本日本見在書目"。

《日本國見在書目錄》①一卷，日本藤原佐世奉敕撰。

卷首摹刻有"田安府芸臺印"墨印。卷末題有："其後渡來數卷／丁丑五月九日寫竟中島勝延"。

《日本國見在書目錄》其實應名《本朝見在書目錄》。它是日本陽成、宇多天皇在位年間（876—897）藤原佐世奉敕編撰的一部漢籍目錄，嚴紹璗對此書的性質有清楚的說明："這是日本現存最古老的一部完整的漢籍目錄學著作，它記錄了九世紀後半期日本國家各公務機構，如圖書寮、大學寮、弘文院、校書殿、太政官文殿等，以及天皇私人藏書處，如冷然院、御書所等實際收藏的漢籍目錄，並逐一標明著者和卷數，從而全面反映了中古時代中國文化在日本傳播的實際情況。"②

此書江戶時期一度失傳，文化年間（1804—1817），學者橘經亮發現了一部有大和室生寺印記的古寫本。文政（1818—1829）中，該本爲狩谷棭齋所獲，成爲學界的研究資料。此書後來歸森立之所有，明治十三年（1880）春賣給高木壽穎，同年五月，高木將其獻給帝室博物館。③ 今存日本宮內廳書陵部。室生寺本是《日本國見在書目》所有抄本的祖本，大正十四年（1925）由日本古典保存會影印出版，1996年東京名著刊行會再次影印。

將《古逸叢書》本與室生寺本的影印本比對，兩者字形差距較大，叢書底本當爲室生寺本的一種傳抄本。

---

① 此據卷端題名。卷末題"本朝見在書目錄"。
② 嚴紹璗《漢籍在日本的流布研究》第87頁，杭州：浙江人民出版社，1996年。
③ 《清客筆話》陳捷注31。

室生寺本的日本抄本衆多,北京大學圖書館就藏有一部,爲楊守敬舊藏,索書號 SB/012.921/4724。賈二强《〈古逸叢書〉考》認爲它就是《古逸叢書》底本。該本扉頁有楊守敬題記:"是書當唐寶應間,其所載古籍多足以與隋志相證。新舊唐志不足相比擬也,深於目録之學者自知之。癸未夏惺吾題。"並鈐"星吾"、"守敬"、"星吾東瀛訪古記"、"楊守敬印"、"勉承家學"、"味農"等印。我們將此本與《古逸叢書》作了比對,發現兩者有不少區别,比如:北大藏本卷首無"田安府芸臺印"墨印,卷末也無叢書本的"丁丑五月九日寫竟中島勝延"一行。此外,兩者的字形筆畫差别較大。因此我們認爲,北大藏本并非《古逸叢書》底本。

《古逸叢書》卷末那一行題記説明其底本應爲中島勝延所抄的一部抄本,該底本今不知何在。

四、《漢書》

内封題"影唐寫本漢書食貨志/古逸叢書之二十一"。

《漢書·食貨志上》一卷,附《鄧通傳》六行,漢班固撰,唐顔師古注。《鄧通傳》末行題記:"右漢書零本九十三字,乙未仲秋爲寶素堂主人雙鉤蒻菴。"

書末附《經籍訪古志》、楊守敬跋文①和楊守敬撰《校札》一卷。

《漢書·食貨志》和《鄧通傳》六行底本皆爲公元八世紀日本寫本的影抄本。

卷後所附《經籍訪古志》指出:"《漢書》零本一卷(李唐人真蹟,卷子本,尾張真福寺藏),漢班固譔,唐顔師古注,現存《食貨志》一卷。……文字遒勁,卷中'民'、'治'字闕末筆。史注文句校之宋元諸本極有異,真李唐原卷也。……又現存《鄧通傳》六行九十三字,舊鈔卷子本,不忍文庫藏。"《經籍訪古志》定爲"唐寫本"的尾張真福寺舊藏本,今藏日本大須觀音寺寶生院,爲"日本國寶",其版本實應爲"八世紀日本人寫本"。② 昭和

---

① 楊守敬的這一跋文未收入《日本訪書志》,後王重民輯《日本訪書志補》時收入。
② 嚴紹璗《在真福寺訪"國寶"》,參見本書第 105 頁注①。

三年(1928)日本古典保存會將此本影印出版。

　　長澤規矩也《楊惺吾日本訪書考》所錄楊守敬手批《經籍訪古志》此條批注："《漢書》舊鈔，原本仍在真福寺。《古逸叢書》所刻，據求古樓影寫本也。"楊守敬跋文指出："右古寫卷子本《漢書·食貨志上》，卷末附《鄧通傳》殘字六行，日本醫官小嶋春沂①所影摹者，今據以入木。結體用筆，望而知爲唐人手書，不第缺文皇②、高宗兩諱也。"由這些記述可知，《漢書·食貨志上》一卷和《鄧通傳》六行底本皆爲"八世紀日本人寫本"的求古樓影抄本，今已不知何在。

　　將《古逸叢書》本與日本古典保存會1928年的影印本比較，《古逸叢書》本除多了行間界欄外，兩者字體、筆畫極爲相近，《古逸叢書》本所摹蟲蛀痕跡也皆與影印本相符，可見叢書底本對原本的影摹十分準確。

　　《經籍訪古志》已經指出，此本避"民"、"治"等字，屬於唐卷子本系統，與宋刻本以後的版本差異比較大，具有很高的版本價值。楊守敬用清何焯校本、宋劉之問本、元孔③文聲本、朝鮮活字本、日本寬永活字本等版本與此本校勘，將各本異文列於跋文之後。

五、《碣石調》

內封題："影舊鈔卷子本碣石調幽蘭／古逸叢書之二十四"。

《碣石調·幽蘭》一卷，陳、隋之際丘公明撰。

卷末摹刻有"小島氏圖書記"墨印。

書後附《經籍訪古志》。

---

① 即"小島春沂"。小島尚真(1829—1857)，江户時代幕府醫官，小島尚質之子，字抱沖，小字春沂，號欅蔭。這裏楊守敬說小嶋春沂影摹似有問題，《鄧通傳》末行題記中"乙未仲秋爲寶素堂主人雙鉤蒴笹"，"寶素堂"爲小島氏之堂號，"乙未"概爲1835年，此時小島春沂年僅六歲，不可能由他完成影摹工作，影摹者似應爲小島春沂的父親"寶素堂主人"小島尚質。

② 文皇，指唐太宗。唐太宗諡號爲"文"。

③ 《古逸叢書》本卷末楊跋作"劉"，《日本訪書志補》所收楊跋也作"劉"，劉昌潤先生改爲"孔"字，他指出："'孔'原誤作'劉'，今訂。元太平路刊本，有大德九年太平路儒學教授'孔文聲'跋。"(《楊守敬集》第8冊第398—399頁)

《碣石調·幽蘭》是現存最早的一首古琴譜,也是我們所能見到的唯一一首用文字譜記寫的琴曲,在古琴界有着重要的地位。譜前小序說明此曲傳自丘公,"丘公字明,會稽人也。梁末隱於九疑山,妙絕楚調,於《幽蘭》一曲,尤特精絕。"此曲爲六朝舊曲。

"碣石調"是指樂曲的曲調形式,"幽蘭"是指樂曲所表現的内容。蔡邕《琴操》記載:"《猗蘭操》者,孔子所作也。孔子歷聘諸侯,諸侯莫能任。自衛反魯,過隱谷之中,見薌蘭獨茂,喟然嘆曰:'夫蘭當爲王者香,今乃獨茂,與衆草爲伍,譬猶賢者不逢時,與鄙夫爲倫也。乃止車,援琴鼓之……自傷不逢時,託辭於薌蘭。"由於與《幽蘭》表達情緒的相似,後世多將《猗蘭》、《幽蘭》視爲一曲。其實不少古琴專家已經指出《幽蘭》、《猗蘭》在音樂上並無相似之處,乃是兩首不同的琴曲。清末以來,經過不少古琴家爲其打譜,《幽蘭》一曲已成爲重要的演奏曲目。

該譜原本爲唐人手寫卷子本,現藏日本東京國立博物館,爲京都神光院舊物,已被日本國家文化財審議委員會定評爲"日本國寶"。[①] 黎、楊訪書時,發現了這個唐寫本的影抄本,將其刻入叢書。叢書本卷末所附《經籍訪古志》指出:"《碣石調·幽蘭》一卷(影寫唐人書本,寶素堂藏)……原本京都某某氏所藏,書法遒勁,字字飛動,審是李唐人真蹟。蓋昔時樂家傳藏祕卷,雖非完帙,實爲罕覯之書,豈可不貴重乎?"我們注意到,《古逸叢書》本卷末摹刻有"小島氏圖書記"一印,而《經籍訪古志》提到的"寶素堂"正爲小島尚質[②]堂號,可見,《古逸叢書》底本應爲寶素堂舊藏的"影寫唐人書本",即唐寫本的影抄本。

東京國立博物館的網站上有唐寫本的影像,將《古逸叢書》本與唐寫本比較,除了前者爲卷子本形制、後者爲半葉十行的刻本形制外,兩者字體、筆畫皆極爲相近:

---

① 嚴紹璗《日藏漢籍善本書録》第1239—1240頁。
② 小島尚質(1797—1847):字學古,號寶素。江户幕府醫官。

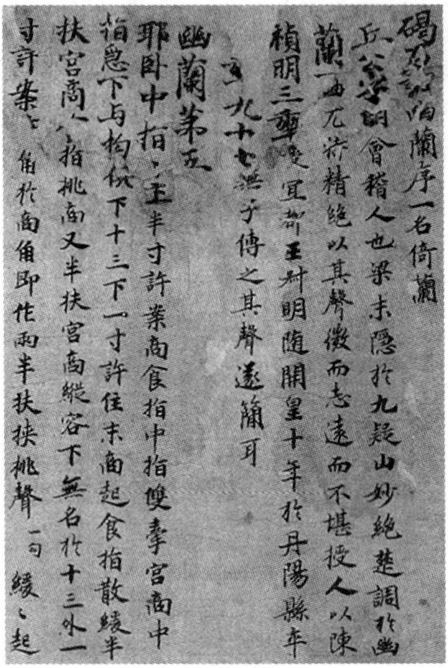

碣石調幽蘭序一名倚蘭
丘公字明會稽人也梁末隱於九疑山妙絶楚調於幽
蘭一曲尤特精絶以其聲微而志遠而不堪授人以陳
禎明三年授宜都王叔明隋開皇十年於丹陽縣卒
年九十七無子傳之其聲遂簡耳
幽蘭第五
耶卧中指十上半寸許案商食指中指雙牵宮商中
指急下与构俱下十三下一寸許住末商起食指散緩半
扶宮商、指挑商又半扶宮商縱容下無名於十三外一
寸許案商角於商角即作兩半扶挟挑聲一句 緩緩起

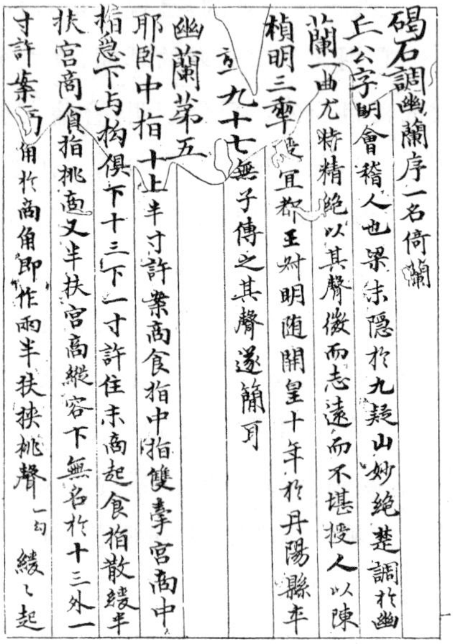

碣石調幽蘭序一名倚蘭
丘公字明會稽人也梁末隱於九疑山妙絶楚調於幽
蘭一曲尤特精絶以其聲微而志遠而不堪授人以陳
禎明三年授宜都王叔明隋開皇十年於丹陽縣卒
年九十七無子傳之其聲遂簡耳
幽蘭第五
耶卧中指十上半寸許案商食指中指雙牵宮商中
指急下与构俱下十三下一寸許住末商起食指散緩半
扶宮商食指挑商又半扶宮商縱容下無名於十三外一
寸許案商角於商角即作兩半扶挟挑聲一句 緩緩起

圖二九　唐寫本《碣石調》
日本東京國立博物館藏

圖三十　《古逸叢書》本《碣石調》
北京大學圖書館藏

由上可以看出，叢書本所摹蟲蛀痕跡也都與唐寫本相符。能有這樣的效果，説明"寶素堂"本之於原唐寫本的影抄技術、《古逸叢書》本之於"寶素堂"本的覆刻技術皆精細入微，才能使再翻之本的《古逸叢書》本與唐寫本如此相近。

六、《天台山記》

內封題"影舊鈔卷子本天台山記/古逸叢書之二十五"。

《天台山記》一卷，唐徐靈府撰。

卷末左下方摹刻"円融藏本"。

書末附《直齋書録解題》。

《天台山記》是一篇浙江天台山的地志，唐道士徐靈府撰。最早著録於宋晁公武《直齋書録解題》，此後未見著録，失傳已久，至刻入《古逸叢書》，方重爲國人所知。

關於《古逸叢書》本此書的底本及刊刻情況,在黎、楊的相關跋文中皆找不到任何記載。

日本國立國會圖書館藏有一部日本平安時代(794—1192)抄本《天台山記》,爲日本"重要文化財",它很可能就是《古逸叢書》的底本。日本國會圖書館的網站上提供了《天台山記》的全部影像,該網頁上説明文字稱:"該本紙張爲斐紙,大原三千院梶井圓融房舊藏。"[①] 該藏本書衣墨筆題:"安然先德真蹟/天台山記/星使黎庶昌古逸叢書中",如下圖:

國會圖書館藏本末頁左下方題"円融藏本",《古逸叢書》本《天台山記》卷末亦題"円融藏本"。

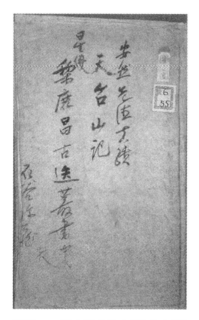 

圖三一　日本平安抄本《天台山記》
　　　　日本國會圖書館藏

圖三二　日本平安抄本《天台山記》
　　　　日本國會圖書館藏

---

① http://iss.ndl.go.jp/books/R000000009−I000000849−00

圖三三　《古逸叢書》本《天台山記》
　　　　北京大學圖書館藏

將此本與《古逸叢書》本比較，字體、筆畫極爲相似，且《古逸叢書》本所摹蟲蛀痕跡皆與國會圖書館藏本相合：

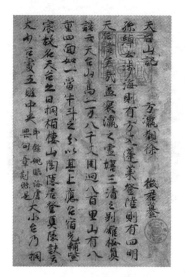

圖三四　日本平安抄本《天台山記》　　圖三五　《古逸叢書》本《天台山記》
　　　　日本國會圖書館藏　　　　　　　　　　北京大學圖書館藏

不過，《古逸叢書》本與日本國會圖書館藏本的行款不同：國會圖書館藏本每半葉或七行或八行，而《古逸叢書》本一律爲每半葉八行。另外，我們從圖像上看，國會圖書館藏本爲蝴蝶裝，且不像是由卷子本改裝而來，原裝當即如此，所以《古逸叢書》本内封題"影舊鈔卷子本"並不準確，按其體例當題作"影舊鈔本天台山記"。

第四節　以拼配之本爲底本

這裏所説的"拼配之本"是指《古逸叢書》底本所用並非某單一的版本，而是用兩種以上的版本拼合完成的本子。

一、《莊子》

内封題"覆宋本莊子注疏/古逸叢書之八"，《敘目》題"影宋本莊子注疏"。

《南華真經注疏》十卷，晉郭象注，唐成玄英疏。

卷末板框左下題"日本東京　木邨嘉平刻"。卷三、卷四、卷五、卷六各葉版心下方皆題"木邨集字"。此外，郭象序、成玄英序、卷一、卷二、卷七至卷十各卷版心下方多摹刻有刻工名，如"劉生"、"余亨"、"允"、"方文"等，偶或刻"木邨集字"。

卷七首行下、卷八末、卷九首行下、卷十末摹刻有"金澤文庫"墨印，卷七末、卷九末、卷十首行下摹刻有"賜蘆文庫"墨印。

黎、楊對該書的底本及刊刻情況有詳細介紹。黎庶昌《敘目》："《影宋本莊子注疏》十卷，南宋槧本。……此本爲日本新見旂山所藏，字大如錢，作蝴蝶裝，僅存十分之五。予見而悦之，以金幣爲請，新見氏重是先代手澤，不欲售，願假以西法影照上木而留其真，予又別於肆中收得《養生主》一卷、《德充符》數葉，爲新見氏所無，並舉而歸之，然尚闕《應帝王》以迄《至樂》，因取坊刻本成疏校訂繕補而別集他卷字當之，不足者命工仿寫，蓋極鉤心斗角之苦矣。"楊守敬跋文："《莊子注疏》……原十卷，缺三至六凡四卷。新見義卿賜蘆文庫舊藏，後其書散佚，其孫新見旗山又從他處購還者也。……會星使黎公酷嗜《莊子》書，以爲傳世無善本，而成疏又祕在

《道藏》,謀重刊之。又從市上購得宋本第三卷,凡二十二葉,蓋即旗山本之所佚。迺謀之旗山,即以其原本上木,旗山則以先世手澤,雖兼金不售,其堅守先業,可謂至篤。黎公乃從旗山借宋本,以西洋法影照而刻之。其所缺之卷,則參校坊刻本、《道藏》本而集宋本之字以成之。"也就是説,《莊子》的部分底木爲當時新見旗山所藏的南宋殘刻本,這部分以西法影照上木。而所缺部分則以坊刻本、《道藏》本爲基礎採用集字法刊刻。

新見旗山所藏的這部南宋殘刻本今藏日本靜嘉堂文庫。嚴紹璗《日藏漢籍善本書録》:"《南華真經注疏》,南宋刊本,日本重要文化財,蝴蝶裝,共五册,靜嘉堂文庫藏本,原金澤文庫、新見正路、島田翰、松方正義、竹添井井等舊藏。……卷中避宋諱。凡玄、縣、懸、殷、匡、恒、貞、徵、樹、讓、桓、完、慎、郭、廓等字皆缺筆。是書全十卷。此本今存卷一,卷七至卷十。存卷中有多葉寫補。卷末有清光緒十年(1884)春黎庶昌手識文……又有清光緒九年(1883)秋楊守敬手識文……"這裏,嚴先生全文引録了靜嘉堂本上的黎、楊二跋。其所引黎氏跋文與《敘目》基本相同,唯最後多一句:"予既以此列爲《敘目》,又書一通,詒新見氏,傳於原書之後。大清光緒十年春王正月三日。遵義黎庶昌。"嚴先生所引楊氏跋文則與《日本訪書志》中的楊跋有些不同,比較重要的是多出這樣一句:"《道藏》、坊刻,互有短長,宋本亦多訛字。余據三本,擇善而從,庶乎此書可讀矣。"①

《古逸叢書》刊刻時所據的殘宋本究竟是哪幾卷呢?楊守敬《日本訪書志》稱,"原十卷,缺三至六凡四卷。……又從市上購得宋本第三卷,凡二十二葉。"據楊氏所記,則當時新見旗山所藏宋本爲六卷,加上從市場上購回的"旗山本之所佚"卷三這一卷,《古逸叢書》刊刻時以宋本爲底本者當有七卷。但是我們發現,從《古逸叢書》的實際情況來看,楊氏的説法是不對的。《古逸叢書》本卷三每葉版心下方皆題"木邨集字",與卷四、卷五、卷六同,可見卷三並非據自宋刻本,而是由刻工木邨嘉平集字而成,原本不存卷三。黎氏稱"别於肆中收得《養生主》一卷、《德充符》數葉",而

---

① 嚴紹璗《日藏漢籍善本書録》第 763—764 頁。

《養生主》《德充符》屬於卷二,且卷二版心下方有刻工名的正有"二十二葉",與楊氏所記從市場購得之殘葉數量相符,可見黎庶昌從市場上購得者應爲第二卷,而不是楊守敬說的"第三卷"。新見旗山當時所藏僅卷一、卷七至卷十,與今靜嘉堂文庫所藏一致。

所以,《莊子》一書刊刻時底本的具體情況是:

卷一至卷二、卷七至卷十共六卷底本爲南宋刻本,這部分以影照法刊刻。它們本爲新見旗山的先人新見義卿賜蘆文庫舊藏,後來該書散佚,新見義卿的後人新見旗山從各處購回卷一、卷七至卷十共五卷,而卷二仍流於市肆,被黎庶昌購得。當時爲新見旗山所藏的卷一、卷七至卷十,今藏於日本靜嘉堂文庫,而黎氏所購的卷二今則不知去向。

卷三至卷六,殘宋本所缺,這部分"參校坊刻本、《道藏》本而集宋本之字以成之"。此外,卷一至卷二、卷七至卷十這六卷中的缺葉也以此"集字法"補刻完成,以《古逸叢書》本版心處刻有"木邨集字"者來看,這些缺葉分別是:《南華真經疏序》第四葉;《南華真經序》第一葉;卷一第一、二、二十五至二十七葉;卷二第十、十三至十六葉、十八至二十葉、二十二至二十九葉、三十一至五十二葉、六十至六十三葉;卷七第十葉;卷八第四十五、六十七葉;卷九第四十二葉;卷十第二十四、二十六、二十八、三十六等各葉。

成玄英疏《莊子》舊本很少,今靜嘉堂文庫所藏殘宋本《莊子》是現存保留成玄英疏的最早刻本,也是成疏宋刻之僅存者。《古逸叢書》本以之爲底本,又較靜嘉堂本多出卷二,是《莊子》研究的一個重要版本。

二、《玉篇》

內封題:"影舊鈔卷子原本玉篇零卷/古逸叢書之十一"。《敘目》題:"影舊鈔卷子原本玉篇零本"。

原本《玉篇》,南朝梁顧野王撰。此零本內容包括第十八卷後半(放部至方部)、第九卷(言部至幸部)、第十九卷(水部)、第廿二卷、第廿七卷。

書後附《經籍訪古志》、黎庶昌跋文《書原本玉篇後》、楊守敬跋文。

《玉篇》是我國第一部以楷書爲主體的古代字典,編撰於梁武帝大同九年(543)，各字下釋義有書證、野王案語等。自梁至唐宋間曾經多次增刪修訂。宋真宗大中祥符六年(1013)陳彭年等奉敕再次重修，名爲《大廣益會玉篇》，共三十卷，即所謂今本《玉篇》。今本《玉篇》雖然收字較多，但是各字的釋義卻過於簡略，不僅去掉了各種書證，也去掉了原顧野王案語。黎、楊在日本發現了保留有書證、野王案語等的舊抄卷子本《玉篇》，即所謂"原本《玉篇》"。原本《玉篇》的發現對文字、訓詁學等研究都具有重要意義。

《古逸叢書》本《玉篇》的刊刻經過比較複雜。黎庶昌陸續得到《玉篇》不同卷次的版本，並陸續將其刊刻。下面先按時間順序將《玉篇》相關跋語錄之如下。

《古逸叢書》卷後黎庶昌《書原本玉篇後》，後收入黎庶昌《拙尊園叢稿・卷六餘編之外》："日本柏木探古舊藏有古寫本《玉篇》一卷，自放部至方部，相傳爲唐宋間物，間攜以示余，余觀其注文翔實，内多野王案云云，真乃顧氏原帙也。又有言部至幸部一卷、水部'塗'字至'洸'字一卷、糸部至索部一卷，藏高山寺、東大寺、崇蘭館及佐佐木宗四郎家，不可得而見，探古皆仿寫有副，因贈金幣假而刻之。惟放部一卷，探古祕惜殊甚，別寫以西洋影相法，於是顧氏之書逸久而幸存什一者得復傳於世，……光緒八年壬午十一月遵義黎庶昌。"

《玉篇》卷廿七前半"糸"部"纏"字下有得能良介跋文："清國公使黎蒓齋氏好古博雅之士也，與楊惺吾謀訪求古典，隨得隨刻，著《古逸叢書》若干冊。中有《玉篇》二冊，蓋集古鈔本存各處者，刻成是贈，但糸部前半缺焉。予偶借覽高山寺所傳古文書，獲卷子本《玉篇》一軸，取而校之，則糸部前半全存，合之爲完册，亦奇矣。因付寫真，更上梓，贈數部蒓齋氏，併行於世。明治十六年十一月薰山得能良介識。"明治十六年即光緒九年(1883)。"糸部前半"指第廿七卷糸部"糸"字至"纏"字，與原卷廿七(糸部"經"字至索部)合之可爲完卷。

楊守敬跋文："《玉篇》卷子本四卷，其第十八之後分，從柏木所藏原本用西洋影照法刻之，毫髮不爽，餘俱以傳寫本入木刻成。後日本印刷局長得能良介從西京高山寺借得糸部前半卷，以影照法刻之，乃又據以重鐫，而糸部始爲完璧。四卷中唯柏木本最爲奇古，餘三卷大抵不相先後，然皆千年以上物也。……光緒十年正月。"

黎氏《敘目》稱："影舊鈔卷子原本《玉篇》零本三卷半。……單行本已出，日本紙幣局長得能良介始從高山寺搜獲糸部卷首至'縴'①字半卷，摹刻以印本見詒。因另刊補完，故一卷中有兩次第。聞之柏木探古云'西京某氏尚存一卷在此刻之外'，但未知何部，無從羅致耳。"《敘目》前署"光緒十年歲在甲申七月②遵義黎庶昌序"。

《玉篇》卷廿二末黎庶昌題跋："西京知恩院方丈徹定自號松翁，年七十餘，博雅好古人也。今年夏來遊東京，索余所刻《玉篇》，語以崇蘭館及久邇宮親王尚有藏本在此刻之外，因屬訪之。松翁歸後，果假得原本影寫，見詒凡四十三紙（原紙較長，今改爲四十八葉）。其一殘卷從'嗣'字至'斅'字，即前弟九卷中之闕文也。其一山部至爪部，即原書弟二十二卷，完然無損。末題'延喜四年'，當唐昭宗天祐元年，世閱千歲，歷劫不朽。亟補刻完之。光緒十年六月黎庶昌再識於日本東京使署。"黎氏在《敘目》中所言尚"無從羅致"的"西京某氏尚存一卷在此刻之外"者即此第廿二卷，這時已經得到，並刻入彙印本叢書。另外，又得到第九卷殘部，可補單行本卷九中間之缺。

梳理上述跋文可知：《古逸叢書》開始僅刊刻《玉篇》卷九（言部至幸部）、卷十八（放部至方部）、卷十九（水部）、卷廿七（糸部"經"字至索部）三卷半；光緒九年（1883）十一月黎氏得到第廿七卷糸部前半部分"糸"字至"縴"字的得能良介翻刻本，以之爲底本刻入叢書，廿七卷成爲完璧；光緒十年六月，黎庶昌又得到第九卷所缺部分（包括冊部"嗣"字至欠部"斅"字）的影抄本以及第廿二卷的影抄本，刻入叢書。

---

① 當爲"縴"字之誤。
② 《敘目》前署"光緒十年歲在甲申七月"，而《玉篇》卷廿二末黎氏跋文署"光緒十年六月"，表面看《敘目》後作，但是《敘目》"影舊鈔卷子原本《玉篇》零本三卷半"條稱："聞之柏木探古云西京某氏尚存一卷，在此刻之外，但未知何部，無從羅致耳"，則此條實際寫作時尚未收入第廿二卷，因此《敘目》此條之作實在《玉篇》卷廿二跋文前。

從具體情況來説，《古逸叢書》本《玉篇》的底本可分爲七個部分：

1. 殘卷九（言部至幸部，中間缺册部"嗣"字至欠部"欨"字）底本爲柏木探古仿寫本。其祖本爲今日本早稻田大學所藏的"日本國寶"唐寫本①；

2. 殘卷九（册部"嗣"字至欠部"欨"字）底本爲日本崇蘭館藏本的影抄本，崇蘭館藏原本後由羅振玉在民國六年(1917)用珂羅版影印②；

3. 卷十八後半（放部至方部）底本爲柏木探古藏古寫本，這部分以照相法刻入叢書；

4. 殘卷十九（水部）底本爲柏木探古仿寫本；

5. 卷廿二底本爲黎庶昌所謂"原本影寫"本，實際上當爲一傳抄本，傳抄自今藏日本神宮文庫的"日本國寶"——延喜四年(904)抄本③。我們將《古逸叢書》本與延喜抄本的圖像比對，兩者字形差距較大，《古逸叢書》底本應非延喜抄本的影抄本，黎庶昌未見延喜抄本實物，而將傳抄本説成"原本影寫"本；

6. 卷廿七前半（糸部"糸"字至"纕"字）所用底本爲日本人得能良介刻本，這部刻本以今藏日本京都市高山寺的"日本國寶"唐寫本④爲底本採用影照法刊刻；

7. 卷廿七後半（糸部"经"字至索部）所用底本爲柏木探古仿寫本，祖本爲今藏日本滋賀縣大津市石山寺的"日本國寶"唐寫本。⑤

以上這些《古逸叢書》底本多已不知藏於何處。今臺北故宫博物院藏有一部日本得能良介刻本《玉篇》，爲觀海堂舊藏，索書號爲：故觀009545。《國立故宫博物院善本舊籍總目》著録："《玉篇》存一卷，梁顧野王撰，日本明治十六年董山得能良介刊本，一册"。書影如下：

---

① 早稻田大學所藏本圖像見《續修四庫全書》經部第 228 册第 245—321、334—373 頁。
② 中華書局又將羅本影印，見《原本玉篇殘卷》第 109—117 頁，北京：中華書局，1985 年。
③ 日本延喜四年抄本圖像見《續修四庫全書》經部第 228 册第 455—567 頁。
④ 高山寺所藏的唐寫本圖像見《續修四庫全書》經部第 228 册第 575—640 頁。
⑤ 石山寺所藏的唐寫本圖像見《續修四庫全書》經部第 228 册第 641—672 頁。

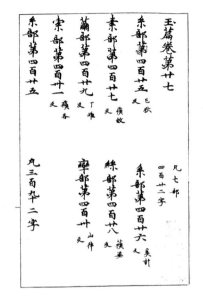 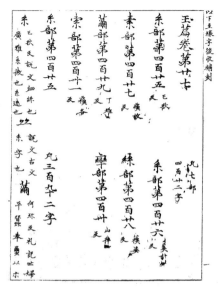

圖三六　日本得能良介刻本《玉篇》
　　　　臺北故宮博物院藏

圖三七　《古逸叢書》本《玉篇》
　　　　北京大學圖書館藏

《古逸叢書》本與得能良介刻本相比，除每半葉小字行數增加兩行外，每行字數、字與字之間的距離、字形、所摹蟲蛀痕跡皆極爲相似。得能良介稱將自己所刻之本"贈數部菇齋氏"，黎庶昌得到了好幾部得能良介摹刻本，《古逸叢書》覆刻時很可能是將其中一部拆成單葉作爲版樣直接上版。

臺北故宮博物院雖然還藏有一些楊守敬觀海堂舊藏的原本《玉篇》日本舊抄本①，但從臺北故宮網上提供的書影看，與《古逸叢書》本差別比較大，似皆非《古逸叢書》底本。另外，濟南張氏藏有原本《玉篇》的影摹本一軸，據言爲日本石山知足院所藏，②杜澤遜先生認爲"此卷疑即《古逸叢書》據以影刻之底本"③，因爲未見實物，這裏暫且存疑。

《古逸叢書》本《玉篇》的刊刻，引起了人們對原本《玉篇》寫本殘卷的

---

① 阿部隆一《（增訂）中國訪書志》第52—53頁著録有這些抄本。
② 張景栻、張旻《楊守敬舊藏日本卷子本目録》，《藏書家》2001年第4期第107頁，濟南：齊魯書社，2001年。
③ 杜澤遜《長伴蠹魚老布衣——記藏書家張景栻先生》，《藏書家》2001年第4期第148頁，濟南：齊魯書社，2001年。

重視，此後不斷有學者陸續訪求。民國初，羅振玉在日本訪求原本《玉篇》殘卷，將其獲見的殘卷用珂羅版印成《原本玉篇殘卷》二册，他在卷九殘卷之後的跋語中説："展卷不數行，已驚其書法之勁妙，洵出初唐人手，因出黎刻校之，則筆意全失，知黎氏乃輾轉傳摹上木，未得見原本也。因詳校卷首十餘行，知黎氏刊版時頗有校改，惟原本字經蟲蝕，尚可辨認，而黎本往往憮失，致不可識。"① 已經發現《古逸叢書》本對底本的校改問題。

日本昭和七年至十年（1932—1935），日本東方文化學院將原本《玉篇》殘卷陸續影印出版。② 東方文化叢書本不多見，2002 年上海古籍出版社出版《續修四庫全書》時其第 228 册又影印了東方文化叢書本，不過這次影印仍然配了一部分《古逸叢書》本，③ 從中可見《古逸叢書》本的不可或缺。

三、《文館詞林》

內封題："影舊鈔卷子本文館詞林/古逸叢書之十五"。

《文館詞林》原書共一千卷，唐許敬宗奉敕編纂。《古逸叢書》本所刻爲其中十四卷，分別爲：卷一百五十六、卷一百五十七、卷一百五十八、卷三百四十七、卷四百五十二、卷四百五十三、卷四百五十七、卷四百五十九、卷六百六十五末、卷六百六十六、卷六百六十七、卷六百七十、卷六百九十一、卷六百九十九。

末附《經籍訪古志》和楊守敬跋文。

《文館詞林》是唐高宗時中書令許敬宗奉敕編纂的一部總集，共一千

---

① 中華書局《原本玉篇殘卷》第 108 頁。

② 即《東方文化叢書》第六，共有七卷内容。其各卷影印底本爲：殘卷八用東京藤田氏古梓堂藏抄本影印；殘卷九用早稻田大學藏唐寫本（中間缺册部"嗣"字至欠部"欯"字）影印；卷第十八之後分用大阪藤田氏藏抄本影印；殘卷十九用大阪藤田氏藏抄本影印；卷第二十二用神宫廳庫藏延喜抄本影印；殘卷二十四用京都大光福寺藏抄本影印；卷二十七用山城高山寺、近江石山寺藏古抄本影印。

③ 其内封題"據中國科學院圖書館藏日本昭和八年京都東方文化學院編東方文化叢書本影印"，内封背面題："自卷九册部册字'册其制長二尺'一行起至欠部疑字'秋冬之緒風王逸'一行止，據中華書局影印羅振玉本配補；卷九詣部六字、卷十九水部泠字起至潦字止，據中華書局影印黎庶昌本配補。"

卷，分類纂輯自先秦到唐代的各體詩文，唐高宗顯慶三年(658)成書後一直深藏中祕。由於卷帙過於浩繁，在印刷術尚未盛行的唐代，流傳已不廣，經唐末五代之亂到宋初，全書已佚，僅存個别殘卷，其後更是亡佚殆盡。①《文館詞林》在我國雖然久已亡佚，但在日本卻有不少寫本殘卷存世。這些殘卷中一部分是唐人手跡，一般認爲書於武后垂拱之前，一部分爲日本嵯峨天皇弘仁十四年(823)校書殿抄本，還有一部分是上述兩者的影抄本或傳抄本。這些殘卷，保留了不少唐初以前的佚詩和佚文，對文學、歷史以及唐代俗字等研究都很有意義。

早在日本寬政、文化年間(1789—1817)，日本人林述齋就將得到的四卷《文館詞林》殘卷刻入《佚存叢書》。受此啟發，楊守敬在日本陸續訪得《文館詞林》的多卷影抄本和傳抄本後，選出其中未曾刊刻的十四卷刻入《古逸叢書》。楊守敬跋文指出："《文館詞林》十四卷，刻入《古逸叢書》。先是日本文化中林述齋刻《逸②存叢書》，收《文館詞林》四卷，中土驚爲祕笈。及余東來，見森立之《訪古志》所載，又有溢出此四卷之外者六卷，因據以蹤跡之，則又溢出於《訪古志》之外者九卷。除林氏已刻之四卷及第三百四十八之馬融《廣成頌》，餘十四卷，今星使黎公盡以付之梓人。其大字疏行者，係小島尚質從原本摹出；其小字密行者，則傳鈔本也。中間不無奪文壞字，覽者當自得之。"

從楊跋得知，《古逸叢書》底本有影抄本和傳抄本兩類，大字疏行者爲影抄本，小字密行者爲傳抄本。具體來説：

卷四百五十二、四百五十三、四百五十九、六百六十五、六百九十九爲"大字疏行者"，其底本當爲影抄本，即小島尚質從原本摹出者。其中卷六百六十五末題"儀鳳二年五月十日書手吕神福寫"，小島尚質所摹原本應來自唐寫本；卷四百五十二、四百五十三、四百五十九諸卷末皆刻有"崟峩院印"、"泠然院印"兩印，並有題識："校書殿寫弘仁十四年歲次癸卯二月爲泠然院書"，這三卷當影抄自弘仁校書殿補抄本；卷六百九十九末無

---

① 以上對《文館詞林》的介紹詳見林家驪《日本影弘仁本〈文館詞林〉及其文獻價值》，《杭州大學學報》1988年第4期。

② "逸"應爲"佚"字之誤。

题识。

　　卷一百五十六、一百五十七、一百五十八、三百四十七、四百五十七、六百六十六、六百六十七、六百七十爲"小字密行者"，其底本當爲傳抄本。其中，卷一百五十六末刻有"崟崶院印"；卷一百五十七末刻有"崟崶院印"、"泠然院印"，並題"校書殿寫弘（殘數字）癸卯二月（以下殘）"；卷四百五十七，卷前刻有"崟崶院印"殘印，末刻"崟崶院印"、"泠然院印"；卷六百六十六，卷前右下角刻"不忍文庫"印。

　　卷六百九十一，前半部分自卷首至《貞觀年中與李玄明勅一首》（該勅文已殘）爲小字本，底本爲傳抄本；後半部分自《貞觀年中與于乾長勅一首》起爲大字本，末刻有"崟崶院印"、"泠然院印"兩印，並題"校書殿寫弘仁十四年歲次癸卯二月爲泠然院書"，底本當爲影抄本。

　　這些底本今大多不知所踪。其中有六卷底本賈二強指出曾藏黃永年先生處："楊守敬初訪得此六卷之影寫本即《古逸》本據以上木者，今藏黃永年師處。"①"此六卷"是指《經籍訪古志》"溢出"《佚存叢書》四卷之外的六卷，《經籍訪古志》所錄十卷卷次爲：卷一百五十八、四百五十二、四百五十三、四百五十九、六百六十二、六百六十四、六百六十八、六百九十一、六百九十五、六百九十九，去掉林述齋《佚存叢書》中所收的卷六百六十二、六百六十四、六百六十八、六百九十五，則黃永年先生所藏六卷《文館詞林》底本爲卷一百五十八、四百五十二、四百五十三、四百五十九、六百九十一、六百九十九。另外，今濟南張景栻、張旻藏有《文館詞林》卷四百五十九、六百九十五、五百七十的日本影寫卷子本三卷，②杜澤遜"疑爲《古逸叢書》底本"③，這裏又出現"卷四百五十九"，不知與黃永年先生所藏卷四百五十九是否爲同一物，在未見到原物的情況下，我們對上述賈、杜《文館詞林》底本的説法皆暫且存疑。

　　今臺北故宮博物院還存有不少觀海堂舊藏的《文館詞林》各卷舊抄

---

　　①　賈二強《〈古逸叢書〉考》注129。
　　②　張景栻、張旻《楊守敬舊藏日本卷子本目錄》，《藏書家》2001年第4期第107頁。
　　③　杜澤遜《長伴蠹魚老布衣——記藏書家張景栻先生》。

本①，但是將其書影與《古逸叢書》本比較，差別比較大，似皆非《古逸叢書》底本。對於《文館詞林》的研究者來說，其實已不必再執著於尋找《古逸叢書》各卷的底本，因爲已有更好的《文館詞林》版本可以代替《古逸叢書》本。在《古逸叢書》本刊行之後，受其影響，日本、中國都有不少學者繼續搜求《文館詞林》殘卷，更多的殘卷陸續通過刊刻、影印的方式流傳於世。② 昭和四十四年(1969)，日本古典研究會將存世所能見到的所有《文館詞林》殘卷共三十卷，選擇各卷最好的版本，影印整理出版了《影弘仁本〈文館詞林〉》一書，這是至今最好、最完備的《文館詞林》本。③

四、《杜工部草堂詩箋》

內封題："覆麻沙本杜工部艸堂詩箋/古逸叢書之二十三"。《敘目》題："覆麻沙本草堂詩箋四十卷外集一卷補遺十卷傳序碑銘一卷目錄二卷年譜二卷詩話二卷"。

內容包括：

1.《杜工部草堂詩箋》四十卷，唐杜甫撰，宋魯訔編次，宋蔡夢弼箋注。卷前附《傳序碑銘》一卷、《目錄》一卷、《詩話》二卷、《年譜》二卷。

2.《黃氏集千家註杜工部詩史補遺》十卷(以下簡稱《補遺》)，唐杜甫撰，宋黃鶴集註，宋蔡夢弼校正。《補遺》前附《目錄》一卷。

3.《集註草堂杜工部詩外集》一卷(簡稱《外集》)，宋蔡夢弼會箋。

書後附黎庶昌跋、《經籍訪古志》和《復初齋文集》相關跋文。

《傳序碑銘》末、卷四十末以及《復初齋文集》跋文末皆題"日本東京木邨嘉平刻"。

《杜工部草堂詩箋》一書，是中國文學史上現存最早的一部編年體杜詩彙注本，集注者爲南宋人蔡夢弼。其宋刻本共有兩個版本系統，一個是

---

① 阿部隆一《(增訂)中國訪書志》第 150－151 頁著錄有這些抄本。
② 此中經過，詳見羅國威《〈文館詞林〉刊布源流述略》一文，《古籍整理研究學刊》1994 年第 3 期。
③ 日本古典研究會《影弘仁本〈文館詞林〉》，日本昭和四十四年(1969)同朋舍出版。

五十卷本，另一個是四十卷（或加十卷《補遺》）本。① 前者的行款爲半葉十一行，後者的行款爲半葉十二行，因此前者又稱爲十一行本，後者稱爲十二行本。

《古逸叢書》底本即由宋刻十二行本和朝鮮翻刻本拼配而成。

前四十卷底本爲宋麻沙本。所謂"麻沙本"是指福建建陽縣西麻沙鎮書坊所刻的書。麻沙本的字體，風格特殊，字畫起筆、轉筆、止筆都帶有棱角。《古逸叢書》本卷後《經籍訪古志》："《杜工部草堂詩箋》四十卷（宋槧元修本，海保氏傳經廬藏）……玄、徵、貞、匡、慎、敦、樹等字缺筆，格外標記卷數、頁數，板式大小廣狹不一，補刊亦頗多卷。"長澤規矩也《楊惺吾日本訪書考》所錄楊守敬手批《經籍訪古志》此條云："刻入叢書。"則《杜工部草堂詩箋》四十卷之底本或即此南宋刻元代修補本，今已不知何在。

《補遺》十卷和《外集》一卷底本爲朝鮮翻刻本。黎氏《敘目》："此書前四十一卷，宋麻沙本。《補遺》十卷，朝鮮繙刻本。"《古逸叢書》卷後黎氏跋文："予所收《草堂詩箋》有南宋、高麗兩本，宋本闕《補遺》、《外集》十一卷。今據以覆木者，前四十卷南宋本，後十一卷高麗本。"兩説略有不同：據《敘目》，"此書前四十一卷"其中蓋包括《外集》一卷，也就是説《外集》一卷底本爲宋麻沙本；據跋文，則《外集》一卷的底本爲朝鮮刻本。實際上，《古逸叢書》本《外集》目錄緊接《補遺》之後，且《外集》一卷接《補遺》十卷後，《外集》卷末附"高麗本繙刻人姓名"，則《外集》一卷當與《補遺》十卷同爲朝鮮刻本。賈二強《〈古逸叢書〉考》指出："北京圖書館藏一朝鮮世宗十三年（當明宣德六年）曹致刻本，《古逸叢書》本《補遺》十卷即出此刻。"但如今我們在中國國家圖書館中却未找到這部書，今亦不知何在。

楊守敬跋文中未見有關於此本的記載。傅增湘曾有一段文字提到楊守敬對此本的態度："憶昔年與楊惺吾於海上語及《古逸叢書》，謂其中惟

---

① 王燕均《汲古閣原藏宋五十卷本〈杜工部草堂詩箋〉離散考》一文，《版本目録學研究》第一輯，北京：國家圖書館出版社 2009 年 10 月。

《草堂詩箋》原本最劣，當時力阻，星使竟不見納，異日必爲通人所訴。余叩其故，笑而不言。"①可見，楊守敬曾極力反對將此本刻入《古逸叢書》，此本最後刻入叢書是黎庶昌的意見。楊氏爲何反對該本刻入叢書呢？從文獻學角度看，其實十二行本遠不如十一行本，傅增湘指出："據此推之，則十一行者爲宋代之初刻，十二行者乃坊市之陋刻，凡卷第淆亂，注文脱失，標題錯出，皆自此坊刻始。"傅增湘曾用宋刻五十卷殘本爲《古逸叢書》本作校勘，這部校本現存中國國家圖書館。據統計，傅氏校正改訂者共計三千二百四十六字，可見宋四十卷本的"凌雜謬妄"確實驚人。②

除了底本本身的問題外，《古逸叢書》本在刊刻過程中刻工木村嘉平又對原書的行款次第作了改動，《古逸叢書》卷後黎氏跋文指出："原書每卷首葉第二三行或題'嘉興魯訔編次　建安蔡夢弼會箋'或單題'嘉興魯訔編次'，亦間有不題者，《補遺》卷中或題'臨川黄鶴集注、建安蔡夢弼校正'，或單題'臨川黄鶴集注'，至第十卷則又題'嘉興魯訔編次、建安蔡夢弼會箋'，梓人木邨嘉平病其不一，僅存正補兩首卷題名外，餘皆削去，使歸一律，而將行款逐卷移前，費此苦心，不知其與原本不合也。刻成後始知之，已追改不及，坿識於此，無令讀者滋疑。"這些改動使得《古逸叢書》本更爲凌亂。

傅增湘對《古逸叢書》本《杜工部草堂詩箋》的刊刻有嚴厲批評，他指出："取黎氏翻本勘之，卷第凌亂，注文脱失，不可勝計。兹舉其最大者言之：宋刻原爲五十卷，無所謂《補遺》也，黎刻本書四十卷後别出《補遺》十卷，於是魯氏編年之意全失，此一異也。宋刻與黎刻自卷一至十九次第相符，下此則顛倒混淆，……此二異也。宋刻每卷標題'杜工部草堂詩箋'，'嘉興魯訔編次，建安蔡夢弼會箋'，黎刻於書名或加'增修'，或加'集注'，或改題'黄氏集千家注杜工部'，或題'黄氏杜工部草堂詩箋'，……歧見雜出，不可致詰，此三異也；黎刻卷七第十二葉、卷十第十葉、卷十二第七葉、

---

① 傅增湘《藏園群書題記》第588頁，上海：上海古籍出版社，1989年。
② 王菡整理《藏園群書校勘跋識録》第398至402頁録有各卷末傅氏識語，北京：中華書局，2012年。將其中標有"訂正"、"校正"、"校定"、"校訂"、"改正"、"改定"、"改訂"、"增改"等字數相加，可得"三千二百四十六字"之數。"凌雜謬妄"語出傅增湘《藏園群書題記》第589頁。

第十葉,其注文視宋刻無一字相合,意必宋刻闕葉,不可復得,於是後人乃望文生訓,向壁虛造,以彌其失,減葉數,並行款,強與下文銜接,此四異也。此外佚字奪文,訂正者又數千焉。"①

五、《老子道德經》

內封題:"集唐字老子道德經注/古逸叢書之六"。《敘目》題:"集唐字老子注"。

《老子道德經》二卷,三國魏王弼注。②

黎庶昌《敘目》:"日本有摹刻張參《五經文字》、唐玄度《九經字樣》,甚精,與石本無異。又有南總(地名)宇惠攷訂晁以道本王輔嗣《老子道德經注》,今合以局刻華亭張氏本,集張、唐二家經字爲之。"對此書底本作了說明。

所謂"南總宇惠攷訂"本應指日本明和七年(1770)刻本《老子道德真經》二卷,內容包括魏王弼注、唐陸德明音義及日本學者宇佐美惠③考訂之文。

所謂"局刻華亭張氏本"是指清光緒間浙江書局《二十二子全書》之一的《老子道德經》本(下附書影)。該本以明末華亭張之象刻本爲底本進行翻刻,但實際已據清武英殿聚珍本作了部分校訂,並非張之象原本。

《古逸叢書》底本以日本明和七年刻本和清末浙江書局刻本爲基礎,並集日本摹刻張參《五經文字》、唐玄度《九經字樣》之字而成。嚴格來說,此本的刊刻並不能以拼配之本視之,它應是一個雜糅之本,版本價值不高,只能作爲《老子道德經注》流傳過程中的一個版本,姑附於此。

---

① 傅增湘《藏園群書題記》第587頁。
② 書名據卷端題名,題名下責任者《古逸叢書》本作"晉王弼注",此依習稱改爲"三國魏王弼注"。
③ 宇佐美惠(1710—1776),姓宇佐美,名惠,字子迪,又稱惠助、灊水,號優游館,上總人。

圖三八　光緒間浙江書局《二十二子全書》
《老子道德經》本
北京大學圖書館藏

在本章最後，我們試着來總結一下《古逸叢書》內封首字的規律。《古逸叢書》彙印本各書內封首字皆爲動詞，歸納起來共有"影"、"覆"、"集"、"仿"四種。"集"、"仿"二字各只出現一次，"影"字十五次，"覆"字九次。"集"字出現在《集唐字老子道德經》一書，因採用集字法刊刻的方式而名。"仿"字出現於《仿唐石經體寫本急就篇》一書，前文已經指出，此書內封宜改題作"覆天保本急就篇"，此亦不論。下面重點談談其餘二十四種書前的"影"、"覆"二字。前文指出，"影"、"覆"皆表示對底本的覆刻方式，傳統上覆刻又被稱爲影刻，所以兩者含義差不多。如果非要找出兩者在《古逸叢書》中出現規律的話，"影"字多出現在底本爲抄本類的內封中，而"覆"字則出現在底本爲刻本類的內封中。先看"影"字，本章第二節"以刻本的影抄本或傳抄本爲底本"類的六種書內封首字皆爲"影"；第三節"以舊抄本爲底本"類的六種書內封首字也皆爲"影"；第四節"以拼配之本爲底本"類的書中，《玉篇》、《文館詞林》兩書底本主要是抄本，其內封皆爲"影"。再看"覆"字，本章第一節"以刻本原本爲底本"類中除《急就篇》外的八種書中，《太平寰宇記補闕》內封首字爲"影"，餘皆用"覆"；第四節"以拼配之本爲底本"類的書中,《莊子》、《杜工部草堂詩箋》底本主要爲刻本,内封首字皆爲"覆"。可以説,"影"字多用於抄本類底本之書,而"覆"字則多用於刻本類底本之書,唯一的例外就是《太平寰宇記補闕》。《太平寰宇記補闕》所用底本爲當時藏於楓山官庫的宋刻本,以照相法刻入《古逸叢書》,按照我們的分析,其内封首字似也當用"覆"字,如與它情況類似的《宋本重修廣韻》亦爲用照相法刻入叢書,内封即題"覆"。

以上我們對《古逸叢書》各書底本作了分析。這些底本本身,有些今天我們能借助影印本或網絡看到,有些則已經不知去向、或是我們沒有條件看到。我們將追蹤到的這些底本或者與底本有關的一些資料列爲"《古逸叢書》各書底本存佚表",見附録二。下一章我們將用目前所能見到的《古逸叢書》底本或是與底本相關者來與《古逸叢書》本作校勘,指出《古逸叢書》本具體的校改問題。

第四章 《古逸叢書》校勘研究

《古逸叢書》刊刻時對底本主要採用覆刻的方式，因此刻成後的叢書本多與底本十分相近。但是，當我們將一些底本與叢書本進行文字比對時卻發現，它們之間往往存在着不少異文，進一步分析，這些異文有些屬於叢書本的誤刻，有些則是黎、楊對底本校改所致。對覆刻底本直接校改，卻不出校勘記，這不符合古籍覆刻原則，對以版本著稱的《古逸叢書》來説，尤其不妥當，以《古逸叢書》本作爲版本依據的研究往往因此而顯得十分不可靠。這一章我們就主要來談談《古逸叢書》中存在的對底本校改方面的問題。

較早注意到這一問題的是前文幾次提到的長澤規矩也《〈古逸叢書〉的可靠性》一文，該文主要討論《爾雅》、《論語集解》、《杜工部草堂詩話》三種《古逸叢書》校樣本與《古逸叢書》定本之間的關係，指出《古逸叢書》本刊刻時對底本作了不少改動。賈二强《〈古逸叢書〉考》論文中也簡單提到了略注本《廣韻》、《玉篇》等書對底本的校改，不過未作詳細討論。近年又有幾篇論文分别談到這個問題，但往往對《古逸叢書》底本的認定尚存在疑問。以上這些研究都未曾利用原存廣陵書局、今存揚州中國雕版印刷博物館的《古逸叢書》板片。

前文已經指出，從現存《古逸叢書》板片上的修挖痕跡來看，叢書本刊刻時對一些底本經過兩次校勘：一次是在覆刻之前，由楊守敬本人或請其他學者對底本進行校勘；一次是在初刻完成之後，印出一些初印本，再由楊守敬或請其他學者等對這些初印本進行校勘，糾正刻工的誤刻，並進一步糾正底本之誤。刻工之誤後經楊守敬審定，大多已被糾正，不過也有無法改正的，如《古逸叢書》之二十三《覆麻沙本杜工部草堂詩箋》，刻工木村嘉平將原書各卷下的責任者署名多數删去，並將行款逐卷移前，刻成後已經追改不及。

在本章中，我們將結合《古逸叢書》板片上的修挖痕跡來談其校改問題。審視板片上的剜改重修痕跡，是一項十分費眼力的工作，因爲《古逸叢書》的板片剜改修補工作做得非常好，不仔細看根本看不出來，有時即便非常仔細地看，其剜改修補痕跡仍然似有似無。爲避免結論的不確定性，如無特殊說明，本書所言者皆爲明確有剜改痕跡的例子。

以往一般認爲，黎庶昌對底本之誤的態度是直接校改其誤，而楊守敬的態度是保留覆刻底本原貌，經過對叢書一系列底本或相關版本的考察，我們認爲這個意見並不完全正確，其實黎、楊都有對底本校改的例子，只是在對待某種具體的書上，兩者的意見不盡一致。下面我們主要分爲以下五類來談：

有些書的校改是黎庶昌的意見，楊守敬並不贊成；

有些書的校改是楊守敬的意見，並已經在相關跋文中說明；

有些書的校改在相關記載中未作說明；

有些書，楊守敬說明不改，而實際上有所校改；

有些書，確實未作主觀校改。

在分節討論之前，我們先對《古逸叢書》本避清諱的問題作統一說明，以下各書不再分別論述。《古逸叢書》刻於清末，須避清諱，今將我們所見《古逸叢書》本中的清諱羅列如下：

1. "玄"字以及以"玄"爲偏旁的"泫"、"絃"等字。清康熙帝名玄燁，避諱方式爲缺末筆。

2. "胤"。清雍正帝名胤禛，避諱方式爲缺末筆。

3. "丘"。清雍正三年下詔避孔子"丘"字名諱，清本"丘"字或改刻爲"邱"，或改爲缺右豎筆，《古逸叢書》本多採用後者。

4. "弘"、"曆"。清乾隆帝名弘曆，避諱方式爲缺末筆。

5. "顒"、"琰"。清嘉慶帝名顒琰，避諱方式爲缺末筆。

6. "旻"、"寧"。清道光帝名旻寧，避諱方式爲缺末筆。

7. "宁"字及以"宁"爲偏旁的"佇"、"貯"、"紵"等字。清咸豐帝名奕詝，避諱方式爲缺末筆。

8. "淳"。清同治帝名載淳，避諱方式爲缺末筆。

9. "湉"、"恬"等字。清光緒帝名載湉,避諱方式爲缺末筆。

第一節 黎庶昌的校改

有些書,從楊守敬跋文以及其他的一些相關記載中可以明確知道《古逸叢書》本對底本的校改出自黎庶昌的意見。

一、詳注本《廣韻》

前文已經指出,此書底本爲南宋寧宗間刻本。楊守敬用數部漢印譜從日本學者町田久成處得到這部《廣韻》,將其帶回國內,不久此書轉歸潘祖蔭,潘氏藏本今在上海圖書館,2005年已由中華再造善本影印。

楊守敬《日本訪書志》指出:"余初議刻此書,盡從原本,即明知其誤亦不改,以明張氏校刻之功過,而黎公使必欲從張氏校改,故《古逸叢書》皆守敬一手審定,唯此書及《老子》是黎公使據余校本自爲《札記》,然往往有當存疑而徑改者。"明確指出《古逸叢書》本對底本進行了校改。

黎庶昌雖然對底本作了大量的校改,但是在《古逸叢書》本卷末附有《宋本廣韻校札》(以下簡稱《校札》),一一列出對底本的校改説明,這在叢書全部二十六種中並不多見[①],應該說這種做法是值得肯定的。然而對照叢書本和底本宋本(中華再造善本影印本)仔細閱讀《校札》,我們卻發現其中還是存在着一些問題,下面試通過對《廣韻》卷一《校札》的一些分析來看看黎氏校改的功過。

《校札》稱:"此札尚以張士俊澤存堂本互勘異同,不别引他書。凡仍宋舊者注曰張改某,依張改者譌文則曰原誤某,存疑則曰原作某。從張本十之八,從原本十之二云。黎庶昌記。"這裏,"張士俊澤存堂本"是指清康熙間吳郡人張士俊澤存堂叢刻五種之一的《廣韻》刻本,其底本與《古逸叢書》本底本相同,皆爲南宋寧宗間監本。[②] 張士俊翻刻時對底本作了不少

[①] 雖然《穀梁傳》和《漢書》後也附有楊守敬的《校札》,但它們並不説明對底本的校改情況,而只是討論各本異文。

[②] 《日本訪書志》指出:"此即張氏澤存堂刊本所從出也。"這一點爲音韻學者共識。

校改,雖然改正了底本的不少錯誤,但是張氏所改之處沒有出校記,頗受後人詬病。黎庶昌的處理原則是這樣:基本覆刻宋刻底本,當宋刻底本和澤存堂本有歧異時,認爲澤存堂本改對的就採用澤存堂本,改錯的則仍採用宋刻底本,具體來說,主要有以下三種情況:

《古逸叢書》本依據宋本、摒棄澤存堂本的,稱"張改"某;

《古逸叢書》本依據澤存堂本、摒棄宋本的,稱"原誤"某;

宋本和澤存堂本之間的異文尚存疑問的,《古逸叢書》本正文採用澤存堂本,而在《校札》中指出宋本"原作"某。

下面所標"·"號前的數字爲《古逸叢書》本版心所標,"右"表示該葉版心之右,"左"表示版心之左。① "·"後阿拉伯數字爲行數。本章各書舉例多依此規則,不再另外說明。②

首先,宋本確實存在着很多錯誤,黎氏能對澤存堂本擇善而從、並說明宋本"原誤"爲某,保存底本之字,顯示其審慎的態度。比如:

1. 七左·6—7行"柬"字下注,宋本原作"舜士支有柬不訾","士支"《古逸叢書》本改作"七友"。《校札》指出:"注'七友',原誤'士支'。"按,《廣韻》各本多作"舜七友",意爲舜七友中有一位名叫柬不訾的,作"士支"誤。

2. 十五右·9行"梁"字下注,宋本原作"又臣壠切","臣"《古逸叢書》本改作"巨"。《校札》指出:"注'巨壠','巨'原誤'臣'。"按,"巨"爲"梁"字反切上字,作"臣"顯誤。

3. 二十七左·10行"蚩"字下注,宋本原作:"蟲名,亦輕侮。字從出。""出"字《古逸叢書》本改作"㞢"。《校札》指出:"注'從㞢','㞢'原誤'出'。"按,《說文》:"蚩,蟲也,從虫之声。""㞢"即"之"字古寫,宋本"出"字確爲"之"之誤字。

4. 六十左·4行"般"字下注,宋本原作:"還師,亦作班師。又盤、鈑、

---

① 這裏的"左""右"是指刷印後紙張顯示文字的左右,它與該葉所刷木刻板的左右正好相反。

② 有些書的葉碼並不標在版心,而是標在一整葉的右下角,"右"仍然表示該葉版心之右,"左"仍然表示該葉版心之左。

鉢三首。""首"字《古逸叢書》本改作"音"。《校札》指出:"注'三音','音'原誤'首'。"

5. 六十一右·5行"軒"字下注,宋本原作"又犍、看二首","首"字《古逸叢書》本改作"音"。《校札》指出:"注'犍、看二音','音'原誤'首'。"

上述宋本之誤都是比較明顯的錯誤,張士俊已作改正,黎庶昌從之。

第二,宋本不誤或宜存,而張士俊擅改之處,黎氏改從宋本,即《校札》所稱"張改"某者,顯示了黎庶昌本人的小學功底和判斷能力,這些校改多數也是很正確的,如:

1. 十八左·7行"桸"字下注,宋本原作"杓也",張氏澤存堂本改作"朽也",《古逸叢書》本同宋本作"杓也"。《校札》指出:"注'杓也','杓'張改'朽'。"周祖謨指出:"朽,各本所作杓,與《故宮王韻》合。段氏亦改作杓。"①

2. 二十一左·1行"鞴"字下注,宋本原作"鞍鞘",張氏澤存堂本改作"鞍鞴",《古逸叢書》本同宋本作"鞍鞘"。《校札》指出:"注'鞍鞘','鞘'張改'鞴'。"按,周祖謨指出:"鞍鞴,《切二》《切三》及《故宮王韻》作'鞍鞘',《倭名類聚抄》引《唐韻》同,《廣韻》各本同。《廣雅·釋器》云:'鞴謂之鞘'。張氏改作'鞍鞴'未允。"②

3. 三十九左·4行"都"字下注,宋本原作"都稻",張氏澤存堂本改作"都稽",《古逸叢書》本同宋本作"都稻"。《校札》指出:"稻張改稽。"按,"稻"爲"稽"的俗體字,"稻"字又見於《龍龕手鑑》,沒必要將其改作"稽"。

4. 五十六右·4行"臀"字下注,宋本原作:"《廣雅》云:'臀,謂之脽,亦謂之膟也'。"張氏澤存堂本將"膟也"改作"脾也",《古逸叢書》本同宋本作"膟也"。《校札》指出:"膟張改脾。"按,周祖謨指出:"'脾'北宋本、黎本、景宋本作'膟',是也。《說文》'脾''臀'一字,不得云'臀,謂之脾'也。《廣雅·釋親》云:'膟,髖,厴也。'《說文》云:'髖,臀骨也。''臀'與'臀'同。可知'膟'即'臀'也。"③

---

① 周祖謨《廣韻校本》下冊第40頁,北京:中華書局,2004年。
② 同上書,第48頁。
③ 同上書,第121頁。這裏的"黎本"即指《古逸叢書》本。

然而,《校札》還是存在着不少問題,有些問題楊守敬已經指出,《日本訪書志》:"往往有當存疑而徑改者,如開卷景德四年牒,原本'準'作'准'、'勅'作'勑',二字雖俗體,然當時公牘文字本來如此,今皆校改之,亦似是而非也。又有失於校改者,如《一東》'蒙'字下注'二十六',實'二十七'。又如'鶪'字下注:'鶪鳹,鳥名,美形。出《廣雅》。'泰定至順刊本《廣韻》皆作'又美形也'。'狘'字注'細布',泰定、至順刊本均作'猛也'。此皆當從元本者。"楊守敬指出了兩方面的問題,一個是應當存疑者徑改,二是宋本的一些錯誤,黎氏失於校改。不過黎氏在《校札》中已經將宋本原本所作一一標出,讀者可以自行判斷,楊氏所指出的問題不大,而且楊守敬所舉"准"、"勑"二字的例子皆不符《古逸叢書》本實際,叢書本景德四年牒有"准"、"勑",卻無作"準"、"勅"者。

我們認爲《校札》中存在的最大一個問題並不是楊守敬所指出的這兩點,它最大的問題是黎庶昌《校札》所稱"原誤"、"原作"有些內容與實際底本宋本並不一致。如:

十一右·8行"驟"字下注"曰驟",《校札》:"驟原誤驥。"
十一左·3行"轆"字下注"軸頭",《校札》:"軸原作轉。"
十二左·7行"冬"字下注"尸子",《校札》:"尸原誤戶。"
十三左·8行"松"字下注"伏苓",《校札》:"苓原誤苔。"
十五右·5行"襹"字下注"華皃",《校札》:"華原誤草。"

查閱宋本我們發現,宋本不作"驥"而作"驟"、不作"轉"而作"軸"、不作"戶"而作"尸"、不作"苔"而作"苓"、不作"草"而作"華",《校札》所記皆誤。繼續讀《校札》,類似的現象還有很多,往往《校札》說"原誤"、"原作"者,實際底本並不誤或者並不作如是之形。因此,我們懷疑黎庶昌其實並未親用宋本原本來作校勘,楊守敬《日本訪書志》稱"唯此書及《老子》是黎公使據余校本自爲《札記》",很可能黎庶昌所據的只是楊守敬校本,其《校札》所記"原作"、"原誤"者很不可靠,讀者若要參考黎庶昌的《校札》必須要親自查閱宋本。

二、略注本《廣韻》

前文已經指出,此書底本爲元泰定本《廣韻》,今藏北京大學圖書館。

此本卷前楊守敬跋文稱："此泰定本《廣韻》,已刻入《古逸叢書》中。其中固多誤字,然足以補正宋本者不少。黎星使必欲據張刻校改,余屢爭之,不得。幸存此原本,他日一一列其異同,別爲札記,亦有功小學不淺。木齋兄其有意乎?丙戌夏四月守敬記。"明確指出黎庶昌對底本進行了校改,不過這一次黎氏卻沒有出校勘記。

如今我們將底本與《古逸叢書》本作校勘,可以發現《古逸叢書》本對底本改得非常多。下面我們試列出該書卷一前二葉的校記,並結合揚州中國雕版印刷博物館藏該本板片的情況來談《古逸叢書》本的校改問題。北大藏本簡稱"底本",《古逸叢書》本簡稱"叢書本"。

1. 一右·8行"二十五寒"字下,底本作"桓同用",又同行有"二十六桓",這兩個"桓"字,叢書本皆改作缺末筆。從板片來看,兩"桓"字的"亘"旁爲剜改後補入。

2. 一右·8行"刪"字下,叢書本有"山同用"三字,而底本無。板片上"山同用"三字爲剜改後補入。

3. 一右·12行"蠱"字下注文,底本作"蛄蠱,科斗蟲也",叢書本作"蛣蠱,科斗蟲也"。板片上無剜改痕跡。

4. 一右·12行"㑂"字下注文,底本"㝓"字,叢書本"寧"旁缺末筆。板片上無剜改痕跡。①

5. 一左·8行"鞾"字下注文,底本"鞍具飾也",叢書本作"靫具飾也"。板片上無剜改痕跡。

6. 二右·5行,底本注文爲"細毛"的"毻"字,叢書本作"髿"。板片上"髿"字爲剜改後補入。

7. 二右·5行"戌"字下注文,底本"《說文》作威",叢書本作"《說文》作戌"。板片上無剜改痕跡。

8. 二右·7行"弓"字下注文,底本"其末曰簫",叢書本作"其末曰簫"。板片上無剜改痕跡。

---

① 從刻工操作角度看,缺末筆的"寧"旁只需用刻刀將末筆鏟去即可,所以即使是刻成之後所作的修改,我們從板片上也看不出痕跡。

9. 二右・7行"弓"字下注文,底本"拊,撫也",叢書本作"咐,撫也"。板片上無剜改痕跡。

10. 二右・8行"弓"字下注文,底本"䈥作弓",叢書本作"棰作弓"。板片上"棰"字爲剜改後補入。

11. 二右・12行"芎"字下注文,底本"苗曰麋蕪",叢書本作"苗曰蘪蕪"。板片上"蘪"字爲剜改後補入。

12. 二左・3行"楓"字下注文,底本"亦多楓木",叢書本作"变爲楓木"。板片上"变爲"兩字爲剜改後補入。

13. 二左・5行"儷"字下注文,底本"渥儷,仙人",叢書本作"偓儷,仙人"。板片上無剜改痕跡。

14. 二左・6行,底本"祑"字,叢書本作"祑"。板片上無剜改痕跡。

15. 二左・8行"涳"字下注文,底本作"又曰江切",叢書本作"又口江切"。板片上"口"字爲剜改後補入。

16. 二左・8行"箜"字下注文,底本"桑間樸上",叢書本作"桑間濮上"。板片上"濮"字的"氵"旁爲剜改後補入。

17. 二左・9行"栒"字下注文,底本"又丘江切",叢書本"丘"字缺右豎筆。板片上無剜改痕跡。

18. 二左・12行"蒙"字下注文,底本"蒙,玉女也",叢書本作"蒙,王女也"。板片上無剜改痕跡。

以上諸例中,3、4、5、7、8、9、13、14、17、18共十例,我們在板片上沒有找到明顯的剜改痕跡,除第18例有可能是刻工誤將"玉"字之點漏刻從而誤爲"王"字外,皆可作爲《古逸叢書》覆刻之前已經對底本做過校改的明證。其餘在板片上有明顯的剜改或修補痕跡的八例,則顯然是《古逸叢書》刻成之後進行校改所致。

由以上這些例子來看,叢書本的校改有不少問題。第1例"桓"字,底本不缺筆,而叢書本改作缺末筆,"桓"字缺末筆多是避北宋欽宗名諱,對這種牽涉到版本年代判定的敏感字隨便改動顯然不妥。又,儘管叢書本改正了底本的不少誤字,但是其誤改之處也有不少,如上列第5例"韃"字下底本"鞁具飾也",叢書本作"軶具飾也",周祖謨指出:"注'軶'字,北宋本、巾箱本、黎本①、明本均作'鞁',張氏改作'靮'於義不合。案'鞁',《玉篇》訓箭室。"②另如下平聲第五肴韻"猇"字下注文"又直支切",叢書本改作"又直交切"。周祖謨先生在《廣韻校勘記》中考證指出"交"爲訛字、"支"爲正字:"案'支'韻'直離切'下無'猇'字,《集韻》'支'韻'陳知切'下有之。張本改'支'作'交',與元泰定本同,非也。案《漢書·地理志》濟南郡有猇縣,注云:'應劭曰:音篪。''篪'《廣韻》即音'直支切',可證作'支'不誤。又'猇',蘇林音'爻',蔡謨音'由'音'鴞',顏師古音'于虬反',均無'直交切'一音,可證'交'爲訛字。"③不過,由於周氏所用"元泰定本"並非原貌,而是《古逸叢書》的"覆元泰定本",因此他說"張本改支作交,與元泰定本同",實爲受黎氏所欺,真正的元泰定本並不作"交",而是作"支"。

現在看來,《古逸叢書》覆刻元泰定本《廣韻》對底本的改動使得其可信度大打折扣,以往根據《古逸叢書》中略注本《廣韻》而作的研究現在需要重新審視。除了上文提到的周祖謨《廣韻校本》外,近年出版的《廣韻》校釋類書,如蔡夢麒《廣韻校釋》和余廼永《新校互注宋本廣韻定稿本》等,其所用"元泰定本"皆爲《古逸叢書》覆刻本,④大家在使用這些書時對這一點需要加以注意。北大藏本作爲中華再造善本之一,2005年12月已由北京圖書館出版社影印出版,今後如要引用元泰定本《廣韻》,便可直接採用再造善本了。

三、《杜詩》

前文已經指出,楊守敬非常反對此書的刊刻,它刻入叢書完全是黎庶昌的意見。《古逸叢書》底本如今不知何在,無法將其與《古逸叢書》本逐字比對。

黎庶昌在《古逸叢書·敘目》中指出,此本"奪文譌字,不可勝糾",可

---

① 周先生的"黎本"是指《古逸叢書》之十二"覆宋本重修廣韻",見《廣韻校本·校例》。
② 《廣韻校本》下冊第16頁。
③ 同上書,第154頁。
④ 蔡夢麒《廣韻校釋》,長沙:嶽麓書社,2007年,其《例言》指出該書所稱"元泰定本"爲《古逸叢書》覆元泰定本。余廼永《新校互注宋本廣韻定稿本》,上海:上海人民出版社,2008年,其《校例》指出其所稱"元泰定本"《廣韻》也爲《古逸叢書》覆刻本。

見對底本有過校改。

　　長澤規矩也曾得到一部《古逸叢書》校樣本，包括《詩話》二卷、《年譜》二卷的内容。他將校樣本上反映的《古逸叢書》初印本和定本之間的不同之處羅列了不少，這裏擇舉如下：

　　1.《詩話》卷一・一左・5行，定本"可愛者乏風骨"，"乏"字初印本刻爲"之"。

　　2.《詩話》卷一・一左・12行，定本"往往如是"，"往"字初印本刻爲"行"。

　　3.《詩話》卷一・二左・7行，定本"船如天上坐"，"如"字初印本刻爲"似"。

　　4.《詩話》卷一・三左・10行，定本"王彥輔《麈史》"，"麈"字初印本刻爲"塵"。

　　5.《詩話》卷一・三左・11行，定本"相唱和"，"唱"字初印本刻爲"喝"。

　　6.《詩話》卷一・四左，校樣本上有朱筆云："以下與第五葉不接，有誤。"今《古逸叢書》定本於此葉書耳下刻"後有脱文"四字。

　　7.《詩話》卷二・二右・5行，校樣本上有朱筆云："原書'如畫'下尚有數句，然不能添。"

　　8.《詩話》卷二・二右・10行，定本"人生萬事如是，何特此耶"，"萬事"初印本作"萬物事"。

　　9.《年譜》上・四左・4行，定本"鳳翔"，"翔"字"羊"旁初印本誤作"美"旁。

　　10.《年譜》上・七左・3行，定本"永泰元年"，"永"字初印本不正確。

　　11.《年譜》上・七左・4行，定本"實六年矣"，"矣"字初印本不正確。

　　12.《年譜》上・八左，定本書耳内有"杜詩年譜上"五字，此五字初印本無。

　　13.《年譜》下・八左・10行，定本"光遠兵不戢"，"遠"字初印本脱。

　　14.《年譜》下・九右・2行，校樣本上有朱筆云"此段中間脱字"。

　　看來，《古逸叢書》初印本中的脱字、誤字有不少，其中有些應是所據底本即如此，上舉第1、2、3、4、5、8、13諸例很可能就屬於此類，在印出校樣本後楊守敬等作了校改。此外，前文已經指出，刻工木村嘉平在覆刻時將原書行款逐卷移前，因此覆刻時也可能新産生了一些錯誤，如上舉第6、7、12、14等例。只是底本畢竟未見，我們不能明確指定某例就一定屬於底本之誤，某例一定是刻工之誤。

在本節最後，附帶談談《老子》一書。前引楊守敬《日本訪書志》"《廣韻》五卷"條下稱"唯此書及《老子》是黎公使據余校本自爲《札記》"，可見黎庶昌曾爲《老子》一書撰有《札記》，但這部《札記》最終並未刊刻。《老子》是以日本刻本和清刻本爲基礎，並集日本摹刻張參《五經文字》、唐玄度《九經字樣》之字而成的一種新本，也就無所謂對底本的校改問題了。

第二節　楊守敬説明的校改

《古逸叢書》主要由楊守敬主持刊刻，其中有些書對底本的校改是楊守敬本人的意見，楊氏在相關跋文中已經説明。如今這些書的底本或《古逸叢書》校樣本爲人所知，人們可以更清晰地看到其中的校改。

一、《莊子》

楊守敬在《日本訪書志》中並没有説明對底本有校改，而在《古逸叢書》部分底本——日本靜嘉堂文庫藏殘宋本卷前跋文中卻曾指出："《道藏》、坊刻，互有短長，宋本亦多訛字。余據三本，擇善而從，庶乎此書可讀矣。"[1]可見對底本做過不少校正。

靜嘉堂文庫本我們不可得而見，長澤規矩也在《〈古逸叢書〉的可靠性》一文中曾將《古逸叢書》本與靜嘉堂文庫本做過比對，指出兩者的一些不同之處，如：

1.《南華真經疏序》第一葉：版心刻工姓名，宋本作"劉生"，《古逸叢

---

[1] 日本靜嘉堂文庫編纂《靜嘉堂文庫宋元版圖録》（圖版篇）第208頁，東京：汲古書院，1992年。

書》本刻爲"生"。

2. 卷一·三:版心刻工姓名,宋本作"李信",《古逸叢書》本刻爲"允"。

3. 卷一·三右·2行:宋本"萬類參差",《古逸叢書》本刻爲"萬物參差"。

4. 卷一·三右·4行:宋本"遐迩",《古逸叢書》本刻爲"遐迩"。

5. 卷一第五十四葉①右面末行至左面第一行,長澤氏指出:"末行之'猶此也'云云,是作爲下句的注的,但在《古逸叢書》本中,則在該葉前面的正文中添加'若然者乘'四字,而將'猶此也'云云②的注作爲疏,移至後面第一行中的'寄物而行,非我動也'之後。《古逸叢書》本正文爲"若然者,乘雲氣",下郭象注:"寄物而行,非我動也。"成玄英疏:"猶如此也,虛談無心,方之雲氣,蔭芘群品,順物而行。"③也就是説,《古逸叢書》本將宋本的注文改作疏語。

6. 卷七·四十六左·6行:宋本"炎凉",《古逸叢書》本刻爲"炎涼"。

7. 卷七·五十二右·5行:宋本"駤",《古逸叢書》本刻爲"騺"。

這裏,刻工名的不同應屬誤刻,"遐迩"刻作"遐迩"只是筆勢有所不同,無傷大雅。其餘諸例則爲《古逸叢書》本對底本的校改所致。

二、《論語集解》

楊守敬《日本訪書志》指出:"今星使黎公訪得原刊本上木,一點一畫,模範逼真,非顯有訛誤,不敢校改。"明確指出對底本"顯有訛誤"者作了校改。《古逸叢書》底本爲日本正平刻單跋本,今不知何在,無法與叢書本作比對。不過,長澤規矩也曾得到《論語集解》的一部《古逸叢書》校樣本,上面除了有楊守敬的校記外,也有日本學者的校對筆跡。長澤氏指出:"在正平本《論語集解》的書框内記載了同元龜本以及雙跋本進行詳細校對的

---

① 長澤文誤作"第一葉"。
② 所引《古逸叢書》本"猶此也"當爲"猶如此也"之誤。
③ 明正統《道藏》本;"猶如此也,虛談無心,方之雲氣,蔭芘群品,順物而行。"一句作爲前面正文"疾雷破山,飄風振海而不能驚"的疏語,正文"若然者,乘雲氣"下面無疏語。

第四章 《古逸叢書》校勘研究 / 141

情況,其筆跡似爲我國之人,但並非森立之。這樣看來,楊守敬在進行校刊之際,也請了森立之以外的我國人進行幫忙。"長澤氏將校樣本上的校正一一列出。下面將長澤氏所列校正分爲四個方面加以介紹。

首先,校樣本校正了《古逸叢書》初刻中產生的一些誤刻,這部分長澤氏在文中用括號標記爲"誤刻",如:

1. 卷二・十四左・4行,"納善言於父母也","父"字原誤刻爲"文"。
2. 卷三・十右・3行,"十室之邑","十"字原誤刻爲"千"。
3. 卷四・六左・3行,"宋司馬","宋"字原誤刻爲"朱"。
4. 卷六・十一右・3行,"各言己志","志"字原誤刻爲"忘"。
5. 卷十・五右・6行,"父之臣及父政","政"字原誤刻爲"改"。

此外,還有一些字初刻有細微的筆畫之誤,校對者也一一加以糾正。這些字排印比較困難,這裏就不舉例了。

第二,校樣本將初刻時所摹刻的印記去掉,有兩處:

6. 卷四・一右・1行,挖去舊藏印記兩個,改刻"舊卅九章"。
7. 卷七・一右・1行,市野迷庵、森立之、賴業之印記被去掉。

第三,正平本《論語集解》源自日本抄本,很多漢字都不準確,校樣本對這些不準確的漢字多數作了糾正,如:

8. 卷二・四左・5行,"知禘禮之説者"中的"説"字。
9. 卷三・十一右・4行,"不貳過者"中的"貳"字。
10. 卷四・五左・4行,"食菜於葉"的"菜"字。
11. 卷四・十三左・5行,"不可傾奪之也"的"奪"字。
12. 卷六・五右・5行,"言俱不得中也"的"得"字。
13. 卷六・十八左・5行,"季康子"的"季"字。
14. 卷七・十六左・4行,"包茅之貢"的"茅"字。
15. 卷七・廿四右・2行,"以衣涉水"的"涉"字。
16. 卷九・十二左・1行,"桓子"中的"子"字。

但是,也有明知有問題卻不作糾正的,長澤氏指出校樣本上有一些注明"不改"者,如:

17. 卷三・十一右・3行,"喜怒違理",校樣本注:"'喜'不改,去'口'

中一點。"今《古逸叢書》此"喜"字作🈷。

18. 卷五·十六右·1行,"襃鬼神之餘也",校樣本注"襃"字:"不改。"今《古逸叢書》此"襃"字作🈷。

19. 卷六·十六右·5行,"正以毛文異耳",校樣本注"正"字:"不改。"今《古逸叢書》本此"正"字作🈷,爲"正"字的一種俗寫。校樣本另有墨筆注:"後有'正'字亦作'正',然則不可改。"

20. 卷八·十三左·6行,"始於隱公,至照公十世失政",校樣本墨筆注:"古書'昭'多作'照'。"紅筆注:"不改。"

21. 卷九·十一左·1行,"箕子詳狂爲奴",校樣本墨筆注:"'詳'與'佯'通。"紅筆注:"不改。"

這些注明"不改"者,有些是爲了保留古字或通假字,如第20、21兩例,有些是爲了保留俗寫字,如第19例,但第17、18兩例既非古字也非俗寫,而其字形並不準確,校樣本"不改"的原因不明。

第四,校樣本校改底本"誤字"。當然,其中有些字是否"誤字"尚可商榷。這些校改皆爲《古逸叢書》定本所採用,如:

22. 卷一·三左·1行,底本"九十六章","九"字校樣本改作"几",《古逸叢書》定本同校樣本。按,"几"即"凡"字俗體,《字彙·几部》:"凡,俗作几。"原文這裏表示本篇章數統計,作"几"是,底本作"九"爲形近致誤。卷二·三右·6行"九畫繪,先布衆色,然後以素分其間以成其文","九"字校樣本亦改作"几",旁注"根據元龜本",《古逸叢書》定本同校樣本。不過,卷二·十左·1行"九廿六章"的"九"也當爲"几"字之誤,校樣本卻未作校改說明,因而《古逸叢書》定本仍作誤字"九"。

23. 卷一·六左·2行,底本"民㐫其德而皆歸於厚也","㐫"字校樣本改作"化",《古逸叢書》定本同校樣本。

24. 卷一·十六右·2行,底本"非其祖孝而祭之,是諂以求福也"。"孝"字校樣本改作"考",旁注"根據元龜本",《古逸叢書》定本同校樣本。按,從內容看作"考"是,是指去世的父親。但是"孝"和"考"常通用,《史記·三代世表》:"孝伯。"《衛康叔世家》作"考伯"。《史記·燕召公世家》:

"燕孝公"。《漢書·古今人表》作"燕考公"。《史記·衛康叔世家》:"子考伯立。"《三代世表》、《漢書·古今人表》作"孝伯"。① 因此底本"孝"字其實不必改爲"考"。前舉第20、21兩例情況與此相似,對底本就未作校改。

25. 卷二·二右·4行,底本"喪失於和易,不如衷戚也"。"衷"字校樣本改作"哀",《古逸叢書》定本同校樣本。按,"哀戚",悲痛傷感意。《孝經·喪親》:"孝子之喪親也,哭不哀……食旨不甘,此哀戚之情也。"《漢書·王商傳》:"居喪哀慽。"今各本皆作"哀",底本作"衷"誤。

26. 卷二·六左·6行,底本"羊在猶所以識其礼也,羊七禮遂廢也"。"七"字校樣本改作"亡",《古逸叢書》定本同校樣本。按,作"亡"是,作"七"爲形近之誤。

27. 卷四·十二左·1行,底本"呼者砍使聽識其言也","砍"字校樣本改作"欲",《古逸叢書》定本同校樣本。按,作"欲"是,作"砍"爲形近之誤。

28. 卷五·六左·6行,底本"十一羊","羊"校樣本改作"年",《古逸叢書》定本同校樣本。按,作"年"是,作"羊"爲形近之誤。

29. 卷五·十四左·2行,底本"唯惟裳無殺之也","惟"字校樣本改作"帷",《古逸叢書》定本同校樣本。按,"帷裳"是一種上朝和祭祀時穿的禮服,"殺"意爲減少、裁去。這條注意思是説,只有上朝和祭祀時穿的禮服是用整幅布做,不加剪裁。作"帷"是。不過,此句注語所注之正文爲:"非帷裳,必殺之。"《古逸叢書》本仍用"惟"字。"惟"與"帷"古書中常通用,《左傳·定公六年》:"獲潘子臣小惟子。"《釋文》:"惟本又作帷。"《呂氏春秋·察微》"小惟子"作"小帷子"。《莊子·漁父》:"孔子游乎緇帷之林。"《釋文》:"帷本或作惟。"② 因此,這一句正文、注文之"惟"或者皆改爲"帷",或者皆不改,只改一處的做法是不合適的。

30. 卷六·九左·2、3行,底本"如有用汝有",校樣本改作"如有用汝者",《古逸叢書》定本同校樣本。按,底本"用汝有"之"有"顯然當爲"者"

---

① 高亨《古字通假會典》第725頁,濟南:齊魯書社,1997年。
② 同上書,第493頁。

字之誤。

31. 卷七·二十右·1行,底本"本爲上,未爲下也","未"字校樣本改作"末",《古逸叢書》定本同校樣本。這裏"本"、"末"對舉,作"末"字是。

32. 卷七·廿三左·1行,底本"楚狂接與也","與"字校樣本改作"輿"。《古逸叢書》定本作"輿"。按,其實"與"和"輿"古書通用的例子非常多,比如《莊子·逍遙遊》中楚狂"接輿"《釋文》即作"接與"。《左傳·成公十一年》:"且與伯與爭政。"《釋文》:"與音餘,本或作輿。"因此底本"與"字不必改爲"輿"。

33. 卷八·十一右·5行,底本"歸咎於李氏也","李"字校樣本改作"季"。《古逸叢書》定本作"季"。按,本章孔子和冉有討論"季氏將有事於顓臾"之事,這裏作"季"是,作"李"爲形近之誤。

34. 卷八·十三左·6行,底本"十世矢政","矢"字校樣本改作"失"。《古逸叢書》定本作"失"。按,"矢"可與"失"通用,如:《周易·晉卦》:"失得勿恤。"《釋文》:"'失',孟、馬、鄭、虞、王肅本作'矢'。馬、王云離爲矢,虞云矢,古誓字。"因此底本"矢"字亦不必改爲"失"。

35. 卷十·二左·2行,底本作"況問所未學","況"校樣本改作"汎",《古逸叢書》定本同校樣本。"況"顯然爲"汎"的誤字。

以上所述,第一方面屬於糾正叢書本初刻之誤,第二、第三、第四方面則是對底本本身的校改。雖然從内容角度看校改多數正確,但是這種對底本直接校改而不出校勘記的做法實不可取。且其中第 24、29、32、34 等例底本之字很可能爲當時通用字,《古逸叢書》本直接改爲今字,這與第 20、21 兩例的處理原則是矛盾的。

三、《姓解》

楊守敬在《日本訪書志》中對《姓解》一書有很多批評:"今按其書詳略失當,有經史著姓而遺之者,有不見經史,第就《姓苑》錄出者。其北虜複姓,則連篇累牘,不勝其繁。姓下所引名人,往往朝代凌亂(如以吴起置吴芮後之類),父子乖錯(如以嵇康爲嵇紹子,徐摛爲徐陵子之類,今訂),分一人爲二(如士會、士季、邢邵、邢子才,皆分爲二人之類),以復爲單(如以申屠嘉爲姓申之類),以虞爲漢(如云'仇尼,漢複姓'之類),甚至'邵''郄'不分(如以郄鑒、郄超爲邵姓之類),'咸''威'不辨(如以'咸丘蒙'爲'威丘蒙'之類),又好雜採謬説(如云'周武王以万人服天下故有万氏'之類),幾於目不覩書傳者之所爲,訂不勝訂,非第不可與《元和姓纂》等書絜長較短也。"明確指出對底本作了很多校改。

《古逸叢書》本所據底本爲北宋本《姓解》的影抄本,這部影抄本已不知所踪。北宋本《姓解》現存日本國會圖書館,我們將《古逸叢書》本與北宋本一一比對,發現兩者確有不少異文。由於底本和北宋本的影抄關係,這些異文基本可以視作《古逸叢書》本對底本的校改。

下面我們以《姓解》卷一爲例,結合揚州中國雕版印刷博物館所藏《古逸叢書》板片上的剜改痕跡來具體看看《古逸叢書》本所作校改。

首先,《古逸叢書》本對北宋本中的朝代、國別錯誤作了不少校正,如:

1. 一左·8行"何丘"姓下,北宋本"楚有烈威將軍何丘寄","楚"字叢書本改作"魏"。在《古逸叢書》板片上,此字爲剜改後嵌入新刻。

2. 三左·3行"儀"姓下,北宋本"《左傳》有徐大夫儀楚、楚大夫儀行父","儀楚"之國別叢書本改作"齊","儀行父"之國別叢書本改作"陳"。該葉《古逸叢書》板片缺。

3. 八左·2行"顛"姓下,北宋本"周有亂臣太顛之後,《左傳》有魯大夫顛頡","魯"字叢書本改作"晉"。在板片上,此字爲剜改後嵌入新刻。

4. 十七左·7行"崔"姓下,北宋本"北齊崔洁","北齊"叢書本改作"北魏"。在板片上,"魏"字爲剜改後嵌入新刻。

其次,《古逸叢書》對宋本中的姓、名之誤也作了不少校正。

5. 三右·3行"倪"姓下,北宋本"倪若冰","冰"字叢書本改作"水"。此葉板片缺。

6. 四右·5行"偏"姓下,北宋本"《急就章》有偏張呂","偏張呂"叢書本改作"偏呂張"。此葉板片缺。

7. 九右·6行"怡"姓下,北宋本"《周書》怡峯傳云本姓默,避難改焉",叢書本將"默"改作"默台"。在板片上,"台"字以及後面的"避難改焉"等五字在一小木條上,爲剜改後嵌入新刻。

8. 九左・8行"諸葛"姓下，北宋本"魏有諸葛瑾"，"瑾"字叢書本改作"誕"。在板片上，此字爲剜改後嵌入新刻。

9. 十左・1行"老成"姓下，北宋本"《世本》有宋大夫老戌方"，叢書本將"老戌方"改作"老成方"。戌字顯然爲"成"字之誤。在板片上，"成"字左下角爲剜改後嵌入新刻。

10. 十五左・9行"閻"姓下，北宋本"閻立本弟立德"，叢書本改作"閻立德弟立本"。在板片上，"德"、"本"兩字皆爲剜改後嵌入新刻。

11. 十六左・7行"宗"姓下，北宋本"南陽宗氏，宗卿周伯之後"，叢書本將"宗卿周伯"改作"周卿宗伯"。在板片上，"周"、"宗"兩字皆爲剜改後嵌入新刻。

12. 十七右・3行"賓"姓下，北宋本"《左傳》有大夫賓須、賓孟"，叢書本將"賓須"改作"賓須無"。在板片上，"無"字及後面的"賓孟"共三字在一小木條上，爲剜改後嵌入新刻。

此外，還有其他方面的一些改正，如：

13. 七左・10行"爬"姓下，北宋本"本作杷"，叢書本將"杷"改作"把"。在板片上，"把"字之"扌"旁爲剜改後新刻。

14. 十左・8行"女"字下，北宋本"一作汝，亦在水部收"，叢書本將"在水部收"改作"收在水部"。在板片上，"收在水部"四字在一小木條上，爲剜改後嵌入新刻。

15. 十左・9行"姓"字下，北宋本"《漢書・殖貨志》有姓'姓'名'偉'者訾五千万"，叢書本將"殖貨志"改作"貨殖傳"。在板片上，"貨殖傳"三字在一小木條上，爲剜改後嵌入新刻。

16. 十一右・7行"姑布"下，北宋本"趙世家相趙無卹者"，叢書本將"相趙無卹者"改作"趙相無卹者"。在板片上，"趙相"二字爲剜改後嵌入新刻。

17. 十七右・7行"又《諸侯年表》有清簡侯室中同"，叢書本將"諸侯年表"改作"功臣年表"。在板片上，"功臣"兩字爲剜改後嵌入新刻。

18. 十八右・3行，"涓"字下，北宋本"《列仙傳》有涓子古"，叢書本將"有涓子古"改作"古有涓子"。在板片上，第3行的"古有涓"三字及第4

行的"子"字皆爲剜改後嵌入新刻。

19. 十八左·5行"濁"字下,北宋本"《史記·殖貨志》濁氏以賣脯而連騎"。叢書本將"史記殖貨志"改作"漢書殖貨傳"。在板片上,"漢書殖貨傳"五字皆爲剜改後嵌入新刻。

《古逸叢書》本所作校改,多數可從,不過,由於楊守敬未出校勘記,有些校改不明其根據,比如例1"何丘"姓下,"楚有烈威將軍何丘寄",叢書本將"楚"改作"魏",而《廣韻》"丘"字下:"楚有列威將軍何丘寄,楚文王庶子,食采於軒丘,其後爲氏",各本皆如此,可見北宋本《姓解》作"楚"是有根據的,楊氏改爲"魏"不知何據。

叢書本還有一些刻工的誤刻,比如:目錄首葉首行"齒"下"二"字,當爲"三"字之誤,北宋本不誤;十三左·7行,北宋本"滎陽",叢書本誤刻作"榮陽",等等。此外,就北宋本《姓解》的錯誤來說,叢書本只是糾正了其中的一小部分,還有很多沒有被校出,在《古逸叢書》之後,清人段朝端著有《邵氏姓解辨誤》一卷,進一步糾正《古逸叢書》本《姓解》之誤。

長澤規矩也《〈古逸叢書〉的可靠性》一文指出:"北宋刊本《姓解》原本藏於國會圖書館,將其中數葉與《古逸叢書》本進行比較可發現,除了缺筆之外,在字體的大小、寫法方面雖有小差,卻無大異。"從我們上文所述來看,這個説法不能成立,楊守敬對底本作了很多文字上的校改。我們從《古逸叢書》板片知道,這些校改多是在叢書初刻完成之後進行的。

四、《史略》

楊守敬在《日本訪書志》中指出:"原本亦多誤字,今就其顯然者改之。其稍涉疑似者,仍存其舊。"明確指出對底本作了校改。

前文已經指出,《史略》的底本民國時藏於北平故宮博物院,今不知何在。王重民曾目驗該本,並將底本上的楊守敬校記輯爲《〈史略〉校勘劄記》一文(以下簡稱"王文")①。王文共錄有楊守敬一百六十多條校勘記，這些校勘記涉及《史略》一書的內容、體例、文字等各方面的問題，有些是對《史略》本身的考證，有些則是用《史略》來校正其他書。其中涉及對《史略》底本的校改者共有六十條，下面我們將揀出的這六十條列表如下。

以下"《古逸叢書》本"欄反映的是今《古逸叢書》本的實際情况，工文所引《古逸叢書》本偶有與此不同者，將於注中說明。王文指出："按稿本謂楊氏原稿本，楊指楊守敬，原書則日藏原宋刻本也。"這裏的"稿本"即我們所說的《古逸叢書》底本，"日藏原宋刻本"即今藏日本國立公文書館，為"日本重要文化財"的宋本《史略》。"備注"一欄是我們的說明。

編號	卷數·葉數·行數	《古逸叢書》本	王文所引稿本作某	王文所錄楊氏校語	備注
1	二·3左·10	當世甚重其書	稿本作"甚書"	楊云"原書亦誤"	
2	二·5右·3	然其論議	本作"議論"	楊云"原本亦誤倒"	
3	二·6右·9	諸表列位	稿本作"列表"	楊云"原書亦倒"	
4	二·6左·10	秪穢篇籍	稿本作"穢秪"	楊云"原書誤倒"	
5	二·8右·5	荀悅字仲預潁川人	稿本作"潁川之人"	楊云"'之'字衍，原亦誤"。	
6	二·8右·7	應劭字仲瑗		"守敬按原作'湲'"	
7	二·9右·9	酈元水經注	稿本作"鄭元"	楊云"原亦誤"	
8	二·9左·1	翼長史江彪誅之	稿本作"彪"	楊云"原作劇"	稿本和宋本不同，叢書本同稿本。

---

① 王重民《〈史略〉校勘劄記》，《圖書館學季刊》第二卷第四期，民國十七年(1928)中華圖書館協會編印。

續表

編號	卷數·葉數·行數	《古逸叢書》本	王文所引稿本作某	王文所錄楊氏校語	備注
9	二·9左·4	故得具見先輩音義	稿本作"具其"	楊云"原作'其',漢書亦作'其'"。	
10	二·12右·3	韋稜漢書續訓三卷		"守敬按原'一卷',《隋志》'三卷',《唐志》'二卷'"。	
11	二·12右·4	項岱漢書敘傳	稿本作"順岱"	楊云"原亦誤'順'"	
12	二·13左·10	初外氏先君丁常		"守敬按'丁'字下原本紙損一字,似是'常'字"。	
13	二·15右·10—15左·1	嘗共比方班氏所作		"守敬按'嘗共'原書作'當其'"	
14	二·15左·6	細意甚多	稿本"細"作"緒"	楊云"原作'諸'"	稿本與宋本不同,叢書本與兩者皆不同。
15	二·17右·5	略具氣象		"守敬按'具'原作'其'"	
16	二·18左·5	先儒最稱其精		"守敬按'精'原作'積',誤"。	
17	二·23右·1	正光中		"守敬按原作'正元'"	
18	二·23右·3	魏紀	稿本作"魏氏"	楊云"原亦誤"	

續表

編號	卷數·葉數·行數	《古逸叢書》本	王文所引稿本作某	王文所錄楊氏校語	備註
19	二·28右·4	孫嚴	稿本校作"嚴"	楊云"原作'廣'"	稿本與宋本不同，叢書本同宋本。
20	二·23右·6	何常侍		"守敬按'何常侍'原作'何氏'"	
21	三·4左·4	習鑿齒《漢晉陽秋》①		"守敬按'四十九卷'以《隋志》補"	
22	三·5右·5、6	吴兢《唐春秋》三十卷 韋述《唐春秋》三十卷		"守敬按，此以《唐志》改，皆本作二十卷"。	
23	三·6右·2	雞②未鳴		"守敬按原本作'未明'"	
24	三·5左·1	蕭方《三十國春秋》	稿本校作"蕭方等"	楊云"原書亦脱"	稿本與宋本不同，叢書本同宋本。
25	三·6右·8—9	斯亦一代之奇著		"守敬按'著'原本作'者'"	
26	三·7右·10	劉艾《漢靈獻二帝紀》	稿本作"劉殳"	楊云"據兩唐志改"	
27	三·7右·10	干寶《晉紀》二十卷	稿本校作"二十二卷"	楊云"原本作二十卷"	稿本與宋本不同，叢書本同宋本。

---

① 王文引作"習鑿齒《漢晉陽秋》四十九卷"，而《古逸叢書》本實無"四十九卷"四字。
② "雞"字王文所引右從"鳥"。

續表

編號	卷數·葉數·行數	《古逸叢書》本	王文所引稿本作某	王文所錄楊氏校語	備註
28	三·10右·1	性甚整峻	稿本作"性其"	楊云"疑'甚'誤"	
29	三·12左·2	劉溫叜譔	稿本作"劉溫"	楊云"據《解題》補"	
30	三·17右·2	但記示己之辭	稿本作"世己"	楊云"'世'疑作'示'"	
31	三·17右·3	詳且核矣	稿本作"且續矣"	楊云"'詳且續'三字疑有誤,'續'疑作'核'"	
32	四·4右·1—2	然諸子所錄並出意度	稿本作"玄出"	楊云"'玄'字疑誤,當是'並'字"。	
33	四·5左·10	上古以來聖賢高士贊二卷①周續之		"守敬按:《隋志》:'《聖賢高士傳贊》三卷,嵇康傳,周續之注.'《宋書·周續之傳》:'常以嵇康《高士傳》得出處之美,因爲之注.'《南史》同。《舊唐志》:'嵇康、周續之分著,各	

---

① "二卷"王文引作"三卷"。

續表

編號	卷數·葉數·行數	《古逸叢書》本	王文所引稿本作某	王文所錄楊氏校語	備注
				三卷。'以嵇康爲傳,續之爲傳贊,已爲謬誤。《新唐志》以嵇康作八卷,以續之作三卷,尤誤。此沿《舊唐》之誤。"	
34	四·6右·7	晉太山太守劉叔先	稿本校作"南平太守"	楊云"據《志》改"	稿本與宋本不同
35	五·2右·6	《涼書》十卷偽涼中郎劉昞記張軌事	稿本作"偽涼中郎昞"	楊云"《隋志》作'劉景',《唐志》作'劉昞',此脫'劉'字無疑,景、昞通用"。	
36	五·3右·9	《荊湘近事》十卷	稿本作"一卷"	楊云"焦氏《經籍志》作十卷"	
37	五·3右·10	《閩中實錄》十卷蔣文懌	稿本作"蔣文擇"	楊云"陳氏《書錄解題》作'蔣文惲'"	
38	五·3左·8—9	今錄其可攷者	稿本作"可攷之者"	楊云"'之'字疑衍"	
39	五·4右·1	《越絕書》十六卷	稿本作"十五卷"	楊云"諸家皆作十六卷,此必誤"。	

續表

編號	卷數·葉數·行數	《古逸叢書》本	王文所引稿本作某	王文所錄楊氏校語	備注
40	五·4右·8	《戰國策》三十二卷	稿本作"三十四卷"	楊云"諸家皆作三十二卷，此必誤"。	
41	五·5右·3	《魏晉世論》	稿本校作"魏晉世語"	楊云"此據《隋志》改"	稿本與宋本不同
42	五·5右·6	《晉武平吳記①》二卷	稿本作"六卷"	楊云"此據《書錄解題》改"	
43	五·5右·9	梁少府卿謝綽譔	稿本作"梁少卿"	楊云"據《隋志》增"	
44	五·5左·3	《金陵樞要》一卷汪豹記六朝事	稿本校作"干豹"	楊云"據《崇文總目》改"	稿本與宋本不同
45	五·7右·1	《禄山事迹》二卷	稿本校作"三卷"	楊云"據《唐志》改"	稿本與宋本不同
46	五·7左·9	《大和辨謗録》	稿本作"元和"	楊云"按《宋志》及《玉海》引並作大和"	
47	五·9左·3	《征淮録》一卷劉仁瞻事	稿本校作"記征壽州劉仁瞻事"	楊云"《崇文總目》、《通志略》皆不著譔人，此據焦《志》改"。	稿本與宋本不同
48	五·11左·10—12·1	鄭默初作《中經》	稿本作"鄭點"	楊云"據《隋志》改"	
49	五·13左·5	天統武平間	稿本作"天統間武平"	楊云"據《隋志》删"	

---

① "記"字王文引作"紀"。

續表

編號	卷數·葉數·行數	《古逸叢書》本	王文所引稿本作某	王文所錄楊氏校語	備注
50	五·14右·1	即還本書	稿本作"即還書本"	楊云"二字宜互例"	
51	五·14左·7	遷書東宮	稿本作"東京"	楊云"據《唐志》改"	
52	五·15左·7—8	而校讎最爲精確	稿本作"而校讎是最爲精確"	楊云"'是'字衍"	
53	五·16右·7	傅玄韋曜	稿本作"溥立茅曜"	楊云"'溥立'當作'傅玄',以形近譌。傅元撰《魏書》,見本傳"。	
54	六·1左·10	此貳①負之臣也	稿本作"員"	楊云"'員'今本作'負'"	
55	六·4右·7—8	應劭有《漢官儀》	稿本校作"《漢官注》"	楊云"據《隋志》改"	稿本與宋本不同
56	六·4左·1	荀攸	稿本作"荀政"	楊云"據《隋》《唐志》改"	
57	六·4左·2	視《漢官》簡繁	稿本作"簡穰"	楊云"'穰'疑'繁'字之誤"	
58	六·4左·3	郭演	稿本作"郭璞"	楊云"據《隋志》改"	
59	六·5右·1	《周官解説》	稿本作"解況"	楊云"據《後漢志》注改"	
60	六·5左·6	粗綴津渚	稿本作"緯綴"	楊云"據道元原序改"	

① 《古逸叢書》本作"貳"字"貝"旁上少一橫筆,王文引作"二"字。

從這六十條校記可以看出,稿本與宋本已經有所不同,王文常有"稿本校作"某某的説法,可見稿本已經過校改。對這些不同,叢書本的處理可分爲三種情況:第一種,叢書本同稿本,而和宋本不同,如第 8 例;第二種,叢書本同宋本,而與稿本不同,如第 19、24、27 等例;第三種,叢書本與稿本和宋本皆不同,如第 14 例。另外,從上表我們也可以看出,楊氏的有些校記叢書本沒有採用,如第 21 例。

宋本原本和王文所稱的"稿本"我們皆不可得而見,因此宋本、稿本和《古逸叢書》本之間究竟有哪些不同我們還不能全面了解。不過,由上述我們可以肯定,叢書本對底本作了不少校改。這些校改有些楊守敬給出了依據,有些則只是從文從字順的角度以意度之。揚州中國雕版印刷博物館所藏的《古逸叢書》板片,《史略》有部分缺失,我們就上表所列異文觀察現存的那部分板片,皆未找到任何剜改修挖痕跡,看來這些校改在叢書初刻前就已經完成。

本節最後談談《玉燭寶典》。本書第三章在談到《玉燭寶典》底本時曾引用《清客筆話》中的筆談記録,説明《玉燭寶典》底本至少經過狩古楗齋、森立之、楊守敬等學者的校改。所附底本書影中更有校改的直觀一例:該書影中書眉有一處朱筆校語作"龍上脱鱗字",同行底本正文"其蟲鱗"下注:"象物孚甲將解,龍虵之屬。"《古逸叢書》本於注文"龍"字前加刻"鱗"字,作:"象物孚甲將解,鱗,龍虵之屬。"可見,《古逸叢書》本採用朱筆校語對底本作了校改,可以説,《古逸叢書》本《玉燭寶典》藴含了楊守敬等衆多前輩學者的校勘成果。

第三節　未作説明的校改

有些書,從一些相關跋文中找不到《古逸叢書》本對底本的校改説明,但是通過叢書本與它的底本或校樣本等相關版本的比對,我們認爲或懷疑叢書本在刊刻過程中對底本作了校改。

一、《爾雅》

前文已經指出《爾雅》的底本情況比較複雜，用→表示，相關各本的關係爲：五代後唐蜀本→南宋監本→日本南北朝翻刻本→日本影抄本（即《古逸叢書》底本）。這一系列的版本，版式行款相同，皆爲半葉八行，行十六字，小字雙行二十一字。其中除第一種外，今皆有版本存世：臺北故宮博物院藏有一部南宋監本①，日本神宮文庫藏有一部日本南北朝翻刻本②，《古逸叢書》底本則今亦藏臺北故宮博物院。

長澤規矩也曾得到《爾雅》的一部《古逸叢書》校樣本，他在《〈古逸叢書〉的可靠性》一文中指出："該校正本爲森立之親手校對，在邊框之處有立之按語。可以推測，當爲立之受楊守敬之托而與十行本相校所得之物。"這裡所謂"十行本"是指《爾雅》的另一種宋本——南宋浙本，行款爲半葉十行，行二十字，小字雙行三十字，與《古逸叢書》一系的版本不同。③長澤氏列出了森立之用這部十行本對《古逸叢書》初刻的諸多校訂。

影印日本神宮文庫藏本《爾雅》後附有長澤規矩也撰《爾雅各本文字比較對照表》，該表列出了宋刊本、舊刊本、《古逸叢書》校正本、《古逸叢書》定本之間的各種異文比較，比《〈古逸叢書〉的可靠性》一文所列更爲詳盡。其"宋刊本"即南宋監本，"舊刊本"即日本南北朝翻刻本，"《古逸叢書》校正本"即校樣本。

仔細閱讀這個對照表我們可以得出以下結論：

首先，校樣本與日本南北朝翻刻本之間雖然存在一些不同，但這些不同主要是兩者文字筆畫之間的細微差別以及校樣本的個別誤刻，總體而言《古逸叢書》本《爾雅》在初刻時對底本的翻刻比較忠實④，沒有對底本作明顯校改的例子。

---

① 《宋監本爾雅郭注》，民國二十年（1931）故宮博物院影印本，《天禄琳琅叢書》第一集。
② 長澤規矩也曾將日本神宮文庫藏日本南北朝時代覆宋刊本影印爲《爾雅》三卷，日本昭和四十八年（1973）東京汲古書院出版。長澤規矩也撰《解題》，並附《爾雅各本文字比較對照表》。
③ 《四部叢刊》曾影印十行本《爾雅》，爲清代瞿氏鐵琴銅劍樓舊藏。
④ 現藏臺北故宮博物院的《爾雅》底本我們不易見到，考慮到該《爾雅》底本與日本南北朝翻刻本的影抄關係，這裏權將日本南北朝翻刻本略等同於底本。

其次,清代諱字在校樣本中皆不作缺筆。也就是説,《爾雅》初刻時並沒有對諱字作處理,初刻之後才對避諱字作校改,如:

1. 卷上·一右·8行正文,定本缺末筆之"弘"字,在校樣本中末筆不缺。

2. 卷上·七左·5行正文,定本缺末筆之"寧"字,在校樣本中末筆不缺。

3. 卷上·十九左·1－2行正文,定本缺末筆之"顒"字,在校樣本中末筆不缺。

第三,《古逸叢書》定本糾正了校樣本中的一些筆畫不準確之處及誤刻,如:

1. 卷上·一右·6行雙行小字注:"《詩》曰:'令終有俶'……又曰:'訪予落止'。"校樣本"予"字誤刻作"子",定本改正。按,"訪予落止"一句出《詩·周頌·訪落》:"訪予落止,率時昭考。"毛《傳》:"訪,謀。落,始。"鄭《箋》:"成王始即政,自以承聖父之業,懼不能遵其道德,故於廟中與群臣謀我始即政之事。"①這裏,"予"即指"我",作"子"誤。

2. 卷上·十二左·5行正文:"髦、士,官也。"校樣本"官"字誤刻作"宫",定本改正。按,正文下郭璞注:"取俊士令居官。"可見正文作"官"字是。

3. 卷上·十四左·5行正文:"凶,咎也。"校樣本"咎"字誤刻作"各",定本改正。

第四,《古逸叢書》定本對底本作了校改,有些參校了"十行本"。我們選擇其中一些異文查驗揚州中國雕版印刷博物館藏《古逸叢書》板片,發現這些校改在板片上多有修補痕跡,如:

1. 卷上·十六左·8行正文,定本:"袍,襺也。"下郭璞注:"《左傳》曰:'重襺衣裘。'"校樣本兩處"襺"字所從"虫"旁均作"片"。按,作"襺"字是,從《古逸叢書》板片來看,至少正文中的"襺"字所從"虫"旁明顯爲重刻。

2. 卷上·二十五右·4行正文,定本:"婦稱夫之父曰舅,稱夫之母曰姑。"字與字之間無空位,而校樣本在原"稱夫之母曰姑"的"夫"與"之"之間空一字位置。

---

① 阮元等校刻《十三經注疏》本《毛詩正義》第598頁,北京:中華書局,1980年。

下圖是《古逸叢書》定本的截圖,從這兩行文字的排列來看,"婦稱"一行中"曰舅稱夫"四字的位置與"在則"一行中"君姑沒則曰"五字的位置相當,"曰舅稱夫"四字較之周圍之字明顯拉長加大。在《古逸叢書》板片上可以看到,此四字在一小木條上,爲挖改後嵌入新刻。

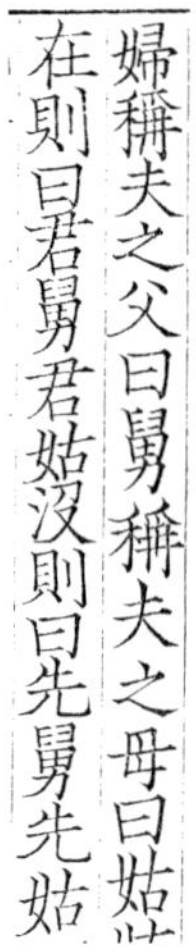

圖三九　《古逸叢書》本《周易程傳》
北京大學圖書館藏

3. 卷中·六正·4行,雙行小字注,定本作:"《詩》曰:'溉之釜鬵'。""溉"字校樣本作"既",十行本作"溉"。按,"溉之釜鬵"一句出《詩·檜有萇楚》:"誰能亨魚,溉之釜鬵。"毛《傳》:"溉,滌也。鬵,釜屬。"作"溉"字是。在《古逸叢書》板片上可以看到"溉"字所從"氵"旁三筆爲後粘在板片上,"氵"旁應爲《古逸叢書》初刻之後對底本校改時所加。

再舉兩個不見於《爾雅各本文字比較對照表》的例子:

4. 卷上·一右·8行,雙行小字注,南宋監本和日本南北朝翻刻本皆作:"《詩》曰:'有王有林'。""王"字《古逸叢書》定本刻爲"壬",爲"壬"字①。按,作"壬"是,十行本此處作"壬"。"有壬有林"一句出《詩·小雅·賓之初筵》:"百禮既至,有壬有林。"毛《傳》:"壬,大。林,君也。"②清

---

①　嚴格來説,"壬"字應爲"𡈼"字,音 tǐng,《説文·𡈼部》:"𡈼,象物出地挺生也。""𡈼"和"壬"的區别在於前者中間横筆短於最後一横筆,而"壬"字中間横筆長於最後一横筆。不過,從文義來看,《古逸叢書》本這裏想要表示的應爲"壬"字。

②　阮元等校刻《十三經注疏》本《毛詩正義》第485頁。

人馬瑞辰指出:"壬,林承上'百禮'言,'有壬'狀其禮之大也,'有林'狀其禮之多也。"①在《古逸叢書》板片上可以看到"壬"字起筆明顯經過修改。

5. 卷上·十六右·3 行"虔,仆也"下雙行小字注,南宋監本和日本南北朝翻刻本皆作"頻躓倒仆","頻"字《古逸叢書》定本刻爲"頓"。按,作"頓"是,十行本此處作"頓"。"頓躓"指行路顛蹶,漢焦贛《易林·小過之剥》:"登高斬木,頓躓蹈險。車傾馬疲,叔伯嗟噓。"《後漢書·馬融傳》:"獸不得猱,禽不得瞥。或夷由未殊,顛狽頓躓。"在《古逸叢書》板片上可以看到,"頓"字所從"屯"旁爲修改後補刻。

由上述可知,《古逸叢書》本《爾雅》對底本作了校改,而且這些校改多是在初刻完成之後審定校樣時所作。

二、《周易程傳》

通過第三章對《周易程傳》版本的介紹我們知道,目前我們要研究《周易程傳》單刻六卷本,可憑藉的似乎只有兩個版本:一個是復旦藏元刻六卷殘本,一個就是《古逸叢書》本(《古逸叢書》底本今已不知何在)。將《古逸叢書》本與復旦藏本比較可以發現,兩者版式行款全同,字體也十分相近。

我們將復旦本卷一與《古逸叢書》本做了逐字比對,發現兩本還是有不少相異處,下面分六個方面列出。復旦所藏元刻本簡稱"復旦本",《古逸叢書》本簡稱"叢書本"。

先來説説卦象。叢書本卷一包括程頤對乾、坤、屯、蒙、需、訟、師、比、小畜、履等十卦的解説,復旦本殘去乾卦以及坤卦的前半部分,其餘八個卦正確的卦象分別應爲:屯䷂、蒙䷃、需䷄、訟䷅、師䷆、比䷇、小畜䷈、履䷉。其中,"比"卦卦象復旦本第四爻誤刻爲陽爻,作䷬("萃"卦),叢書本與復旦本同誤。"比"卦之外,復旦本其餘七卦卦象皆正確,而叢書本又有兩卦誤刻:八左·5 行"屯"卦首爻誤刻爲陰爻,作䷇("比"卦);十六左·2 行"師"卦首爻和第三爻皆誤刻作陽爻,作䷊("泰"卦)。

---

① 馬瑞辰《毛詩傳箋通釋》第 750 頁,北京:中華書局,1989 年。

第二，兩本避諱缺筆有不同。

復旦本卷一缺筆避諱之字有：玄、匡、恒、貞、桓、構①、慎等。這些字皆爲宋諱，如"玄"字是避宋始祖玄朗名諱，"匡"字是避宋太祖趙匡胤名諱，"恒"字是避宋真宗趙恒名諱，"貞"字是避宋仁宗趙禎名諱，"桓"字是避宋欽宗趙桓名諱，"構"字是避宋高宗趙構名諱，"慎"字是避宋孝宗趙昚名諱，等等。其翻刻自宋本無疑。

《古逸叢書》本多數與復旦本同避，但有漏避者：如九左·2行"構"、十二左·9行"貞"、十二左·10行"貞"、十五右·6行"慎"等字，復旦本皆缺末筆，而叢書本未缺筆。

第三，復旦本中多有不符全書體例者，而叢書本體例統一。

1. 九右·1行屯卦象辭下程傳，"難，乃旦反。""難"字復旦本作陽文，叢書本爲陰文。

2. 十四左·1行訟卦卦名"訟"，復旦本作陽文，叢書本作陰文。

3. 十五左·1行訟卦初六象辭下程傳，復旦本"初"、"四"、"二"、"五"皆作陰文，叢書本此四處皆爲陽文。"初"、"四"、"二"、"五"是指該卦各爻，按此書的體例，皆當作陽文。

4. 十六右·2行訟卦九四爻辭下程傳，復旦本"五"、"三"、"初"字皆作陰文，叢書本三處皆爲陽文。

5. 十六左·2行師卦卦象下程傳，復旦本"險"、"順"字皆作陰文，叢書本爲陽文。

6. 十六左·9行師卦象辭下程傳，復旦本"二"字爲陰文，叢書本爲陽文。

7. 十八右·4行師卦六五爻辭下程傳，復旦本"二"字爲陰文，叢書本爲陽文。

8. 十八左·2行比卦下卦名"比"，復旦本作陽文，叢書本作陰文。

9. 廿左·10行小畜卦名"小畜"，復旦本作陽文，叢書本作陰文。

---

① 復旦本避諱有時也不嚴格，如十右·4行"構"字就未缺筆。

10. 廿三右・2 行履卦卦象下,復旦本“乾上兑下”,叢書本作“兑下乾上”。前此諸卦解釋卦象時皆言“×下×上”,復旦本此處不符全書體例。

11. 廿三右・2 行履卦卦名“履”,復旦本作陽文,叢書本作陰文。

以上十一例,復旦本皆與全書體例不符,而叢書本完全符合全書體例。

第四,叢書本與復旦本文字排列位置有不同。

1. 十四右・11 行需卦上六象辭下程傳,復旦本:“雖不當位　而未至於大失也。”叢書本無異文,但兩者文字位置略有不同。如下圖(復旦本因無法取得原文圖像,故只能標明文字位置):

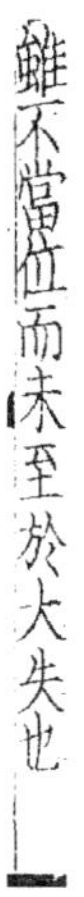
雖不當位而未至於大失也

圖四十　《古逸叢書》本《周易程傳》
北京大學圖書館藏

雖不當位　而未至於大失也

復旦本

復旦本“位”與“而”字之間空一字位置,而叢書本兩字之間無空位。

2. 廿三右・1 行小畜卦上九象辭下程傳,復旦本:“陰敵陽則必消陽,小人抗君子則必害君子,安得不疑慮乎? 若前知疑慮而警懼,求所以制之,則不至於凶矣。”叢書本無異文,但兩者文字位置略有不同,如下圖:

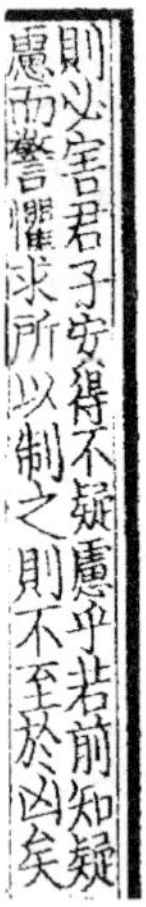

圖四一　《古逸叢書》本《周易程傳》　　　　　　　復旦本
　　　　北京大學圖書館藏

此句第二個"慮"字復旦本排在第一行末，而叢書本排爲第二行首，"慮"字之後"而警懼求所以"六字逐字移至前一字位置。復旦本"以"字和"制"字之間空一格，而叢書本去掉了這個空格。

第五，叢書本顯然爲誤的異文。

1. 九右·9行屯卦初九爻辭下程傳，復旦本"盤，步干反"，"干"字叢書本誤作"于"。

2. 九左·1行屯卦初九象辭下程傳，復旦本"夫以剛明之才而下于陰柔"，"夫"字叢書本誤作"于"。

3. 十一右·2行蒙卦卦辭下程傳，復旦本"告，古毒反"，"告"字叢書本誤作"若"。

4. 十二右·11行蒙卦六五爻辭下程傳，復旦本"童，取未發而資於人也"，"未"字叢書本誤作"末"。

5. 十五左·7行訟卦六三爻辭下程傳，復旦本"質本陰柔"，"本"字叢書本誤作"木"。

6. 十六右·10行訟卦上九爻辭下程傳，復旦本"鞶，步干反"，"干"字叢書本誤作"于"。

7. 廿二右・8行小畜卦六四爻辭下程傳,復旦本"如此,則可以无咎",叢書本作"旡咎","旡"當爲"无"之誤字。

8. 廿三右・10行履卦象辭下程傳,復旦本"疢謂疵病,'夬履'是也"。叢書本作"疢謂疵病,'央履'是也"。這裏,"夬履"即指本卦九五爻辭,叢書本作"央履"顯然有誤。

上述八例叢書本皆誤刻而復旦本不誤。

第六,叢書本與復旦本的其他異文。

1. 十右・6行屯卦六四爻辭下程傳,復旦本:"若求此陽剛之婚媾,往與共輔陽剛中正之君,濟持之屯,則吉而無所不利也。""濟持"叢書本作"濟時"。"濟時之屯"即度過艱難時刻之意,此句之前傳文:"己既不足以濟時(復旦本與叢書本皆作"時")之屯,若能求賢以自輔,則可濟矣。"可見程傳當以叢書本的"濟時"爲是。

2. 十右・9、10行屯卦九五爻辭下程傳,復旦本:"雖屯難之世,於其名位,非有惧也。""惧"字叢書本作"損"。"惧"字意爲憂愁,於此與文義正相反,叢書本作"損"是。

3. 十右・10行屯卦九五爻辭下程傳,復旦本:"威權去己,而欲驟止之,求凶之道。""止"字叢書本作"正"。此句下文有"小貞,謂漸正之也"。叢書本作"正"是。

4. 十左・1行屯卦九五爻辭下程傳,復旦本:"又非括然不爲,若唐之僖、昭也,不爲則常屯,以至於亡矣。""括"字叢書本作"恬"。"括然"於此不辭,叢書本作"恬"是。

5. 十左・10行蒙卦卦辭下程傳,復旦本:"二非蒙主,五既順巽於二,二乃發蒙者也,故生二而言'匪我求童蒙,童蒙求我'。""生二"叢書本作"主二"。"生"顯然爲"主"之誤字,叢書本正確。

6. 十一右・5行蒙卦象辭下程傳,復旦本:"時謂得君之應,中謂處得其中,得中得(原注:一有得字)時也。"叢書本作"得中則(原注:一有得字)時也"。按,原注已言"一有得字",即原注者所見另一本有"得"字,換言之,此本該處當無"得"字,復旦本"得時"之"得"不如叢書本"則時"之"則"更符原文之意。

7. 十一左・2行蒙卦象辭下程傳，復旦本："觀其始出未有所向，則以養育其明德也。"叢書本"觀其始出"和"未有所向"間擠入一"而"字。

8. 十四正・11行需卦上六象辭下程傳，復旦本："然能敬順以自處，則陽不能陵，終得其吉，雖不當位，而未至於大失也。""敬順"叢書本作"敬慎"。此外，復旦本"而未至於大失也"前空一字，叢書本逐字前移，已見前述。

9. 十五右・8行訟卦初六爻辭下程傳，"蓋訟非可長之事，以陰柔之才而訟於下，難以吉矣"。其中"以吉"前一字叢書本作"難"，復旦本作"難"，類"誰"字，實爲宋元本常見"難"字俗體①。

10. 十五左・5行訟卦九二象辭下程傳，"義既不敵，故不能訟，歸而逋竄，避去其所也"。"不敵"前一字叢書本作"既"，復旦本作"旡"，爲宋元本常見"既"字俗體②。"歸"字復旦本作"帰"，叢書本作"埽"，皆爲"歸"字俗體。③"去"字復旦本誤作"云"。

11. 十六右・5行訟卦九四爻辭下程傳，復旦本："夫剛健而不中，則躁動，故不安。""不中"叢書本作"不中正"，三字擠作二字的位置。

12. 十六左・7行師卦象辭，復旦本："《象》曰：師，衆也。貞，正也。能以衆，可以王矣。"叢書本在"能以衆"和"可以王矣"中間擠入一"正"字。

13. 十七右・7行師卦九二爻辭下程傳，復旦本："五居君位，是其止應。""止"字叢書本作"正"。

14. 十八左・5、6行比卦卦辭下程傳，復旦本："筮謂占決卜度，非所以著龜也。所比則元永貞則無咎。"叢書本此句作"筮謂占決卜度，非謂以著龜也。所比得元永貞則無咎"。復旦本"所以"，叢書本作"謂以"；復旦本"則元永貞"，叢書本作"得元永貞"。

15. 十九右・4行比卦彖辭下程傳，復旦本："人之生，不能保其安寧，

---

① 劉復、李家瑞編《宋元以來俗字譜》，北京：文字改革出版社，1957年，第130頁。復旦本俗體字較多，對照《宋元以來俗字譜》可知："孝"（十一右・11）爲"學"之俗字，"只"（十五右・6、十六右・3）爲"興"之俗字，"耽"（十七左・1）爲"職"之俗字，等等。而且正、俗並見，如"無"與"无"、"禮"與"礼"、"與"與"与"、"興"與"只"、"師"與"师"皆兩見，"體"與"躰"與"体"則三見。

② 《宋元以來俗字譜》第148頁。

③ 同上書，第161頁。

方且來此附比。""此"字叢書本作"求"。

16. 十九右·11行比卦初六爻辭下程傳,復旦本:"孚,信在中也。"叢書本作"孚,信之在中也"。多一"之"字。

17. 十九左·8行比卦六三爻辭下程傳,復旦本:"四,陰柔而不中;二,存應而比初;皆不中正,匪人也。""存應"叢書本作"有應"。

18. 廿右·2行比卦六四爻辭下程傳,復旦本:"説數相須,其義始備。""説數相須"叢書本作"數説相須"。

19. 廿右·7行比卦九五爻辭下程傳,復旦本:"先王以四時之畋,不可廢也,故推其仁心,爲王驅之禮,乃《禮》所謂天子不合圍也。""爲王驅之禮"叢書本作"爲三驅之禮"。"三驅之禮"是指謂田獵時三面驅趕野獸,讓開一面,以示不趕盡殺絶的一種田獵禮制,作"王驅之禮"誤。

20. 廿左·10行小畜卦卦象下程傳,復旦本:"又相親比畜志相則小畜所以次比也"。叢書本作"又相親比,則志相畜,小畜所以次比也。"復旦本"畜志相則"不辭。

21. 廿三左·3、4行履卦象辭下程傳,復旦本:"後世自庶士至於公卿日至於尊榮,農工商賈日至於富侈,億兆之心,交鶩於利,天下紛然,如之何其可一也?""日至於尊榮"和"日至於富侈"的兩個"至"字,叢書本皆作"志"。從文義看,原文似謂,"自庶士至於公卿"每天想的是如何尊榮,而"農工商賈"每天想着如何富侈,結果就是"億兆之心,交鶩於利"。此處當以作"志"字爲是,復旦本誤。

22. 廿三左·6行履卦初九爻辭下程傳,復旦本:"夫人不能自安於貧賤之素,則其進也,乃貪躁而動,求去乎貧賤矣,非欲有爲也。""矣"字叢書本作"耳"。

23. 廿三左·8行履卦初九爻辭下程傳,復旦本:"安履其素而往者,非苟利也,獨行其志願尔。""尔"字叢書本作"耳"。

24. 廿三左·9行履卦九二爻辭,復旦本作:"象曰:履道坦坦,幽人貞吉。"叢書本作:"九二:履道坦坦,幽人貞吉。""履道坦坦,幽人貞吉"一句爲九二爻辭,各本皆如此,復旦本作象辭顯然有誤。

25. 廿四正·4行履卦六三爻辭下程傳,復旦本作:"武人爲于大君,如武暴之人而居人上,肆其躁暴而已,非能順履而遠到也。""暴"字叢書本作"率"。

我們查閱了《周易程傳》元刻十卷本、三種《周易程傳》和朱熹《周易本義》的元代合刻本①,來比較這二十五例的各本異文。下面先列叢書本文本,各本與叢書本文本相同者用"—"表示,如不同則列出其異文,二十五例所對應各本之異如下:

	《古逸叢書》本	名錄 00195 號	名錄 00199 號	名錄 00200 號	名錄 00201 號	復旦本
1	濟時	—	—	—	—	濟持
2	損	—	—	—	—	愩
3	正	—	—	—	—	止
4	恬	—	—	—	—	括
5	主	—	—	—	—	生
6	得中則("一有得字")時	得中則時	得中得時	—	—	得中得("一有得字")時
7	觀其始出而未有所向	觀其始出未有所向	觀其始出未有所向	—	觀其始出未有所向	觀其始出未有所向
8	敬慎	敬順	敬順	—	敬順	敬順
9	難	—	—	—	—	難(異體)
10	既	—	—	—	—	忱
10	埽("掃"異體,此處藉爲"歸")	婦("歸"字俗體二)	歸	歸	歸	帰("歸"字俗體三)
	去	—	—	—	—	云

---

① 《周易程傳》元刻十卷本即《第一批國家珍貴古籍名錄》00195 號,半葉七行,行十五字者。三種《傳》《義》合刻本分別爲:《第一批國家珍貴古籍名錄》00199 號,《程朱二先生周易傳義》十卷,元後至元二年(1336)建安碧灣書堂刻本;《第一批國家珍貴古籍名錄》00200 號,《周易程朱傳易音訓》十卷,元至正六年(1346)虞氏務本草堂刻本;《第一批國家珍貴古籍名錄》00201 號,《周易程朱先生傳義附錄》二十卷,元延祐二年(1315)圓沙書院刻本。本文所用皆爲中華再造善本。

續表

	《古逸叢書》本	名錄00195號	名錄00199號	名錄00200號	名錄00201號	復旦本
11	不中正	不中	不中	—	不中	不中
12	正可以	—	可以	—	—	可以
13	正	—	—	—	—	止
14	謂	—	所	—	—	所
	得	—	則	—	—	則
15	求	—	此	—	—	此
16	信之在中也	—	信在中也	—	—	信在中也
17	有	存	存	存	存	存
18	數説	—	説數	—	—	説數
19	三驅	—	—	—	—	王驅
20	則志相畜	—	—	—	—	畜志相則
21	志、志	—	至、至	—	—	至、至
22	耳	—	—	—	—	矣
23	耳	爾	爾	—	爾	爾
24	九二	—	—	—	—	象曰
25	率	暴	暴	—	暴	暴

從各本異文情况來看,第1、2、3、4、5、9、10("云"字)、13、19、20、24諸例,各本無一與復旦本相合者,而皆與叢書本同。其中除第9例復旦本爲俗體字,不能算作有誤之外,其餘皆在我們從文義判斷復旦本有誤的範圍之内。

這些不同在《古逸叢書》板片上的情况如何呢?揚州中國雕版印刷博物館保存的《古逸叢書》板片中,《周易程傳》一書的板片保存良好。將上述不同驗之於這些板片,我們發現:

上述第一、第二、第五方面的例子,在板片上皆找不到剜改痕跡。而第三方面與全書體例相關的十一例中,例1、例4"三"、"初"字、例7這幾處在板片上無剜改痕跡,例3"二"、例6剜改痕跡似有似無,此外各例在板片上皆有剜改後新刻的痕跡。第四方面復旦本與叢書本文字位置不同的兩例,在板片上皆有明顯的剜改痕跡:從板片上看,"而未至於大失也"一句七字在一小木條上,爲將原板剜改後嵌入新刻;"而(下半字)警懼求所以制(上半字)"諸字在一小木條上,亦爲將原板剜改後嵌入新刻。第六方面的二十五個例子中,第6、11、12、14、15、16、18、20、21、22、23、24等十二例在板片上的相應之處皆能找到明顯的剜改修補痕跡。

這裏,"第四"復旦本與叢書本文字位置不同的兩例頗引起我們的注意。復旦藏元刻本在某字前出現空格很可能是元代刊刻者對文字有校改所致,我們檢查了上述幾種元刻本,這兩處皆未有類似空格。而叢書本兩處恰有剜改重新刊刻痕跡,這很難用偶然性巧合來解釋,很可能叢書所據底本在這兩處也有類似問題(即某字前出現空格),叢書初刻時照刻,而後來在審訂校樣時,楊守敬對這兩處作了校改。至於"第三",與全書體例相關的復旦本誤而叢書本正確的十一例中,多數能在板片上找到剜改修補痕跡,這也說明叢書所用底本與復旦本十分相近。此外,"第一"復旦本屯卦卦象誤刻,叢書本與之同誤,更增加了叢書本底本與復旦本同版的可能性。

由上述我們認爲叢書本底本與復旦本很可能爲同版書,只是《古逸叢書》本在覆刻過程中對底本作了不少校改,在板片上無剜改修補痕跡者爲覆刻前已作校改,板片上有剜改修補痕跡者則爲初刻之後所作校改。

當然,叢書本底本與復旦本兩者爲不同版本的可能性也不能說一點不存在。我們知道,《周易》爲元代科舉取士所用之書,《周易程傳》是當時士子中很流行的一種書。這種書需求量既大,坊間有時爲了省時省錢,不重新寫樣,而直接覆刻某版書,即將原書拆成散葉直接粘在板木上進行刊刻,結果覆刻出來的書與原本一模一樣。復旦本和《古逸叢書》底本之間存在這種版本間的覆刻關係也是有可能的。如果是這樣,那麼它們雖然並非同一版本,也當以關係極近之本視之。無論如何,至少有一點可以肯定,那就是《古逸叢書》本對底本作了校改。

三、《玉篇》

《玉篇》原本多爲卷子本，《古逸叢書》皆改爲刻本形制。前文已經指出，《玉篇》各卷的底本多有不同，考察《古逸叢書》本的校改情况應針對不同的底本，遺憾的是，那些底本多不易見。這裏僅就我們所能見到的相關版本，來談談《玉篇》一書可能的校改情况。

第一部分，卷九（册部"嗣"字至欠部"欨"字）的底本爲日本崇蘭館藏本的影抄本，崇蘭館藏本後由羅振玉在民國六年（1917）用珂羅版影印出版①，將叢書本與之比對，兩者字體十分相近，文字相異的現象很少，僅見一例："只"字下，崇蘭館藏本"諸移之尒二反"，"移"字叢書本作𣎴②。"𣎴"字似爲"移"字誤刻。此外叢書本也有一些筆畫上的瑕疵，如："歌"字下，崇蘭館藏本"《廣雅》：'吐也'。""吐"字叢書本作哇，右旁類"主"形；"欣"字下，崇蘭館藏本"虛殷反"，"殷"字叢書本作𣪘。由於叢書並非直接覆刻崇蘭館藏原本，而是覆刻它的一部影抄本，這些小誤既可能源自影抄本，也可能是叢書本刻工誤刻。總的來說，這一部分未發現叢書本對底本有明顯的校改痕跡。

第二部分，卷九（言部至幸部，包括後印的册部至欠部）所用底本爲早稻田大學藏本的仿寫本。今將叢書本與早稻田大學藏本③相校，兩者字體相差較大，且有不少字句上的差異，如：

1. "諭"字下，早稻田藏本："儈，合儈市也。音古會反，在人部人部。《字書》古文爲䑛字，在舌部也。"按，這裏衍"人部"兩字，叢書本後"人部"兩字未鏨，但保留空缺位置，似底本亦有"人部"兩字衍文。"古文"之"古"叢書本誤刻爲"云"。

2. "諈"字下，早稻田藏本："竹恚反。《爾雅》：'諈諉，累□④。'郭璞曰：'以事相屬累爲諈也。'"叢書本"累"字下直接接"郭璞曰"。按，"諈諉"

---

① 中華書局《原本玉篇殘卷》第 109—117 頁。
② "𣎴"字確有其字，見於《改併四聲篇海》引《龍龕手鑑》，音談，又見於《字彙補》。
③ 早稻田大學所藏本圖像見《續修四庫全書》經部第 228 册第 245—321、334—373 頁。
④ "□"處，原本已經漫漶，完全看不到墨跡。

在《爾雅·釋言》,該篇《爾雅》所釋皆以"也"字完句,早稻田本"□"處亦當爲"也"字。叢書本無"也"字位置,誤。

3. "諉"字下,早稻田藏本:"《漢書》'尚有可諉者',孟康子曰'諉,累也'。"叢書本:"孟康曰(空一字)'諉,累也'。""孟康"後無"子"字,且"曰"後空一字位置。

4. "謙"字下,早稻田藏本:"《尚書》'滿照損,謙受益'也是。"叢書本作:"《尚書》'滿招損,謙受益'是也。"

5. "誼"字下,早稻田藏本:"《周易》……又曰'堅柔之誼①際無咎也'。王弼曰'議猶理也'。"叢書本作:"'堅柔之際,誼無咎也。'王弼曰'義猶理也'。"按,"議"、"義"兩字可以通用字視之,但早稻田藏本"誼""際"互倒,則文義不通。《周易·解卦》初六:"象曰:剛柔之際,義無咎也。"②"誼"、"義"相通。叢書本正確。

6. "譺"字下,早稻田藏本"又案和(原旁注:知)是譺譺者"。"案和"兩字叢書本作"安知",旁仍注"知"字。這裏,"案"、"安"兩字可通用,但原本既有旁注"知"字,則"案"或"安"後面的那個字顯然不應爲"知"。

又,"譺"字下早稻田藏本"讒人譺譺孰何懟","何"字叢書本作"可"。

7. 早稻田藏本"調"字,叢書本作"詷"。注文早稻田藏本作:"徒貢反。《説文》:'共同也。一曰諴也。'《蒼頡篇》:'蒼會也,亦調也。'《聲類》:'又儈也。'《字書》:'諡,調也。'"在第二個"蒼"字處叢書本空一字位置,且兩"調"字皆作"詷"。查今本《説文》"詷"字下:"共也……一曰諴也。"而"調"字下:"和也。從言周聲"。叢書本與今本《説文》相合。早稻田本"蒼頡篇"下"蒼"爲衍文,叢書本不誤。

8. "譞"字下,早稻田藏本:"野王案,謂慧慧也,與儇字同,在人部。""慧"字下爲重文符。叢書本"慧"字下無重文符,空一字位置。按,《廣韻》:"譞,智也。"《説文》:"儇,慧也。"《方言》:"儇,慧也。"早稻田藏本的重文符爲衍符,叢書本正確。

---

① "誼"字原右旁缺。
② 阮元等校刻《十三經注疏》本《周易正義》第 52 頁,北京:中華書局,1980 年。

這部分内容與早稻田藏本相比，叢書本有誤有正。之所以有"誤"，一者可能是叢書本所據底本即如此，二者可能是叢書本的誤刻，如今已很難考證。而之所以有"正"的原因同樣也有兩種可能性，一種是叢書本所據底本即如此，另一種可能是黎、楊對底本作了一定程度的校改。從揚州中國雕版印刷博物館所藏的《古逸叢書》板片情况看：上述第1例、第2例、第5例"義"字、第7例、第8例皆未見有修挖痕跡；第3例"曰（空一字）"、第4例"是也"、第5例"柔之際誼"等處皆爲挖改後嵌入小木條新刻；第6例"知"字有修補痕跡，"可"字左邊原有偏旁，後鏟去。看來，叢書本確實對底本作了一定程度的校改。不過，這些校改似乎比較倉促，不僅有些錯誤失校，而且又有改錯的，如上述第6例"知"字就爲誤改。

第三部分，卷十八（放部至方部）底本爲柏木探古藏古寫本，將它與《東方文化叢書》所影印之東京藤田氏古梓堂藏抄本卷十八①相校，兩者字體筆畫極其相近，《古逸叢書》本所摹蟲蛀痕跡也與藤田氏抄本相合，頗疑藤田氏古梓堂所藏者即柏木探古藏原本。我們比較了部目及放部、丌部、左部、工部字，未發現兩者有異文。

第四部分，卷十九（水部）底本爲柏木探古仿寫本，將它與《東方文化叢書》所影印之大阪藤田氏藏抄本卷十九②相校，兩者字體有一定差距，且異文較多，如：

1. "涿"③字下，藤田氏藏抄本："應劭曰：'涿水出成谷涿鹿縣。'""出成谷"《古逸叢書》本作"出④上谷"。涿鹿縣在漢代上谷郡，作"成谷"誤，叢書本正確。

2. "瀧"字下，藤田氏藏抄本："《方言》：'瀧涿謂之沾清。'……《廣雅》：'瀧，清也。'""清"字《古逸叢書》本皆作"濆"。今本《方言》、《廣雅》均用"濆"字，未見作"清"者。

---

① 見《續修四庫全書》經部第228册第375—424頁。
② 同上書，第430—453頁。
③ 《古逸叢書》本和《東方文化叢書》本皆作"涿"。
④ "出"字微有訛誤，類"生"字。

3.　"溱"字下，藤田氏藏抄本："《説文》：'溱，浦也'。""浦"字《古逸叢書》本作"沛"。今本《説文》多作"沛也"。

4.　藤田氏藏抄本"澂"字頭，中間偏旁下面從"耳"，《古逸叢書》本作"澂"，即"澂"字。下注文以及"浧"字注文也有相似情況。

5.　"濛"字下，藤田氏藏抄本："戔云：雨ㄟ濛ㄟ然也。""戔"即"箋"，文中是指毛《詩》箋。"雨ㄟ濛ㄟ"《古逸叢書》本作"雨（空一字）濛ㄟ"。今本毛箋作："雨濛濛"，藤田氏藏抄本"雨"下重文號爲衍符。

第五部分，卷廿二底本爲日本延喜抄本的傳抄本，將《古逸叢書》本與延喜抄本①相校，兩者字體有一定差距，異文較多，這裏略舉兩例：

1.　部首中，延喜抄本"厄部第三百五十"，"厄"字《古逸叢書》本作"危"，從該部所屬之字來看，此當爲"危"部，"厄"爲"危"形之訛，叢書本正確。且"屾部第三百卌四"，"卌"字上延喜抄本有兩畫衍文，《古逸叢書》本無。

2.　"欝"字下注文末，延喜抄本"尚書帝曰咨四岳野王案四岳官名"一句，與上文完全重復，爲衍文。《古逸叢書》本删去此句，其餘文字位置皆未變。

第六部分，卷廿七（糸部"糸"字至"纏"字）底本爲日本人得能良介刻本，得能良介刻本又影刻自日本高山寺藏唐寫本。② 將《古逸叢書》本與高山寺本③比對，兩者異文較少，我們比對了自卷廿七卷端至"續"字，發現有兩處異文：

1.　"純"字下，高山寺本："《論語》：'麻冕，禮也，今也純儉。'""今"字叢書本作"令"。叢書本誤。

2.　"經"字下，高山寺本："《風俗通》：'一千曰萬，十萬曰億。'""一"字叢書本改作"十"。叢書本正確。

---

① 《續修四庫全書》經部第 228 册第 455－567 頁。
② 《玉篇》卷廿七前半"糸"部"纏"字下有得能良介跋文："……予偶借覽高山寺所傳古文書，獲卷子本《玉篇》一軸，取而校之，……因付寫真，更上梓……"得能良介刻本影刻自高山寺藏本。高山寺本圖像見《續修四庫全書》經部第 228 册第 575－640 頁。
③ 《續修四庫全書》經部第 228 册第 575－640 頁。

兩本之間的異文既可能是得能良介對高山寺本的誤改和校改,也可能是楊守敬對得能良介本的誤改和校改,因未能見到得能良介刻本全書,暫且存疑。

第七部分,卷廿七(糸部"經"字至索部)底本爲柏木探古仿寫本,祖本爲日本石山寺藏唐寫本。將《古逸叢書》本與石山寺本①相校,異文較多,僅半葉就有以下異文:

1. "經"字下,石山寺本"結反",叢書本補一"徒"字,"徒結反"是注"經"字音,叢書本正確。

2. "經"字下,石山寺本:"《喪服傳》:'首經大,五分去一以爲布帶。'""首經"叢書本作"苴經"。今本《儀禮·喪服》:"傳曰:苴經大搹,左本在下。去五分一以爲帶。""苴經",苴是一種麻,經是指縫在衣衿胸口處的一塊麻布,苴經是最粗劣的經。搹,握也。叢書本作"苴經"正確,但石山寺本和叢書本皆漏"搹"字。

3. "經"字下,石山寺本:"鄭玄曰:麻在首在腰皆曰經,……首經象緇②布,……腰經象大帶。""經"字叢書本皆作"経","首經"叢書本作"苴経"。按,《儀禮·喪服》首句鄭注:"麻在首在要皆曰經,……首經象緇布,……要經象大帶……"③可見叢書本作"経"是正確的。不過,石山寺本"首經"之"首"本不誤,叢書本卻將其改誤。

4. "経"字下,石山寺本:"鄭玄曰:'所表哀戚也。'""所"後叢書本補"以"字。

5. "纏"字下,石山寺本:"《說文》:'交糸也。'"叢書本作"交枲也"。今本《說文》及《玉篇》引《說文》皆作"交枲也"。

6. "絅"字下,石山寺本:"《方言》:'絅,校。'"叢書本作"絅,絞也。"今《方言》各本多作"絞",未見作"校"者。

第四、五、六、七四部分的異文,《古逸叢書》本多合於今本,很可能是

---

① 《續修四庫全書》經部第228册,第641—672頁。
② "緇",高山寺本作結,似爲俗寫字。
③ 《四部叢刊》本影印明徐氏仿宋刻《儀禮》十七卷本,其中"要"即"腰"字。

經過校改所致。

蘇芃先生通過比對《續修四庫全書》本與《古逸叢書》本,指出《古逸叢書》本"雖然也經過了比較縝密的校勘,糾正了殘卷本來的一些抄寫訛誤,但是'黎本'的校改未作'校勘記'交代,具體哪裏是卷子原貌,哪裏是校改後的結果,我們不得而知,並且'黎本'在校改時把原卷不誤之處改錯的例子,也不在少數,因此'黎本'就不足爲學術研究的文獻依據了"。① 所言基本是正確的。不過,《古逸叢書》刊刻時間十分緊張,很難說會經過"縝密的校勘",而且它雖然確實對底本有所校改,但是《古逸叢書》本許多卷是"輾轉傳摹上木",有些"把原卷不誤之處改錯的例子"恐怕並非有意校改,而是所據底本即如此。

四、《太平寰宇記補闕》

前文已經指出,該本採用影照法上木刊刻。2000 年中華書局將全部宋本影印,②我們用《古逸叢書》本與宋本對照,比較其卷十六和卷十七兩卷,發現兩者的不同之處很少,但也還是有一些,如:

1. 卷一百一十八・六右・4 行:"紫苑"下注文:"州出北藥入貢,因名紫苑。""北"字《古逸叢書》本改作"此"。

2. 卷一百一十八・七左・6 行:"緑羅",《古逸叢書》本改作"緑蘿"。

這兩例底本之誤比較明顯,《古逸叢書》本直接將其改刻。

此外,《古逸叢書》本有一些誤刻之字,如:

卷一百一十六・六右・2 行:"有巖名秦巖,長二百九十一丈","丈"字叢書本誤刻作"文"。

卷一百一十六・十二左・8 行:"東北至西京三千一百七里","七"字叢書本誤刻作"士"。

卷一百一十六・十四右・2 行:"故洮陽縣在縣西北三十五里","洮"字叢書本誤刻作"兆"。

---

① 蘇芃《原本〈玉篇〉殘卷國內影印本述評》,《中國典籍與文化》2008 年第 4 期。
② 《太平寰宇記》,中華書局 2000 年影印日本宮內廳書陵部藏宋刻殘本。

卷一百一十七·一右·9行："宋孝武帝徙順陽王休範爲桂陽王"，"王"字叢書本誤刻作"主"。

卷一百一十七·九左·1行："太康地志云"，"太"字叢書本誤刻作"大"。

總的來說，此書《古逸叢書》本校改很少。大概是由於叢書所刻這幾卷我國久已失傳，沒有別的版本可作參校之故。

五、《穀梁傳》

前文已經指出，此書底本爲南宋余仁仲刻本的影抄本，今已不存，宋刻原本也已經被燒毀。臺北故宮博物院藏有一部南宋余仁仲刻《穀梁傳》殘本，存卷七至卷十二共六卷，爲清代瞿氏鐵琴銅劍樓舊藏，與《古逸叢書》底本所據的宋刻本爲同版書。臺北故宮藏本《四部叢刊》已經影印，[①]我們將叢書本與《四部叢刊》影印本卷七至卷十二比對，發現兩者有些不同。

《古逸叢書》本後附楊守敬所撰《余仁仲萬卷堂穀梁傳考異》一卷（以下簡稱《考異》），用余仁仲本來考訂《穀梁傳》各本異文。上述很多不同《考異》已經指出，比如：

1. 卷七·二右·3行，宣公二年注文，《四部叢刊》本作"何休曰：書獲皆生也"，叢書本作"何休曰：書獲皆生獲也"。《考異》指出："二年解'生獲'。各本同，何校余本無'獲'字，不相應。"

2. 卷八·三右·10行，成公二年注文，《四部叢刊》本作"蓋言處父亢禮敵公"，叢書本作"蓋言高傒處父亢禮敵公"。《考異》云："何校余本脱'高傒'二字，不相應。按此行字密，當是何所見本爲初印，此爲余氏覆校挖補擠入也。"

3. 卷八·六右·4行，成公七年注文，《四部叢刊》本作"國無賢若"，叢書本作"國無賢君"。《考異》云："何校余本'君'誤'若'，不相應。"

4. 卷十一·二右·8行，定公元年傳文，叢書本在"秋大雩，非正也"

---

① 《四部叢刊》本《春秋穀梁傳》的卷七至十二，當時就是借瞿氏鐵琴銅劍樓藏本影印，而卷一至卷六則用《古逸叢書》本配補。

一句下有"冬大雩,非正也"一句,《四部叢刊》本無。《考異》指出:"何校余本脱此六字,此不應,當是挖補擠入。"

5. 卷十二・三右・2至3行,哀公二年傳文,叢書本"以輒不受也。以輒不受父之命,受之王父也。信父而辭王父,則是不尊王父也"。《四部叢刊》本無"以輒不受也"五字。《考異》指出:"傳'以輒不受也',何校余木脱此五字,此不應,亦有擠入痕。"

這裏,"何校余本"是指清代學者何煌校余仁仲本,何校被收入阮元《十三經注疏校勘記》,楊守敬所引"何校余本"即據阮氏《校勘記》。而何煌所用的余仁仲本,即今藏臺北故宫的這部。① 也就是説,"何校余本"實際就相當於今藏臺北故宫的余仁仲本。

通過將"何校余本"與自己所得的影抄本(即《古逸叢書》底本)相比較,楊氏發現,兩本的文字並不完全相同,《考異》指出:"以何氏校本照之,有應有不應,當由何氏所見爲初印本,此又仁仲覆校重訂者。故于何氏所稱脱誤之處,皆挖補擠入。然則此爲余氏定本,何氏所見猶未善也。"②敏鋭地指出這些不同爲余仁仲刻本之初印本和覆校重訂本之别,即臺北故宫藏本爲余仁仲初印本,楊守敬所得影抄本所據宋刻本爲余仁仲覆校重訂本,兩本爲同版的不同印本。張麗娟指出:"今臺北故宫博物院所藏的余仁仲刻《春秋穀梁傳》殘本,是未經校訂的較早印本;而《古逸叢書》的底本阿波國文庫所藏余仁仲刻本,則是經過校訂修版的後印本。後印本糾正了初印本的文字訛誤,或增補脱漏,或删除衍字。因爲後印本的版面經過剜改,因此改動之處可見明顯的痕跡,增字處行字擁擠過密,删字處或行字過疏,或留下空格。"③這是很正確的。

但事實上,還有一些叢書本與南宋余仁仲刻《穀梁傳》殘本的相異之處,《考異》未作説明,如:

---

① 《鐵琴銅劍樓藏書目録》卷五著録此本云:"原書十二卷,每公爲一卷,與唐石經合,今存宣公以後六卷。……其足據以訂注疏本之訛者,已詳阮氏《校勘記》所引何氏煌校本中,何氏所見即屬此本。"清瞿鏞撰《鐵琴銅劍樓藏書目録》第134頁,《清人書目題跋叢刊》第3册,中華書局影印本,1990年。
② 《古逸叢書》本《春秋穀梁傳》卷末楊守敬跋。
③ 張麗娟《南宋建安余仁仲刻〈春秋穀梁傳〉考》,《版本目録學研究》第一輯。

1. 卷七・一右・4行，宣公元年注文，《四部叢刊》本"與聞音豫"，叢書本作"與門音豫"。

2. 卷七・七左・3行，宣公十二年傳文，《四部叢刊》本"日，其敗事也"。叢書本作"日，其事敗也"。

3. 卷七・九右・5行，宣公十六年注文，《四部叢刊》本"甲氏、留籲，亦狄別種"。"亦狄"叢書本刻作"赤狄"。

4. 卷十一・二右・9行，定公元年注文，《四部叢刊》本"各，禾嫁既成"，叢書本作"冬，禾嫁既成"。

5. 卷十二・三左・11行，哀公四年注文，《四部叢刊》本"若衛祝吁稱其君完之類"，"稱"叢書本作"弒"。

6. 卷十二・七左・2行，哀公十三年注文，《四部叢刊》本"不如冠有差等，唯欲好冠"，"如"字叢書本作"知"。

這裏，第1例"與聞音豫"是注正文"與聞乎故也"一句，意思是"與聞"之"與"，讀同"豫"，叢書本將"聞"字刻作"門"顯然屬於誤刻。第2例叢書本似更順一些，但很難説《四部叢刊》影印之原刻本就一定有誤。第3例，"赤狄"是春秋時狄人的一支，與晉人雜處，今本皆作"赤狄"，無作"亦狄"者。第4、第5、第6諸例，從文字上看《四部叢刊》影印之原刻本顯然皆誤，而叢書本正確。

上述異文除第1例外，當然也可以用前述余仁仲初印本、後印本的不同來解釋，但楊守敬在《考異》中既没有交代，則這些異文也有可能是《古逸叢書》刊刻時對底本作了校改所致。揚州中國雕版印刷博物館中的《古逸叢書》板片第十二卷已缺，因此第5、6兩例板片情況不明，其餘四例，在板片上並未找到明顯的修補痕跡，所以如果是叢書本對底本有校改，應也是刊刻前所爲。

第四節　楊守敬説明不改但實際有校改

有的書，楊守敬在相關跋文中明確説明對底本不作校改，但是我們通過比對，發現《古逸叢書》本在刊刻過程中還是存在一些有意的校改。試舉

《韻鏡》一書來說明。

前文已經指出,《韻鏡》底本爲日本永禄七年(1564)刻本。楊守敬《日本訪書志》"韻鏡"條在列舉了一些對永禄本的疑問之後,指出:"凡此差互,不無疑竇,或又校改傳刻之誤。<u>今悉依原本,俟識者定之</u>。又圖後所列韻字'東'、'冬'以下,余所見日本別刻本皆作陽文,此本陰、陽文錯出,似無義例,<u>亦不校改以存其真焉</u>。"强調對底本不作任何校改。

叢書所用底本今已不知何在。日本京都大學圖書館藏有一部永禄七年刻本《韻鏡》,與叢書所用底本爲同版書,可等同於底本用來與叢書本作比較。京都大學藏本的影像已完整地公佈於網絡上[①],此舉兩幅書影與《古逸叢書》本對照:

書影一:

圖四二　日本永禄七年刻本《韻鏡》　日本京都大學圖書館藏

---

① http://edb.kulib.kyoto-u.ac.jp/exhibit/t107/image/1/t107s0001.html

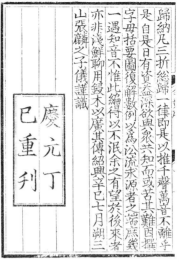

圖四三 《古逸叢書》本《韻鏡》 北京大學圖書館藏

書影二：

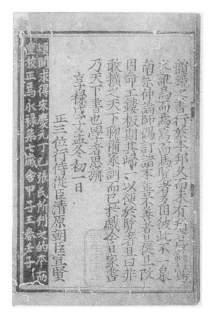

圖四四 日本永祿七年刻本《韻鏡》
日本京都大學圖書館藏

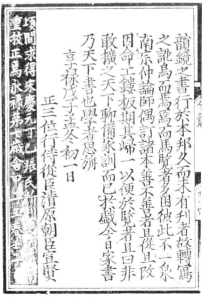

圖四五 《古逸叢書》本《韻鏡》
北京大學圖書館

可以看到，兩者牌記位置、版式行款皆相同，字體字形亦極爲相近，叢書本對永禄本的覆刻似乎十分忠實。

但進一步將兩本逐字比對，發現兩者文字其實並不完全相同，其中有異文。這些異文中，有些屬於叢書本誤刻，有些則爲叢書本對底本進行了校改所致。

先看下面三例。

1.《内轉第二開合》脣音"腫"韻三等字，永禄本作○奉䙝○，《古逸叢書》本作○奉捧䙝①，這四個字的聲紐從右至左依次爲"非敷奉微"。"䙝"字永禄本在"敷"紐下，而叢書本改置於"非"紐下，並且叢書本"敷"紐之字改爲"捧"。李新魁指出："'䙝'字《廣韻》、《集韻》、《徐鉉音》俱作方勇切，《王三》作方奉反，在非紐。寬永本䙝字列於敷紐'捧'字地位，'捧'字缺。寬永本誤，此本不誤。"②其所指"此本"即指《古逸叢書》本，永禄本與寬永本同誤，而叢書本不誤，應是叢書本在刊刻時作了校改所致。

2.《内轉第二開合》喉音"沃"韻一等字，永禄本作○○𪄻沃，《古逸叢書》本作○鵠𪄻沃，於匣紐的位置補"鵠"字。鵠，《唐韻》、《集韻》、《韻會》皆作"胡沃切"，"胡"與"鵠"同爲匣紐，置於表中音韻地位正合適。此字較大，與周圍字字體明顯不同，亦當爲叢書本所加。

3.《外轉第十三開》舌音齒"齊"韻，永禄本○黎，日紐的位置僅畫一圈，《古逸叢書》本作䶳黎，日紐位置於圈中補"䶳"字。李新魁指出："'䶳'字永禄本字外有一圓圈，寬永本字外無圈。前者原來當亦爲空位，'䶳'字顯係後人所增，故字外尚有圓圈。'䶳'字《徐鍇音》作'䶳，仍奚反'，論音在齊韻；《切三》亦在齊韻，'人兮反'又'奴兮反'。《唐韻》則與'栘'字別爲一部。《磨光》列合三。按：若從門法日寄憑切條，此字當憑切上字列於三等。《集韻》作人移切，則切下字與被切字等列相一致。"③李

―――――――
① 這裏的䙝字即"䙝"字省寫，《説文》："䙝，反覆也。從而，乏聲。"
② 李新魁《韻鏡校證》，北京：中華書局，1982年。該書將《古逸叢書》本《韻鏡》等同於永禄本《韻鏡》，並以《古逸叢書》本爲底本進行校勘。此條見《韻鏡校證》第135頁。
③ 同上書，第164頁。

先生這裡所指的"《永禄本》"是指《古逸叢書》覆刻永禄本,並不是真正的永禄本原本,他認爲"原來當亦爲空位,齾字顯係後人所增",恰與真正的永禄本相合。"齾"字爲叢書本所加。

以上三例顯然不能歸之於刻工的誤刻,而只能將其歸之於叢書本對底本的校改,楊守敬"悉依原本"之説並不符實際。

此外,叢書本還有一些刻工的誤刻楊守敬未能校出,試舉數例:

4.《外轉第十七開》"質"韻舌音齒"清濁"紐下,永禄本日,《古逸叢書》本刻作"月"。"月"爲"月"韻字,列於"質"韻下顯然不合適。李新魁指出:"《廣韻》'月'字在月韻,本書列於此位不合。此位依《廣韻》、《集韻》當列'日'字,人質切。此當爲'日'字之誤。其他各韻圖俱作日可證。"①其實永禄本此字更似"日",叢書本誤刻作"月"字。

5.《外轉第二十五開》"效"韻喉音"清"紐下,永禄本𪘀,《古逸叢書》本刻作𪘀。李新魁指出:"此字原作𪘀。查《廣韻》無此字,《廣韻》有'䯀'字,於教切,在此位。此當是'䯀'字之譌。寬永本及其他韻圖均列'䯀'字。"②𪘀爲叢書本誤刻,永禄本不誤。

6.《内轉第三十八合》"緝"韻齒音"濁"紐下,永禄本襵,《古逸叢書》本刻作襧。李新魁指出:"此字原寫作襧,當是'襵'字之譌。寬永本亦作'襵',不誤。'襵'字《廣韻》作似入切,與'習'字同一小韻;《集韻》亦然,作席入切。《切三》、《王三》、《唐韻》此字作神執反,與'習'(似入反)分立。本書同後者。"③此條亦爲叢書本誤刻,永禄本不誤。

7.《外轉第三十九開》"勘"韻牙音"清"紐下,永禄本紺字,《古逸叢書》本刻作紺。李新魁指出:"此字原譌作紺,《廣韻》作紺,當據改。"④紺字爲叢書本誤刻,永禄本不誤。

8.《外轉第三十九開》"帖"韻舌音齒"清濁"紐下,永禄本作𪘁,《古逸

---

① 李新魁《韻鏡校證》,北京:中華書局,1982年。該書將《古逸叢書》本《韻鏡》等同於永禄本《韻鏡》,並以《古逸叢書》本爲底本進行校勘。此條見《韻鏡校證》,第192頁。
② 李新魁《韻鏡校證》第238頁。
③ 同上書,第288頁。
④ 同上書,第293頁。

叢書》本作䒟。李新魁指出："此字原書作䒟，誤筆。《廣韻》作'甈，盧協切'，當據改。其他韻圖作'甈'不誤。"①同字爲叢書本誤刻，永禄本不誤。

其他還有一些個別筆畫方面的問題，如：《外轉第二十三開》"仙"韻牙音"次清"紐下，永禄本㲂，叢書本刻作㲂；《外轉第二十四合》"緩"韻舌音齒"清濁"紐下，永禄本作卵，叢書本刻作卵；《外轉第二十三開》"線"韻舌音"清濁"紐下，永禄本輾字，叢書本刻作輾，漏刻起筆一橫；《外轉第三十九開》"帖"韻爕字，叢書本刻作爕，下"火"旁缺一撇；《内轉第四十三合》"德"韻喉音下或字，叢書本刻作或，左豎筆爲衍畫。諸如此類的現象還有不少，這裏就不再一一舉例了。

我們檢查了揚州中國雕版印刷博物館所藏的《古逸叢書》板片，以上所舉不同在板片上皆未能找到明顯的修挖痕跡，看來校改應在覆刻之前。楊守敬《日本訪書志》"韻鏡"條既已強調刊刻時"悉依原本"，不作任何主觀故意的修改，或許當時叢書所據底本上已經有這些校改，刻工在刊刻時，將其照搬入叢書本。而此書刻成之後，楊守敬似未再作仔細檢查，因而保留了這些校改，這似乎也就可以解釋爲何此書錯誤較多了。

第五節　未作主觀校改的例子

《古逸叢書》中的有些書，我們通過將其與底本比對，雖然發現有一些誤刻、漏刻之處，但並未找到有意的校改痕跡。這裏，我們將其作爲《古逸叢書》未作主觀校改一類的例子來說明。

一、《急就篇》

前文已經指出《古逸叢書》底本爲日本天保八年（1837）澁江全善刻本，楊守敬得到該底本，並帶回國内，此本今藏中國國家圖書館，索書號爲58898。

---

①　李新魁《韻鏡校證》第299頁。

我們將《古逸叢書》本與底本作了全文比對，除了叢書本避清諱外，兩本完全一致，沒有任何異文。《急就篇》字體較大，筆畫清楚，叢書本與底本的一致可作叢書本未對底本作主觀校改的代表。

二、《孝經》

前文已經指出《古逸叢書》底本爲日本寬政十二年（1800）源弘賢刻本，楊守敬得到該底本，並帶回國內，此本今藏中國國家圖書館，索書號63193。

楊守敬手批《經籍訪古志》云："《古逸叢書》即據屋代弘賢本重翻，而去其日本點校。"將底本與《古逸叢書》本相校，叢書本除將底本"去其日本點校"外，兩者版式行款全同，字體、筆畫等皆與底本非常接近，底本所摹蟲蛀痕跡叢書本亦照摹。底本有不少旁注，列出原文此處異文，《古逸叢書》本多數覆刻不誤，如：

1.《序》一左·5行，"牖"字左旁有兩點，書眉有"鏞"字。
2.《序》五右·2行，"恨"字旁注"垠"。
3.《庶人章帝六》十一右·3行，"順"字旁有"理"字。
4.《聖治章第九》十六右·6行，"行孝"，"孝"字旁注"教"。
5.《聖治章第九》十六左·1行，"不居於善"，"居"字旁注"在"。
6.《紀孝行章第十》十八右·2行，"雖日由三牲"，"由"字旁注"用"。

但是，《古逸叢書》本也有一些漏刻之處，比如：

1.《孝治章第八》十三右·5行注文，底本"鰥寡，國之微者，君尚不敢親侮，无知禮儀之士乎也"，"无"字旁底本旁注"況ヤ"，《古逸叢書》本漏刻。"況"字爲原文異文，從文義來看，"尚……，況"表示遞進語氣，用"无"字此處意思不通，所注之正文作："治國者不敢侮於鰥寡，而況於士民乎？"也説明當以"況"字爲正。"況"、"无"屬形近而誤，將"況"字左旁兩筆寫得靠上且筆勢較平，很容易與"兄"旁上面的"口"合體，而誤爲"无"字。

2.《聖治章第九》十五右·2行注文，"明皇，天子布政之宫也"。底本"皇"字旁注"堂ハ"，《古逸叢書》本漏刻。"堂"字爲原文異文。所注之正文作："宗祀文王於明堂以配上帝"，這裏的注文是爲解釋正文"明堂"而作，"堂"字是。

3.《聖治章第九》十五右·6行至下葉第1行注文,"言子咳①幼,養於父母膝下,即須教之,使爲則爲,止則止,視无誑,聽不傾,提則捧手,對則掩口,故曰漸加嚴敬也"。底本"曰"字旁注"日日"二字,《古逸叢書》本爲漏刻。"日日"爲原文異文。該注之正文爲:"故親生之膝下,以養父母曰嚴。"後緊接"聖人因嚴以教敬,因親以教愛"一句。這裏,"親"指親愛父母之心。"膝下",膝蓋之下,比喻年幼之時。"嚴",敬也。所以,正文"親生"一句意思是説:親愛父母之心在年幼之時就已經產生,用這種親愛之心將來奉養父母叫作嚴。② 正文中並未出現與注文"曰"字後對應的"漸加嚴敬"四字,因此,此處作"曰"誤,旁注異文"日日"是。

對於中文閲讀者來説,日本點校並不重要,楊守敬將其去掉可行。叢書本雖偶有漏刻,但並不涉及對底本的校改。

三、《天台山記》

前文已經指出《古逸叢書》底本爲日本國會圖書館藏平安時代(794—1192)抄本《天台山記》,日本國會圖書館的網站上有《天台山記》的全部影像,將其與叢書本比較,叢書本對底本的各個方面包括字體、筆畫甚至蟲蛀痕跡都進行了逼真地覆刻。然而仔細比較兩者,我們仍然可以發現《古逸叢書》本存在着一些誤刻和漏刻之處。不過這些誤刻和漏刻之處看不出是黎、楊有意校改。

1. 一右·1行:"其水深冷","冷"字底本作岭,而《古逸叢書》本摹作岭,即"岭"字。細審底本,"令"旁左撇由於被蟲蝕斷開,下面的一小段便被《古逸叢書》的刊刻者理解爲"令"旁左邊的一部分,從而誤認爲"岭"字。從文義看,作"岭"並不合適。而且,此處即使作"岭"字用,也當寫作"嶺",《天台山記》全文皆用"嶺",無用"岭"字者。

2. 七左·3行:《古逸叢書》本作"遂書得數紙,來先生,再拜,展於案上"。"來先生"不成句。而底本"來"字下有一頓筆,此行書眉有"呈"字,正應補在原文"來"字後,而《古逸叢書》本漏刻。所以此句當作"來呈先

---

① 咳,此通"孩"字。
② 這段解釋參見胡平生撰《孝經譯注》第21頁,北京:中華書局,1999年。

生",文從字順。

3. 八右·3行:《古逸叢書》本作"吾今歸俗,汝向九霄紅"。"令"字底本實作今,爲"今"字,《古逸叢書》本誤刻。

4. 十三左·3行"禪林寺西北上二十五里","上"字底本作上,而《古逸叢書》本刻作上形,容易誤爲"止"字。

5. 十三左·8行:"《真誥》云","誥"字底本作誥,而《古逸叢書》本誤刻爲誥,完全看不出爲"誥"字。

6. 十五右·3行:"先生旡詔至京",旡字《古逸叢書》本摹作旡,似"元"又似"无",但"元"、"无"放於文中意思皆不通。其實從底本看,此爲"旡"字,是"既"字俗體。[1]"先生既詔至京"意爲先生被詔至京城之後。

此外,《古逸叢書》本還有些字形摹刻並不準確,如:六反·3"與俗不同","同"字底本作同,而《古逸叢書》本摹作同,筆畫不清。這些可能是由於那些刊刻《古逸叢書》的日本刻工不懂漢語,因此對某些字的筆畫走勢不清楚所致。

以上這些誤刻、漏刻之處顯然並非黎、楊有意校改。

四、《碣石調》

第三章已經指出《碣石調·幽蘭》的底本爲小島氏寶素堂舊藏的"影寫唐人書本",即唐寫本的影抄本。唐寫本現藏日本東京國立博物館,爲"日本國寶"。

寶素堂藏本今不知何在。日本東京國立博物館的網上有唐寫本的部分影像,唐寫本全部的影像見"香港武林琴苑"網站。[2] 我們將其和《古逸叢書》本逐字逐句作了比較,發現《古逸叢書》本與唐寫本相比,極爲相近,唐寫本的字體、字形筆畫、旁注、補字、蟲蛀痕跡等都被《古逸叢書》本作了精確再現。不過,《古逸叢書》本除了避清諱之外,仍有一些誤漏之處。

1. 二右·10行,《古逸叢書》本作"蹙至尤",唐寫本作"蹙至九","九"

---

[1] 黃徵編《敦煌俗字典》第179頁,上海:上海教育出版社,2005年。
[2] http://www.wulin.hk/the_5th_special.html

字旁注"八"。

2. 二左・8行,唐寫本"武抑"的"抑"字旁注"擘武"二字,《古逸叢書》本無。

3. 六右・8行,唐寫本在"六七間"的"七"字後旁注"八"字,《古逸叢書》本無。

4. 七右・8行,唐寫本"應大指",《古逸叢書》本作"應文指"。

5. 十二左・6行,《古逸叢書》本作"上(空格)舞",唐寫本"上"字下有一重文符號,名爲"上上舞"。

6. 全篇的"全"字,《古逸叢書》本不少摹作 ![字形], ![字形] 等形,筆畫不準確,從文義看皆當爲"全"字。

以上這些不同除第4、6兩條外,戴微在《琴曲〈碣石調・幽蘭〉譜版本研究》一文中多已經指出①。這些不同皆爲《古逸叢書》本的誤刻、漏刻,並非黎、楊有意校改,第4、6二條,屬於字形相近而叢書本誤摹,第5條之重文號則爲叢書本漏刻。

關於第1條"九"、"尤"之辨。戴氏指出:"從字形來看,這是一個經過改動的字,它介乎'九'、'尤'之間,其筆畫不如其他譜字來得清晰可辨。聯繫上下文看,此譜字之前是'無名打徵大指急蹙至',其後是'掐徵起無名疾退下十一還上至②十住',很明顯這裏需要的是某一個徽位而'九'所代表的正是'九徽'。至於此處究竟應爲'九徽',還是旁注的'八徽',亦或是二者兼而有之的'八九間',尚需仔細推敲。"《古逸叢書》本將"九"字刻爲"尤",屬誤刻。

第2條"擘武"。戴氏指出:"聯繫上下文'移大指當八案武抑上半寸許取聲'來看,此處缺少一個右手指法,因爲如無右手彈弦,光靠左手'抑上'是無法出音'取聲'的。如此看來,貌似多餘的'擘武'在此就恰如其分了。只是它並非對'抑上'這一左手指法的注解,而是補充了一個右手指法。"《古逸叢書》本漏刻此二字。

第3條"六七八間"實爲"七八間",戴氏指出:"聯繫上下文,此處爲

---

① 戴微《琴曲〈碣石調・幽蘭〉譜版本研究》,《音樂藝術》1997年第2期。
② 戴氏引文此字漏。

'大指還六七間案文食指挑文大指掐起舉中無名不動'。'掐起'是一個常用的左手組合指法，演奏時無名指在大指按弦得聲之際同按於該弦次一徽位，大指即勾弦取聲。此處無名指所按徽位，因同前而勿需寫明，往前倒推可知，最近的一個無名指所按徽位是'八'。鑒於從'八徽'到'六七間'的距離很大，在實際演奏中無法實施，既然無名指所按的'八徽'非常明確，那錯誤肯定就出在大指所按的'六七間'了。排除掉'六七間'後，根據旁注的'八'，還有兩種可能性存在：一爲'六八間'，一爲'七八間'。我們知道，徽間音指的是兩個相鄰徽之間的音，而'六八間'是指從'六徽'到'八徽'三個徽之間的音。很明顯，這是對徽間音的一種錯誤表述.最後就只剩'七八間'了。從大指、無名指的間距來看，'八徽'到'七八間'並沒有超出兩徽，完全在正常的演奏範圍之內，而且是最近的那處無名指按'八徽'前，大指與其'同案'的也正是'七八間'。""八"字爲《古逸叢書》本漏刻。

綜上所述，這些不同皆非《古逸叢書》本有意校改，而是疏漏所致。

總　結

本章爲《孝經》、《急就篇》、《韻鏡》、《天台山記》、《碣石調·幽蘭》五書將《古逸叢書》本與其底本或相關版本作了全文校勘，爲《爾雅》、《穀梁傳》、《周易程傳》、《原本玉篇》、詳注本《廣韻》、略注本《廣韻》、《姓解》、《太平寰宇記補缺》八種書將《古逸叢書》本與其底本或相關版本作了部分校勘。另外，《論語集解》、《莊子》、《史略》、《杜工部草堂詩箋》等書則借用了其他學者的研究。由這些校勘的結果我們可以明確得出結論，即：

《古逸叢書》在刊刻過程中除存在着一些刻工或有意或無意的誤刻、漏刻外，也存在着不少主持刊刻者有意的改刻。叢書各本大都經過校勘，對底本作了不同程度的校改。

倪其心先生指出："從校勘學的發展看，清代出現了兩個主要的流派：一派以盧文弨、顧廣圻爲代表，注重版本依據，異文比較，強調保持原貌，主張說明異文正誤而不作更改。這派基本上繼承岳珂《沿革例》和彭叔夏

《辨證》的校勘傳統；另一派以戴震、段玉裁、王念孫、王引之及俞樾爲代表，要求廣泛搜集包括版本以外的各種異文材料，根據本書義理，運用文字、音韻、訓詁、版本和有關歷史知識，分析考證異文和正誤，明確主張訂正刊誤，敢於改正誤字。這派基本上繼承鄭玄、陸德明的傳統而有所發展。以盧、顧爲代表的一排爲繼承宋學，或稱之爲對校學派；以戴、段、二王爲代表的一派爲繼承漢學，或稱之爲理校學派。應當説，這兩派對校勘學的理論都作出了貢獻。但比較起來，對校學派更多貢獻於説明版本依據原則，理校學派則在總結校勘方法和歸納校勘通例方面，有突出的貢獻。"① 從《古逸叢書》的刊刻情況看，雖然在具體書的覆刻時，黎、楊有不同的意見，但總的來説，兩人都有改字的傾向，只是楊守敬更爲審慎一些。由於刊刻的時間因素以及其他限制，比如黎庶昌不願意將楊守敬的校記刻入叢書中等等，以至於叢書的大部分書都沒有出校勘記，這是十分遺憾的。

誤字自有它的學術價值，楊守敬本人在與日本學者的交流中也逐漸體會到這一點。

《清客筆話》卷一　明治十四年（1881）一月廿一日（朱筆旁注：辛巳）楊守敬來訪

官板《廣韻》（朱筆雙行注：余以宋板校合）

楊：此《廣韻》據宋本校改乎？

森：所謂宋本多誤字，以誤字爲貴矣。

《清客筆話》卷四　辛巳八月二日楊守敬來訪

楊：《玉燭寶典》誤字甚多，狩齋所校十之二三耳。若以《太平御覽》及《禮·月令》鄭注、蔡氏《月令》等書校之，其誤字當有五六也。僕僅校三四葉，已改其誤字數十。

森：我輩以有誤字本爲貴。若其誤字一目而可知，知而後説立，説立而後校注成。別作無一誤之定本則可，不得以古本爲誤本也。是我家之讀法也。

---

① 倪其心《校勘學大綱》，第49頁。北京：北京大學出版社，2004年。

《清客筆話》卷五　壬午三月：

森：《玉篇》、《廣韻》共以原本爲貴，但原宋本誤字甚多，故以可貴。其誤字中可以取考者往往而有之。清翻刻本則一一正誤字。吾今以清本爲據，不復以宋板爲貴。其誤字正字，是可從是不可從者，其見皆在于我，不可以善本爲善也。是吾所立一見也。

《楊守敬與宫島誠一郎的筆談記録》明治十五年12月7日，在宫島誠一郎家，

楊："（此處數字缺）種古書，皆從來未經人校訂者。鑿開蠶叢而别見天地，此中頗費苦心。"

以誤字爲貴，因爲誤字中很可能反映了正確之字的綫索，或爲形近之誤，或爲音近之誤，而一旦將誤字按照自己的意見進行了所謂的校正，並且不出校勘記來說明，後人便失去了最原始的綫索。而且，受制於校改者本身眼界、學識的限制，往往將一些本來有參考價值的異文或通用字當成所謂"誤字"進行校改，失去了對它們加以研究的可能性。

《古逸叢書》對近代學術史作了很大的貢獻，黎庶昌、楊守敬的功績不容抹殺。然而在今天的學術條件下，我們應該了解其局限，盡可能利用最直接的版本作爲研究的依據，同時參考融合在《古逸叢書》文本本身中的校勘成果，才能使這部叢書發揮其應有的作用。

附錄一　北京大學圖書館藏楊守敬日本訪得之書

北大所藏楊守敬日本訪得之書，今粗略揀選，共得十一種。以下首列北大館藏索書號，依次爲書名、卷數、責任者、版刻年及卷數存佚、鈐印、跋文等情況。

1. LSB/81　文選六十卷　南朝梁蕭統輯　唐李善注　南宋淳熙八年(1181)池陽郡齋刻遞修本　存卷十三至卷六十，其中卷三十八、三十九、四十、五十七、五十八爲抄配　楊守敬跋

版心下方刻刻工名，如：張宗、陳亮、王明、劉升等，並有"丁未重刊"、"戊申重刊"、"壬子重刊"、"乙卯重刊"等字樣。

鈐"寶勝院"、"龍溪書屋"、"光璘"、"哦松"、"楊守敬印"、"星吾海外訪得秘笈"、"周遑"等印。天頭、地腳多有朱筆批校，行間有日語假名注音。卷末楊守敬跋文後收入《日本訪書志》卷十二，文字有部分出入。

另外，蒙日本學者高橋智先生告知，此本所殘的卷一至卷十二今存日本成簣堂文庫，亦鈐"龍溪書屋"、"光璘"、"寶勝院"、"哦松"等印。

2. LSB/5053　古今韻會舉要三十卷　附禮部韻略七音三十六母通攷一卷(元)熊忠撰　日本刻本　楊守敬跋

鈐"星吾海外訪得秘笈"、"讀耕齋之家藏"、"麐嘉館印"、"木犀軒藏書"等印。

楊守敬跋文："今世傳《韻會》皆明繙本，向聞長沙袁漱六藏有元本，未之見也。己卯之春，姚彥侍以明本重寫擬刻之，以未得元本互校中止。近聞揚州書局已刻此書，未知所據何本。此本爲元刊明初印本，無一翻補刊，殊足貴也。惜未及合明本及揚州本一校之。壬午三月楊守敬記。"下鈐"楊守敬印"。

楊氏定此本爲"元刊明初印本"，似有問題，從其紙張、字體來看當爲日本翻刻本。

3. LSB/5960　黃帝內經太素三十卷　唐楊上善注　日本抄本　存

卷二至三、卷五至六、卷八至十五、卷十七、卷十九至二十、卷二十三至三十,存卷亦多有殘缺　楊守敬題記

鈐"杉恒篋珍藏記"、"滄海遺珠"、"著録萬卷此行不虛"、"惟餘舊書一百車方舟載入荆江曲"、"楊守敬印"、"麐嘉館印"等印。

楊守敬題記:"光緒癸未三月從日本杉本仲温得之。守敬記。"下鈐"楊守敬印"。

4. LSB/7361　春秋經傳集解三十卷　晉杜預撰　日本南北朝(1336—1392)刻本　楊守敬跋

鈐"江户市野光彦藏書記"、"林下一人"、"光彦"、"迷菴"、"弘前醫官澀江氏藏書記"、"森氏開萬册府之記"、"星吾海外訪得秘笈"、"楊守敬印"、"廓軒"、"木齋祕玩"、"李氏士陔"、"麐嘉館印"、"木犀軒藏書"等印。書中墨筆、朱筆等批校甚多。

卷後楊守敬長跋後收入《日本訪書志》,文字有部分出入。此跋末署"光緒丁亥正月廿九日宜都楊守敬記"。

5. LSB/8762　論語十卷　日本天文二年(1533)刻本　李盛鐸、楊守敬跋

鈐"山西省提法使司印"、"山西等處承宣布政使司之印"、"山中文庫"、"廓軒"、"李傳模印"、"麐嘉館印"、"木齋審定"、"木犀軒藏書"、"星吾東瀛訪古記"等印。

卷前李盛鐸跋:"右《論語》單經爲日本天文癸巳刊本,當明嘉靖間,其所據或爲卷子本不可知,而字句多與宋以後本絶異。其中如:'吾十有五而志于學','于'作'乎';'其不可者拒之','拒'作'距';'譬之宫墻','之'作'諸';'萬方有罪,罪在朕躬',不重'罪'字,皆上與漢石經殘字合,信爲古本。無怪昔錢遵王得正平論語鈔本,謂不啻獲一珍珠船,若覩此帙當若何寶貴耶! 棘人李盛鐸。楊惺吾在日本得舊鈔卷子本《左傳》一帙,'左右拒'亦作'距',余曾見之。"

卷末楊守敬跋:"此日本天文二年所刻《論語》單經本,當明嘉靖十二年。余嘗校之,知其所據原本遠在宋本上,獨字體古雅,與正平本伯仲也。後有清原朝臣宣賢跋語稱從家本重梓,知其所自來遠矣。顧流傳甚少,山井鼎作考文時亦未及之。至吉宦謨作《論語考證》,始載宣賢本,即此本

也。余展轉購得二本,歸以貽通經學古者。光緒癸未三月宜都楊守敬記。"下鈐"楊守敬印"。楊守敬稱"余展轉購得二本",北大本爲二本之一,另一本今藏日本東京大學東洋文化研究所,其楊守敬跋文基本與此相同,僅個別字詞略有歧異。

6. LSB/8887　廣韻五卷　元泰定二年(1325)圓沙書院刻本　楊守敬跋

鈐"讀杜艸堂"、"黃絹幼婦"、"森氏開萬册府之記"、"楊守敬印"、"木犀軒藏書"、"木齋"、"李盛鐸印"等印。

該書扉頁有楊守敬跋:"此泰定本廣韻,已刻入《古逸叢書》中。其中固多誤字,然足以補正宋本者不少。黎星使必欲據張刻校改,余屢爭之,不得。幸存此原本,他日一一列其異同,別爲札記,亦有功小學不淺。木齋兄其有意乎?丙戌夏四月守敬記。"

此本中華再造善本已經影印。

7. LSB/9087　監本纂圖重言重意互注論語二卷　宋劉氏天香書院刻本　袁克文、楊守敬跋

鈐"清門之緣學"、"星吾海外訪得秘笈"、"楊守敬印"、"木齋審定善本"、"木齋宋元秘笈"、"木齋審定"、"木齋"、"木犀軒藏書"、"李盛鐸印"、"李傳模印"、"李滂"、"少微"、"周暹"等印。

卷末楊守敬長跋已收入《日本訪書志》,文字有部分出入。跋文末稱:"此本書估從西京搜出,未經日本諸名人鑒定,故無多印記,而通前後無倭訓,尤爲難得,余以重價購之。至其彫鏤之精,紙墨之雅,則有目共賞,誠爲希世之珍。余初攜歸時,海寧查君翼甫一見心醉,不惜重金堅求得之,余與約能重刊此書者方割愛。後查君東歸,不果。而碩卿章君亦酷愛此書,余亦與約,必重刻餉世,碩卿許諾,乃跋而賚之。昔錢牧齋售《漢書》於季滄葦,自稱如李後主揮淚對宮娥,此情此景,非身歷者焉知其沈痛也。光緒丁亥正月宜都楊守敬記。又按,十行以下,《論語》注疏皆不附《釋音》,此本獨載之,往往與宋本音義合,且有足訂宋本之誤者。"

此本中華再造善本已經影印。

8. NC/5568.4/2327　唐樂府十八卷　明吴勉學編　明萬曆間刻本

鈐"楊守敬印"、"宜都楊氏藏書印"、"星吾海外訪得秘笈"、"飛青閣藏

書印"等印。

9. SB/012.921/4724　日本國見在書目錄一卷　日本藤原佐世撰　日本抄本　楊守敬跋

鈐"星吾"、"守敬"印、"星吾東瀛訪古記"、"楊守敬印"、"勉承家學"、"味農"印。

楊守敬跋："是書當唐寶應間，其所載古籍多足以與《隋志》相證。新舊《唐志》不足相比擬也，深於目錄之學者自知之。癸未夏惺吾。"

10. SB/111.37/1037.3　中説十卷　舊題隋王通撰　宋阮逸注　日本文政十年(1827)刻本

鈐"沙羅樹園"、"向黄邨珍藏印"、"飛青閣藏書印"、"楊守敬印"、"星吾海外訪得秘笈"等印。

11. SB/599.1/5445　新刊東垣十書二十卷　金李杲等撰　明萬曆十一年(1583)周曰校刻本　卷中多有朱筆校記

鈐"小島氏圖書記"、"九折堂山田氏圖書之記"、"玫古齋清校書籍"、"椶蔭生"、"春沂"、"星吾海外訪得秘笈"、"楊守敬印"、"宜都楊氏藏書記"等印。

附錄二 《古逸叢書》各書底本存佚表

彙印本排序	内封題名	簡稱	内容及卷數	責任者及責任方式	底本	底本今存	説明
1	影覆宋蜀大字本爾雅	爾雅	《爾雅》三卷	晉郭璞注	日本南北朝刻本的影抄本	臺北故宮博物院	
2	影宋紹熙本穀梁傳	穀梁傳	《春秋穀梁傳》十二卷	晉范寧集解 唐陸德明音義 宋余仁仲等校	南宋余仁仲刻本的影抄本	不明	臺北故宮博物院藏有一部南宋余仁仲刻殘本,存卷七至十二,與《古逸叢書》底本所據爲同版書,不過,兩者有先印與後印之別。
3	覆正平本論語集解	論語集解	《論語集解》十卷	三國魏何晏等集解	日本正平十九年刻本(單跋本)	不明	

附録二 《古逸叢書》各書底本存佚表 / 195

續表

彙印本排序	内封題名	簡稱	内容及卷數	責任者及責任方式	底本	底本今存	説明
4	覆元至正本易程傳	周易	《周易程傳》六卷，前附《易圖》	宋程頤撰 宋朱熹撰《易圖》	元至正九年建陽地區積德書堂刻本	不明	復旦大學圖書館藏有一部元刻殘本，存卷一至四，與《古逸叢書》底本版本相同或相近。
			《晦庵先生校正周易繫辭精義》二卷	題宋呂祖謙編	元至正九年建陽地區積德書堂刻本	不明	
5	覆卷子本唐開元御注孝經	孝經	《孝經》一卷	唐玄宗李隆基注	日本寬政十二年源弘賢刻本	中國國家圖書館	
6	集唐字老子道德經注	老子	《老子道德經注》二卷	三國魏王弼撰	以日本明和七年刻本和清末浙江書局刻本爲基礎，並集日本摹刻唐字而成。		

續表

彙印本排序	內封題名	簡稱	內容及卷數	責任者及責任方式	底本	底本今存	説明
7	影宋台州本荀子	荀子	《荀子》二十卷	唐楊倞注	南宋台州刻木影抄本	不明	
8	覆宋本莊子注疏	莊子	《南華真經注疏》卷一、卷七至卷十	晉郭象注唐成玄英疏	南宋刻本	日本靜嘉堂文庫	爲日本新見旗山舊藏。
			《南華真經注疏》卷二		南宋刻本	不明	爲日本新見氏舊藏，後被黎庶昌購得。
			《南華真經注疏》卷三至卷六		參校坊刻本、《道藏》本，並集宋字而成		
9	覆元本楚辭集注	楚辭	《楚辭集注》八卷《楚辭辯證》二卷《楚辭後語》六卷	宋朱熹撰	元癸酉高日新宅刻本(此"癸酉"很可能爲元至順四年即公元1333年)	不明	爲日本寶勝院舊藏。

續表

彙印本排序	內封題名	簡稱	內容及卷數	責任者及責任方式	底本	底本今存	説明
10	影宋大字本尚書釋音	尚書	《尚書釋音》二卷	唐陸德明撰	清咸豐初潘錫爵影宋蜀大字本	不明	
11	影舊鈔卷子原本玉篇零卷	玉篇	殘卷九（言部至幸部，中間缺册部"嗣"字至欠部"欷"字）、	南朝梁顧野王撰	柏木探古仿寫本	柏木探古舊藏，今不明。	祖本爲今早稻田大學所藏"日本國寶"唐寫本
			殘卷九（册部"嗣"字至欠部"欷"字）		日本崇蘭館藏本的影抄本	不明	民國六年（1917）羅振玉用珂羅版影印崇蘭館藏原本，中華書局1985年《原本玉篇殘卷》又影印羅本。
			卷十八後半（放部至方部）		古寫本	柏木探古舊藏，今不明。	
			殘卷十九（水部）		柏木探古仿寫本	柏木探古舊藏，今不明	

續表

彙印本排序	内封題名	簡稱	内容及卷數	責任者及責任方式	底本	底本今存	説明
			卷廿二		傳抄本	不明	傳抄自今藏日本神宮文庫的"日本國寶"延喜四年（904）抄本
			卷廿七前半（糸部"糸"字至"纕"字）		日本人得能良介摹刻本	底本很可能作爲版樣上板	臺北故宮博物院藏有一部得能良介摹刻本，楊氏觀海堂舊藏，與叢書底本同版。祖本爲京都市高山寺藏"日本國寶"唐寫本。
			卷廿七後半（糸部"經"字至索部）		柏木探古仿寫本	柏木探古舊藏，今不明。	祖本爲今日本滋賀縣大津市石山寺藏"日本國寶"唐寫本。
12	覆宋本重修廣韻	詳注本廣韻	《廣韻》五卷	宋陳彭年等奉敕重修	南宋寧宗間刻本	上海圖書館	中華再造善本已經影印
13	覆元泰定本廣韻	略注本廣韻	《廣韻》五卷	不著撰人名氏	元泰定二年圓沙書院刻本	北京大學圖書館	中華再造善本已經影印

續表

彙印本排序	内封題名	簡稱	内容及卷數	責任者及責任方式	底本	底本今存	説明
14	影舊鈔卷子本玉燭寶典	玉燭寶典	《玉燭寶典》十二卷,缺卷九	隋杜臺卿撰	傳抄本的影抄本	臺北故宮博物院	祖本爲公元十一世紀至十四世紀日本寫本卷子本六軸,今藏日本尊經閣文庫。
15	影舊鈔卷子本文館詞林	文館詞林	卷四百五十二、四百五十三、四百五十九、六百六十五、六百九十九、卷六百九十一的後半部分(所謂"大字疏行者")	唐許敬宗編纂	原本的影抄本	不明	

續表

彙印本排序	内封題名	簡稱	内容及卷數	責任者及責任方式	底本	底本今存	説明
			卷一百五十六、一百五十七、一百五十八、三百四十七、四百五十七、六百六十六、六百六十七、六百七十、卷六百九十一的前半部分(所謂"小字密行者")		傳抄本	不明	

續表

彙印本排序	內封題名	簡稱	內容及卷數	責任者及責任方式	底本	底本今存	説明
16	影舊鈔卷子本琱玉集	琱玉集	《琱玉集》第十二卷、第十四卷	佚名撰	舊抄本（或其影抄本）	不明	祖本爲公元八世紀日本寫本，今存日本大須觀音寶生院，日本昭和八年（1933）古典保存會影印。
17	影北宋本姓解	姓解	《姓解》三卷	宋邵思撰	北宋刻本的影抄本	不明	北宋本今藏日本國會圖書館
18	覆永祿本韻鏡	韻鏡	《韻鏡》一卷	佚名撰	日本永祿七年刻本	不明	日本京都大學圖書館藏有一部永祿本《韻鏡》，與《古逸叢書》底本同版。
			《韻鑑序例》一卷	宋張麟之撰			
19	影舊鈔本日本國見在書目	日本國見在書目	《日本國見在書目錄》一卷	日本藤原佐世奉敕撰	中島勝延抄本	不明	祖本爲室生寺本，現藏日本宮内廳書陵部，大正十四年（1925）古典保存會影印出版，1996年東京名著刊行會再將室生寺本影印。

續表

彙印本排序	內封題名	簡稱	內容及卷數	責任者及責任方式	底本	底本今存	說明
20	影宋本史略	史略	《史略》六卷	宋高似孫撰	南宋刻本的傳抄本	民國時藏於北平故宮博物院，今不明。	南宋刻本今藏日本公文書館
21	影唐寫本漢書食貨志	漢書	《漢書·食貨志上》一卷	漢班固撰唐顏師古注	求古樓影抄本	不明	祖本爲八世紀日本寫本，今藏日本大須觀音寶生院真福寺文庫，昭和三年（1928）東京古典保存會影印。
			《鄧通傳》六行		小島氏影抄本	不明	
22	仿唐石經體寫本急就篇	急就篇	《急就篇》一卷，共三十四章	西漢史游編	日本天保八年澀江全善刻本	中國國家圖書館	
23	覆麻沙本杜工部草堂詩箋	杜詩	《杜工部草堂詩箋》四十卷	宋魯訔編次宋蔡夢弼會箋	宋刻元修本	不明	
			《補遺》十卷、《外集》一卷		朝鮮刻本	不明	

續表

彙印本排序	内封題名	簡稱	内容及卷數	責任者及責任方式	底本	底本今存	説明
24	影舊鈔卷子本碣石調幽蘭	碣石調	《碣石調·幽蘭第五》一帖	陳、隋之際丘公明撰	唐寫本的影抄本	小島氏寶素堂舊藏，今不明	唐寫本存日本國立博物館，有網絡圖像。
25	影舊鈔卷子本天台山記	天台山記	《天台山記》一卷	唐徐靈府撰	日本平安時代(794—1192)抄本	日本國立國會圖書館	日本國立國會圖書館有網絡圖像
26	影宋本太平寰宇記補闕	太平寰宇記	《太平寰宇記》補闕六卷	宋樂史撰	南宋刻本	日本宮内廳圖書寮	2000年中華書局影印

附録三　《天台山記》文本特點

《天台山記》是唐代道士徐靈府所撰的一篇浙江天台山地志，中國失傳已久。該文現存最早的版本爲日本平安時代（794—1192）抄本，今藏日本國會圖書館，爲《古逸叢書》覆刻底本。該本後附抄有一段諦觀法師傳記[1]，字體與《天台山記》本文不同，《古逸叢書》本未刻，這裏不作討論。

《天台山記》全文共五千一百餘字，清陸心源[2]和日本《大正藏》[3]爲其作了釋文，近年日本學者薄井俊二又對其進行綜合研究，其中有《天台山記》部分釋文。[4] 此外還有一些零星札記，對《天台山記》中的内容史實等提出質疑。[5]

---

[1]　此傳記見於宋釋志磐撰《佛祖統紀》。
[2]　陸心源《唐文拾遺》卷五十，清光緒刻本。
[3]　高楠順次郎編《大正新修大藏經》第五十一冊 No.2096，日本昭和三年（1928）大正一切經刊行會發行。
[4]　薄井俊二《國立國會圖書館〈天台山記〉の總合的研究》，日本平成十四年度—平成十六年度（2002—2004）研究成果報告書，埼玉大學教育學部國語教育講座薄井俊二研究室 2005 年 3 月 20 日發行。該報告書對《天台山記》的流傳和文本進行了研究，並爲國會圖書館藏本前面六葉作了釋文，附有校勘記和注釋，約爲《天台山記》全文的三分之一。
[5]　比如《天台山記》詳細描述了王羲之（原文寫作"王義之"）向司馬子徽學習書法之事，而事實上王羲之爲東晉人，司馬子徽爲唐代人，司馬子徽出生時，王羲之早已去世，所以王羲之根本不可能向司馬子徽學習書法。清俞樾《茶香室三鈔》指出："按此一段言王義之學書於司馬子徽事甚詳，他書未載也。又按，《舊唐書·隱逸傳》：'道士司馬承禎字子微，河内溫人，徧游名山，止於天台。'當即此人，然與此文名字有異。且唐代之人，豈當爲逸少之師乎？事未足據，姑廣異聞。承禎本傳稱'頗善篆隸書，元宗令以三體寫《老子經》'，然則司馬子徽自有書名，道家附會，謂逸少嘗師事之，誇誕甚矣。"（《茶香室三鈔》，清光緒二十五年（1845）《春在堂全書》本）沈曾植先生指出："書家傳白雲先生授右軍書訣，此以白雲先生即司馬承禎，述其授受甚詳，可謂奇談。靈府略知今古，力сь説，可怪也。"（錢仲聯《沈曾植海日樓文鈔佚跋（一）》，《文獻》1991 年第 3 期）又如，關於唐代方士柳泌，沈曾植先生指出："志敘柳使君紫霄山居，謂憲宗十三年，自復州石門山徵授台州刺史，不至郡，便止山下，領務備藥，後渾家於丹霞洞隱仙也。柳使君即柳泌，爲皇甫鎛、李道古所引，憲宗服鉛所煉金丹躁渴日甚者。舊紀詔付京兆杖死，而此云隱仙，與紀不合。而於詔中所稱'自知虛誕，仍即遁逃'者合，則泌固幸逃國憲。抑憲宗晏駕多諱詞，泌之免，或庇之與？"（見上引錢仲聯先生文）

陸心源釋文和《大正藏》釋文，均是以《古逸叢書》本爲依據，薄井俊二釋文則以日本平安時代抄本爲據。《大正藏》釋文在釋字、斷句方面皆存在不少問題，而薄井俊二釋文僅占《天台山記》全文的三分之一，所以三種釋文中，以陸心源釋文最具參考價值。陸氏在釋文中直接訂正了原本的不少誤字，很多是很好的意見，不過他未見平安時代抄本，所作釋文也還是存在一些問題。我們在參考以上三種釋文的基礎上，以《古逸叢書》本爲據、以平安抄本爲參照，爲《天台山記》新做了一個釋文（附於文後），希望能對研究者有所幫助。這裏先集中談談日本平安時代抄本《天台山記》在文字抄寫方面的特點。

一、《天台山記》的旁注

日本平安抄本《天台山記》有不少旁注，這些旁注有的直接寫在原文附近，沒有符號標志，有的則在原文旁用"="號或頓筆或小圈來提示注意。這些旁注，有的是改誤字，有的是補充漏字，有的是刪除衍文。

1. 一左·7行，"次經猶溪"，"猶"字旁直接注"楢"字，表示"猶"爲"楢"字之誤。

2. 四右·5行，末字從土從賈，旁注"="號，下注"壇"字，表示此字爲"壇"之誤字。

3. 十左·4行，末字"使"，旁有一小圈，下注"俠"字，表示此字爲"俠"之誤字。

以上三處爲改誤字。

4. 三右·1行，"偶乘白鶴，謝時而去"，"時"下有一小圈，旁注"人"字，可見此句當作"偶乘白鶴，謝時人而去"。

5. 七左·3行，"遂書得數紙，來先生，再拜，展於案上"。"來先生"不成句。我們注意到"來"字下有一頓筆，此行書眉有"呈"字，可見"來"字下頓筆表示此處有漏字，原文當作"來呈先生"。

以上兩處爲補充漏字。

6. 十右·4行，末字"不"旁有"="號，原文作"无不=不響應"，"="號表示該字爲衍文之意。

7. 十三右·6行,"相連有宴坐峰,其峰其₌峰₌可高百餘丈","其峰"後又有"其峰"兩字,且兩字旁各有₌號,表示這兩字爲衍文。

以上兩處爲刪除衍文。

由以上這些情況看,底本《天台山記》在抄寫完成之後,抄者又重讀並作了一些校正。然而,這些校正是遠遠不夠的,因爲其中還有不少衍文誤字沒有校出。

二、《天台山記》的衍文誤字

日本平安抄本的衍文誤字不少,下面選擇其中一些來談,其他詳見後附釋文。

1. 一右·2行,"寰瀛之靈塘","塘"當爲"墟"之誤字,《唐文拾遺》已釋爲"墟"。下文有"成眞之靈墟,養神之福境","天台山中有不死之鄉,成禪之靈墟"等句,其中"靈墟"皆與此同。

2. 二右·5行,"當時斫樹記之,再尋則不復可得也。"底本再,從字形上看爲"禹"字,《唐文拾遺》即釋此。《大正藏》釋爲"爾",於字形不符。按,此字當爲"再"之誤字。本篇有兩個"再"字,七左·3行"再拜"之"再"作再,八右·2行"再讚"之"再"作再,再與"再"形近而訛。且十八左·1行"至寶曆初歲,已逾再閏","再"字底本寫作再,與此同誤。

3. 三左·2行,"豐孤文豹","孤"當爲"狐"之誤字,《唐文拾遺》已釋作"狐"。

4. 三左·5行,"至於巖煙匿景,匪從與五岳爭雄","從"當爲"徒"之誤字,《唐文拾遺》已釋作"徒"。

5. 三左·6行,"爰泊晉宗,至于梁陳"。這裏"晉宗"對"梁陳","宗"字當爲"宋"字之誤。下文五右·6行"宗元嘉年中","宗"字也爲"宋"字之誤。《唐文拾遺》已釋作"宋"。

6. 四右·1-2行,"唯嵩鎮、少失、緝、雲、羅浮、大小台,比諸山正神居處"。其中"比"字當爲"此"字之誤。類似情況還有:

四右·1-2行,"孫興公《賦》云'瀑布飛流以界道',即比處是也"。

十三右·2-3行,"寺本智顗禪師修禪於比也"。

十五左·2－3行,"梁高士顧歡曾居比,是名歡溪也"。

十七左·8行至十八右·1行,"古之剡人劉日成、阮肇,入山遇仙於比"。

十八右·1－2行,"比山有石橋一所"。

以上畫線處"比"字皆爲"此"之誤字。

7. 五右·8行,"孫興公賦'過靈溪而一灌,疏煩悥於心胷。'"按,從字形來看,悥似爲"憲"字,本葉"憲宗十三年"之"憲"即作憲。不過,《文選》卷十三孫興公《天台山賦》此句作"過靈溪而一灌,疏煩想於心胸",悥對應"想",結合文義、字形來看,此字很可能是"慮"之誤字。《唐文拾遺》已釋"慮"。

8. 八左·6行,"翰林學士翰林學士韓擇木書",其中一處"翰林學士"爲衍文。

9. 十三左·7行,"先生早歲從道,始居嵩華,猶雜以風塵,不任幽賞,洒東入台岳,雅愜素尚,遂北建修真之所。"其中"北"字當爲"此"字之誤。

類似情況還有:

十四右·1行,"《真誥》云:'天台山中有不死之鄉,成禪之靈墟,常有黃雲覆之。'北則其地也"。

十六右·4行,"自歡亭北上廿里,上華頂峰,北天台山極高處也"。

十六左·3行,"北壇久爲荒榛,近亦修開也"。

以上畫線處"北"字皆爲"此"之誤字。

10. 十四右·3行,"崗前有平地,立壇一級,用石甃之,名白玄神。""白"字當爲"曰"字之誤,《唐文拾遺》已釋作"曰"。

11. 十七左·8行,"古之剡人劉日成、阮肇,入山遇仙於此。"按,"劉日成"當爲"劉晟"之誤,將"晟"字誤析爲"日成"二字,沈曾植指出:"劉晟、阮肇夏禹時人,亦異聞。書劉晟爲劉日成,則誤析晟字爲二耳。"①

由這些誤字我們可以看出,這個抄者的漢字修養大概不是很高,單單

---

① 錢仲聯《徐靈府天台山志書後》,見《沈曾植海日樓文鈔佚跋(一)》,《文獻》1991年第3期。

一個"此"字,時而誤爲"比",時而誤爲"北"。

三、《天台山記》的俗字和習慣用字

平安抄本《天台山記》中保留了不少唐代俗字,錢仲聯指出:"遵義黎氏所刻日本舊鈔卷子本,詳其字體,雖草革,猶有唐經生筆意,殆日本人唐世書也。"①其中很多字與敦煌俗字相合,②下面試舉例說明。(由於《古逸叢書》本圖像較平安抄本的網絡圖像清晰很多,爲便印刷,以下文字圖像多取自《古逸叢書》本。)

1. "亦"與"之"

全文共有十五個"亦"字,字形可分爲兩種:一種寫作常見的"亦"形,有兩處,分別是五右·2行"斯亦鍊化之奇景也"和五左·2行"亦天台有派幹也"中的"亦";另一種寫作類"之"形,如一右·6行"故名天台,亦曰桐栢棲山"中"亦"字就寫作 <i>之</i>,這種寫法的"亦"共有十三處。兩種寫法的"亦"皆見《敦煌俗字典》第 495 頁。

"亦"兩形的現象也出現在以"亦"爲偏旁的字形中,如"跡"字:七左·8行"念汝書跡異世不同","跡"字作 跡,而十五右·1行"跡滯心飛","跡"字則作 跡,其右旁作類"之"形。又如"迹"字,九右·2行"事迹具在《本起傳》中","迹"字作 迹,而十七右·6行"非人迹所及","迹"字作 迹。

2. "最"字

一左·1行"更得大者,在最高處","最"字作 冣。

四右·5行"最居形勝","最"字作 冣。

見《敦煌俗字典》第 577—578 頁"最"字下。

3. "啟"字

一左·5行"《長康啟蒙記》云",啟字作 啟,從戈。

十四右·6行"西爲朝神靜開啟祈依",啟字從 啟。

---

① 錢仲聯《徐靈府天台山志書後》,見《沈曾植海日樓文鈔佚跋(一)》,《文獻》1991 年第 3 期。
② 黃徵《敦煌俗字典》所收敦煌俗字材料時代從西晉至北宋初,最多的爲唐和五代時期。

後者見《敦煌俗字典》第314頁"啟"字下,前者雖未見,但從"啟"字下有從"戈"之形來看,〿也應爲當時俗字。

4."豐"字

本篇"豐"字共出現四次,皆寫作"豊"形,如二左·2行"縣隸唐興,即古始豐縣也","豐"就寫作豊。

《敦煌俗字典》第112頁"豐"字下所收皆寫作"豊"形,作"豊"概爲當時俗寫。

5."稽"字

一左·6行"會稽郡"之"稽"字作〿。

十七左·3行"會稽"之"稽"字作〿。

見《敦煌俗字典》第174、315頁"稽"字下。

6."庭"字

本文共有四個"庭"字:二左·4行"有金庭不死之鄉",二左·8行"《真誥》所謂金庭洞天",三右·3行"越桐栢之金庭",十四左·3行"高遊碧落之庭"。

見《敦煌俗字典》第406頁"庭"字下。

7."巖"字

文中有九處寫作"巖",也有七處寫作"嵒"。《説文·山部》:"嵒,山巖也。"見《敦煌俗字典》第475頁"巖"字下。

8."功"字

本文共有四個"功"字,皆寫作從工從刀,如:六左·4行"暮在〿書",七右·5行"暮在〿書",七左·5行"子之書法全未有〿",七左·7行"後又得三年〿書成矣"。見《敦煌俗字典》第130頁"功"字下。

此外,"置"字作〿(八左·2行),見《敦煌俗字典》第558頁;

"隸"字三見,作〿(二左·1行)、〿(九右·3行)、〿(十七左·3行)等形,見《敦煌俗字典》第240頁;

"翠"字凡八見,皆作〿(四右·7行)等形,見《敦煌俗字典》第70頁;

"果"字作菓(七右·1行),從艹,見《敦煌俗字典》第143頁;

"眼"字作服(十右·1行),從月,見《敦煌俗字典》第478頁;

"鼓"字凡三見,皆作"皷",見《敦煌俗字典》第134頁;

"綹"字作佋(十右·7行),《敦煌俗字典》第78頁"稻"、"蹈"字所從"舀"旁多寫作類"伯"形;

"枕"字作枕(十左·4行),見《敦煌俗字典》第548頁;

"澀"字作澁(十二右·3行),右旁從三止,見《敦煌俗字典》第350頁;

"斷"字三見,其中兩處如字,一處作㪿(十六左·7行),從米從斤,見《敦煌俗字典》第94頁。

除此之外,《天台山記》中還有一些俗字不見於《敦煌俗字典》,如:

9."發"字

共出現四處:一左·7行"發源自花頂此",三左·1行"瑤花間發",十一右·5行"牙發芳蕤",十四左·1行"發源華頂"。從文例來看,它們無疑當爲"發"字,大概是把"發"字"癶"旁下所從改爲與"發"意近的"放"旁。

10."後"字

文中"後"字共出現十一次,其中八處如字,也有三處寫作"復"形,如:三右·1行"十餘年後",五右·4行"領務備藥,後渾家於丹霞洞隱仙也",七左·7行"後又得三年功書成矣"。從文義看,三者當爲"後"字無疑。

11."率"字

三左·9行"率爲常典","率"字作樂。

十二左·8行"寺上方兜率臺","率"字作樂。"兜率"爲梵文音譯,佛教認爲天分許多層,第四層叫兜率天,簡稱"兜率"。"兜率臺"在文中是國清寺的一個臺名。《集韻·質韻》:"率,古作樂。"

12. "鳥"字

三左·7行"咸以日中星䳄,望秩兹山",䳄字從后從与,似爲"鳥"之俗字。這裏"日中"和"星鳥"都是指春分,"日中"謂日夜之長均等,"鳥"爲中國古代天文學中南方七宿之總名,"星鳥"指在春分初昏時,鳥之七宿全部出現。《尚書》:"日中星鳥,以正中春。"

13. "丈"字

全文共有十六個"丈"字,其中十四處寫作"丈",另有二處寫作類"犬"形,如:五右·7行"寺北一里有巖,高百犬,名百犮巖"。下文十左·7行又有"百丈巖","丈"字如字作,可知這裏的犬、犮等也當爲"丈"字。

14. "筋"字

本文"筋"字出現四處,皆寫作"勔",如:六左·4行"勔骨附近",六左·6行"勔力若成",七左·2行"勔骨相連",七左·5行"勔骨俱少"。

15. "封"字

八右·2行"萬户封侯","封"字作尌;

八左·1行"於天台山中僻方封取四十里","封"字作尌。

16. "典"字

三左·8行"藏璧獻琛,率爲常興"。

以上字形散見於一些唐代俗字資料中,可以補充我們對唐代俗字的認識。

此外,還有一些字可能是通假字,如:

17. "嵩鎮、少失、縉雲、羅浮、大小台","少失"今《抱朴子》作"少室","失",《廣韻》《集韻》並音"室",兩者音近相通。

18. "苟芰芬芳,蘿竹交暎","塘中有小洲島焉,有苟芰。"兩"苟"字皆讀爲"荷"。

19. "峯左右皆烈小山,邐迤爲勢。""烈"讀爲"列"。

20. 原文五處"傾"字皆當讀爲"頃"。

21. "節勿頻移,日就月將,便經年載。""勿"讀爲"物"。

22. "東爲練刑之室","刑"當讀爲"形"。

23."隨煬帝開皇十八年","隨"讀爲"隋"。

類似的例子還有很多,詳見附錄釋文,這裏就不作詳細討論了。

四、《天台山記》釋文

説明:

1. 本釋文以《古逸叢書》本爲據,原書葉碼用【】表示,如【一右】表示原書第"一"葉的正面,【一左】表示原書第"一"葉的背面。

2.《古逸叢書》所據底本爲日本平安時代抄本,今藏日本國會圖書館。《古逸叢書》本的失真之處依底本改正,並於附注中指出。

3.《天台山記》原本不分段,本釋文依文義分段。

4. 原文誤字用〈 〉號注出其正字,( )號内表示與原文通用之字,原本已殘而推測之字用[ ]標出。

5. 本釋文主要參考清陸心源《唐文拾遺》中所作釋文,其意見可採者納之,其有問題處一般不再注明。

天台山記　　　方瀛觀徐徵君篆

孫綽云:"涉海則有方丈蓬萊,登陸則有四明天台。"信矣哉！蓋寰瀛之靈塘〈墟〉①,三清之別館。按《真誥》云:"天台山高一萬八千丈,周迴八百里,山有八重,四面如一,當牛斗之分,以其上應百宿,光輔紫宸,故名天台,亦②曰桐柏棲山。"陶隱居《登真隱訣》云:"大小台處五縣中央,即餘姚、臨海、唐興、句章、剡縣也。大小台乃桐柏山,六里乃至二石橋,先得小者,復行百餘里,【一右】更得大者,在寂(最)高處,採藥人髣髴見之,石屏虹梁與畫相似。又見玉堂金闕,望橋邊有蓮花,狀大如車輪,其花恍惚不可熟見。大小台者,以石橋之大小爲名。"據此説,即天台與桐柏,二山相接而小異也。按《長康啟蒙記》云:"天台山在會稽郡五縣界中,去人境不遠,路經瀑

---

① "塘"當爲"墟"之誤字,下文有"成真之靈墟,養神之福境"、"天台山中有不死之鄉,成禪之靈墟"等句,其中"靈墟"皆與此句意同。《唐文拾遺》已釋作"墟"。

② "亦"字底本作🈸,與"之"字同形,爲俗字。

布,次經楢①溪,至于浙山。猶〈楢〉②溪在唐興縣東二十里,發源自花頂,從鳳凰山東南流,合縣大溪入于臨【一左】海郡溪江也,其水深岭〈泠〉③。前有石橋,遙望不盈尺,長數十步,臨絕溟之澗。忘其身者然後能度,度者見天台山蔚然凝秀,雙嶺於青霄之上,有瓊樓玉堂,瑤琳醴泉,仙物異種。偶或有見者,當時斫樹記之,禹〈再〉④尋則不復可得也。"按此記説,則神異之所非造次可覩焉,今遊人衆所見者,蓋非此橋。且猶〈楢〉⑤溪高處不見有橋,今衆人所見者,乃在歇亭西二十里,水流于剡縣界,定知不【二右】是長康所説之橋也。

　　州取山名,曰台州。縣隸唐興,即古始豐⑥縣也,肅宗上元二年改爲唐興縣。山去州一百四十八里,去縣有一十八里,一頭亞入滄海中。有金庭不死之鄉,在桐栢之中,方圓⑦可三十里,上常有黃雲覆之,樹則蘇玡琳碧,泉則石髓金漿,《真誥》所謂金庭洞天,是桐栢真人之所治也。真人,周靈王太子喬,字子晉,好吹笙,作鳳鳴於伊雒間,道人浮丘⑧公接以上嵩山。三【二左】十餘年後⑨,求之不得。偶乘白鶴謝時人⑩而去,以仙官授任爲桐栢真人。右弼王領五岳,司侍帝來治兹山也。故《真誥》云:"吳句曲之金陵,越桐栢之金庭,成真之靈墟,養神之福境。"《名山福地記》云:

---

① 原作"猶",旁有墨筆改正之"楢"字。
② 此"猶"字旁無"楢"字,不過據上注,此字也當爲"楢"之誤字。
③ 《古逸叢書》本摹作岭,即"岭"字。底本作岭,仔細辨識當爲"泠"字。《唐文拾遺》已釋作"泠"。
④ 底本作禹,字形爲"禹"字,《唐文拾遺》即釋此。《大正藏》釋爲"爾",於字形不符。按,此字應爲"再"之誤字,七左・3行"再拜"之"再"作再,八右・2行"再讚"之"再"作再,此字與"再"形近而訛。
⑤ 同注②。
⑥ 始豐是天台的古縣名,《舊唐書・地理志》:天台"吳始平縣,晉改始豐,隋末廢。武德四年,復置。八年,又廢。貞觀八年,復爲始豐縣。上元二年,改爲唐興"。
⑦ "圓"字作囗。
⑧ 《古逸叢書》本"丘"字缺末筆避清諱,底本不缺筆。
⑨ 底本作俊,從文義看無疑當爲"後"字,下文"後"字多有寫作此形者,不再出注。
⑩ "人"字爲墨筆小字,補充原文漏字。

"洪波不登,三災黃①莫至。"又云:"經丹水南行,有洞交會從中過,即赤城丹山之洞,上玉清平之天②,周迴三百里。洞門在樂安縣界,即十六洞天③第六洞也,即茆④司命所治也。群峯崢嶸,碧障合沓;磨霄【三右】凌漢,因〈日〉⑤蒸雲起;霧桑迸芳,瑤花間發;光彩輝燭,四時如春;鳳翔神鸞,棲於其上;豐孤〈狐〉⑥文豹,隱於其中。南馳縉雲,北接四明,東拒溟澈,西通剡川。又多產樒,松桂垂珠,積翠於重巖;玄⑦光靈芝,吐耀於幽谷。至於巖煙匿景,匪(非)從〈徒〉⑧与(與)五岳爭雄;考異搜奇,自可引三山爲匹⑨。爰洎⑩晉宗〈宋〉⑪,至于梁陳,咸以日中星鳥⑫望秩玆山,藏璧〈璧〉獻琛,舉(率)⑬爲常典⑭。"《抱朴子·內篇》云:"凡諸小山不堪作神丹【三左】金液,皆有木石之精,千歲老魅,能壞人藥。唯嵩鎮、少失(室)⑮、縉、雲、羅浮、大小台,比〈此〉⑯諸山正神居處,助人爲福,可以修真練藥台

---

① "黃"字似爲衍文。
② "上玉清平之天"似爲"上清玉平之天"之誤。"上清"爲道教三清之一,《方輿勝覽》卷八"天台山"下引《洞天福地記》"名上清玉平之天,即桐柏真人所理,亦名桐柏山"。
③ "十六洞天"之"六"似爲"大"字之誤。
④ 通"茅",茅亭、茅屋古多寫作"茆亭"、"茆屋"。《韓非子·外儲説右上》:"楚國之法,車不得至於茆門。"陳其猷注:"茆、茅字同。""茆司命"即道教之"茅司命"。
⑤ "因"字很可能爲"日"之誤字,《唐文拾遺》已釋作"日"。
⑥ "孤"字很可能爲"狐"之誤字,《唐文拾遺》已釋作"狐"。
⑦ 本文"玄"字《古逸叢書》本避清諱多改ణ缺末筆,此處漏缺末筆。
⑧ "從"字很可能爲"徒"之誤字,《唐文拾遺》已釋作"徒"。
⑨ 原文作疋,《唐文拾遺》釋作"疋"。按,此字是"匹"之俗寫,《字彙補·疋部》:"匹,匹、疋二字自漢已通用矣。"
⑩ "洎"字,《古逸叢書》本作泊,底本同。本文"憩"字所從"自"旁也寫作"白"。
⑪ "晉宗"對應下文"梁陳","宗"當爲"宋"之誤。《唐文拾遺》已釋作"宋"。
⑫ 原字作鳥,從后從与,似爲"鳥"之俗寫。"日中"和"星鳥"都是指春分,"日中"謂日夜之長均也,"鳥"爲中國古代天文學中南方七宿之總名,"星鳥"指在春分初昏時,鳥之七宿全部出現。《尚書》:"日中星鳥,以正仲春。"
⑬ "舉"同"率"。《集韻·質韻》:"率,古作舉。"
⑭ 底本作興,爲"典"字俗寫。
⑮ 今《抱朴子》作"少室","失"《廣韻》、《集韻》並音"室",兩者音近相通。《唐文拾遺》已釋作"少室"。
⑯ "比"應爲"此"之誤字。

〈者〉①矣。"②

天台觀在唐興縣北十八里，桐栢山西南瀑布嵒（巖）下，舊《圖經》云"吳主孫權爲葛仙公所創"，寔（最）居形勝。北松〈沿〉③王真君壇④，東北連丹霞洞，西北抛翠屏嵒（巖），故孫興公《天台山賦》云"搏壁立之翠屏"，即此嵒（巖）也。仙壇与（與）翠屏巖聳空鬪岑，瀑布迸流，落落西崖間，可千餘丈，【四右】狀素蜺垂天，飛帛觸地，孫興公《賦》云"瀑布飛流以界道"，即比〈此〉⑤處是也。騰波潰沫，近驚飜（翻）雲，皷（鼓）怒振雷，遙聞神悦。瀑布南流百餘步，與靈溪相合，流注縣大溪，入于臨海郡也。觀中流引瀑水，縈遶廊院，灌注池沼，苟（荷）芰芬芳，蘿竹交暎，遊者忘埽（歸），勝槩之極也。

觀東一百五十步，先有故柳史君宅，号（號）曰"紫霄山居"。南矖蒼嶺，北接紫霄，峯左右皆烈（列）小山，邐迤爲勢。東北連丹霞洞，洞【四左】有葛仙公練丹之初所也。宅中多植靈苑翠檉，修笙其卉，曲池澋〈環〉沼，藥院丹爐，斯亦鍊化之奇景也。柳君名泌，憲宗十三年，自復州石門山詔徵授台州刺史。不至郡，便止山下，領務備藥，後渾家於丹霞洞隱仙也。

自天台觀西去瀑布寺一里，宗〈宋〉⑥元嘉年中，沙門法順所興立，近瀑布下，因以爲名。寺北一里有嵒（巖），高百丈⑦，名百丈嵒（巖）。嵒（巖）下靈溪，孫興公《賦》："過靈溪而一灌⑧，疏煩憲〈慮〉⑨於心智（胸）⑩。"寺【五右】引溪水，經厨中過，還遶廊院。寺南九峯山，山高百餘丈，周迴六

---

① "台"應爲"者"之誤字，《唐文拾遺》已釋作"者"。
② 所引見《抱朴子·內篇》卷四，文句有不同，大意如此。
③ "松"當爲誤字，《唐文拾遺》釋作"㳂"，即"沿"字。
④ "真君"下字作𡍫，從土從賈，旁有"＝"號，下注"壇"字，是原文改正誤字。
⑤ "比"應爲"此"之誤字，《唐文拾遺》已釋"此"。
⑥ "宗"當爲"宋"字之誤。
⑦ 與下"丈"字皆寫作犬（犬）形，與本文其他"丈"字字形不同。
⑧ 底本作灌，爲"灌"字。《文選》卷十三孫興公《天台山賦》此句作："過靈溪而一濯。"
⑨ 𢘘字字形似"憲"，類前文"憲宗十三年"之"憲"。《文選》卷十三孫興公《天台山賦》此句作："疏煩想於心胸"，對應之字爲"想"。結合文義、字形來看，此字很可能是"慮"之誤字。《唐文拾遺》已釋"慮"。
⑩ 此字底本和《古逸叢書》本皆不清，據《文選》當爲"胸"字。

里,亦天台有派幹也,舊名九壠山,天寶六載改爲九峯山。昔王逸少與支道①林常登此山,以爲勝矚也。

　　自天台觀北路上桐栢觀一十二里,皆懸崖磴道,盤折而上,皆長松狹路,至于桐栢洞門,故《賦》云:"蘇萋萋纖草,蔭落落之長松",即此地也。自洞門⼁小嶺可二里乃至觀處,倚小松嶺。嶺前豁然平陸數傾(頃),四面持〈特〉起峯巒,有若【五左】郭郭,迺神真之所休憩,巢許之所欽自,非噏沉凌霄漢、夢龜鶴之夭②促、與天地而長久者何以居焉?昔褚先生修道之所,又徐法師亦於此立道房齋閣(閤),号(號)曰隱真。之中峯,觀前有田傾(頃)餘,東有溪曰清溪,溪注田,西經三井,飛流瀑布,凡是遊客但覩景奇物異,恍然似昇玄③都玉京者矣。觀即唐睿宗景龍二年爲白雲先生所置。白先生乃司馬天師也,名子徵,字承禎,河内溫人,【六右】事載在碑中。先生初入花頂峯,遇王義之入山學業。先生過筆法付義之:"子欲學書,好聽吾語。夫受筆法,與俗不同。須靜其心後澄其心思,暮在功④書,勋(筋)骨附近,氣力又須均〈均〉⑤停,握管與握玉无殊,下筆與投峯不別,莫誇端正,但取堅强,勋(筋)力若成,自然端正。東邊石室,子莫頻過,盡是異獸精靈也。向余邊受業,凡人到彼必傷,緣殘吾命,汝將來,料伊不敢。西邊石室,甚是清【六左】閒,案硯俱全,詩書並足,松花仙菓(果),可給朝飡,石茗香泉,堪充暮飲。閑酙水,自散情懷,悶即凌峯,莫思閑事。"義之既蒙處分,豈敢有違。一登石室,二載不虧,夜則望月臨池,朝則投雲握管,澄濾其思,暮在功書,清靜其心神,志求筆法。光迴影轉,節勿(物)頻移,日就月將,便經年載。義之第一年學書,似虵(蛇)驚春蟄,魚躍寒泉,筆下龍飛,行間蝶舞。雖未殊妙,早以驚群。至第二年學【七右】書,似鶴度春林,雲飛玉間,筆含五彩,墨點如龜,勋(筋)骨相連,似垂金鏁。至

---

① 原文作遁。
② 原文作夭,右旁加點與"天"字區分。
③ 《古逸叢書》本"玄"字缺末筆避清諱,底本不缺筆。下"玄"字多同,不再出注。
④ 原文作功,從工從刀,"功"字俗寫,見《敦煌俗字典》第130頁。
⑤ "均"字從《唐文拾遺》釋。

第三年學書，將爲是妙也，遂書得數紙，來呈①先生，再拜，展於案上。一見，凜然作色，高聲謂責羲之曰："子之書法全未有功，觔（筋）骨俱少，氣力全無，作此書格，豈成文字。但且學書，有命即至仙堂，無事不勞相訪。"羲之唱喏，即歸書堂。後又得三年，功書成矣。先生乃讚羲之曰："念汝書跡異世不同，淡處不【七左】淡，濃處不濃，得之者罕有，見之者難逢。進一字千金重賞，獻一字萬戶封侯。"再讚曰："衆木中松，群山中峰，靈鶴中冲，五岳中嵩，吾今②歸俗，汝向九霄紅，汝歸於世界，如鶴出籠，別後有心相顧，時時遙望白雲中。"先生初入天台，後睿宗皇帝詔復桐栢舊額，請先生居之，其降勅（敕）書曰："吳朝葛仙公廢桐栢觀在天台山，如聞始豐縣人斫伐松竹，毀癈壇場，多有穢觸，頻致死亡。仰【八右】州縣官与（與）司馬練師相知，於天台山中僻方封取四十里，以爲禽獸草木長生之福地，置③一觀仍還舊額。"初構天尊堂，有五雲其上，三而良吏書之，以記祥也。天寶六載，郡守賈公長源及玄靜先生李君名含光即天師弟子亦玄宗師等立碑，太史崔尚製文，翰林學士翰林學士④韓擇木書，玄宗皇帝親書其碑額。

　　觀南一里有石壇一級，以塼石雜砌，方廣三十二丈。按《法輪經》，即太極【八左】三真人下降，授葛仙公修道於天台山，感降上真於此壇也，仙公真經并義注之所也，事迹具在《本起傳》中，此不備載。壇西南下石上有隸書，刻記之曰誥使徐公醮壇，授仙公經。真人自稱姓徐名來勒，字則未詳何人也。壇前有塘，名曰降真塘，塘多植荷苕之類。自塘南一里至洞門，門外西南一里餘至王真君壇，真君即桐栢真人也，有小殿即真君儀像儼焉。開元初玄宗創立之，【九右】度道士七人灑掃也。殿前有石泉，名曰醴泉。南三步新立上真亭，子⑤臨萬仞，坐觀千里，遊者登之，坐眺平陸。按正壇在真君殿西北二十步，有石壇，方廣四丈，八尺一級，甃以古塼。今

---

① 底本"來"字下有一點，此行書眉有"呈"字，是補原文漏字，《古逸叢書》本漏摹。
② 底本作 ，"今"字。《古逸叢書》本誤摹作 （"令"）。
③ 原文作 ，《唐文拾遺》釋作"量"，誤。按，此當爲"置"之俗字，見《敦煌俗字典》第558頁。
④ "翰林學士"四字重復上文，爲衍文。
⑤ "子臨"似不辭，"子"字《唐文拾遺》釋作"身"。

州縣祈請水旱，皆於此壇。殿東二十步，又有古八角壇。自殿西北下山三百步，即至三井。一井今闉塞，俗傳云曾有尼師洗手觸之，一旦自塞。二井其深不惻〈測〉，並自然天鑿。嘗有好事者投綸於其間，繪綸盡而不及【九左】底，或云通海，或云海眼①，未可詳也。其春夏時，每雨將降，則淙流灌激，溢湧雷吼，有若蛟②螭潛隱之皷〈鼓〉怒也。其間遊者見之，莫不神駭膽慄。邑中有水旱，令長每虔③記〈祀〉④情誠，祈於晴雨，无不⑤響應。亦是國家投龍壁〈璧〉醮祭祈福之所。高宗永淳⑥二年，投龍於此。玄宗開元二十五年，詔令太當〈常〉⑦卿修禮儀，使韋綯⑧齋金龍白壁〈璧〉投於井。寶曆⑨元年，主上遣中使王士岌、道門威儀趙常盈、太【十右】清宮大德阮幽閒、翰林待詔祿通玄，五月十三日到山，於天台觀設醮許，往三井投龍壁〈璧〉也。自三井西上一峯約二里，有僧院名佛窟院，今道元觀是也。前枕翠屏巖，北連桐栢大山。翠屏巖與仙壇俠⑩徑，瀑布雙峙霄降，半隱雲表。喦〈巖〉上有亭子，極眺平陸，此處並爲殊景也。

自桐栢觀西北行七里，乃至瓊臺，中天以懸居。自百丈巖无上瓊臺路，皆水石深嶮，不可登涉。事須登仙壇，取【十左】桐栢路，方可得。到即平視瓊臺，而下望雙闕，而遊者多怪瓊臺不在中天，雙闕不出雲表，猶在山

---

① 原文作服，字從月，爲"眼"之俗字，見《敦煌俗字典》第478頁。《唐文拾遺》已釋"眼"。

② 原文作炔，從虫從矢，此從《唐文拾遺》釋作"蛟"。蛟螭即蛟龍，亦泛指水族。漢揚雄《羽獵賦》："探巖排碕，薄索蛟螭。"

③ 原文作虔，爲"虔"之俗字，見《敦煌俗字典》第319頁。本篇"虎"字頭多有訛作"止"形者，如第221頁注②，臺爲"虛"之俗字，"虎"頭亦訛作"止"形。

④ 《唐文拾遺》釋"祀"，此從之，與下文"祈於晴雨"相合。

⑤ "不"字後又有"不="，"="號表示此字爲衍文。

⑥ 《古逸叢書》本"淳"字缺末兩筆避清諱，底本不缺筆。

⑦ 《唐文拾遺》釋"常"，太常爲官名，專掌祭祀禮樂之官，秦置奉常，漢景帝六年後更名太常。古書中"當"、"常"多相通，如《史記·儒林傳》："當與計偕詣太常。"《漢書·儒林傳》"當"作"常"。《韓非子·十過》："願聞古之明主得國失國何常以。"《說苑·反質》"常"作"當"。

⑧ 原文作綯，"綯"字俗寫。《敦煌俗字典》第78頁"稻"、"蹈"字所從"舀"旁多寫作類"伯"形。

⑨ 《古逸叢書》本"曆"字缺末筆避清諱，底本不缺筆。

⑩ 原作"使"字，旁畫一小圈，下注"俠"字，表明"俠"爲正字。

上觀之然也。若目〈自〉①下仰視，則瓊臺不啻中天。雙闕五里，俠靈溪而行，翠壁萬仞，森倚相向，奇花秀樫，牙發芳㪅②，珍禽雲〈靈〉③獸，造楊清音。余曾尋瓊臺，下雲〈靈〉溪，泝流北行三十里，或潺湲淺漱，其平則三里五里，或潭洞院杳，其深則千丈萬丈。怪石巖嶬④，水色明鮮，歷歷見底，纖鱗莫隱。造【十一右】之者不覺忘歸，非神仙之窟宅，曷能若斯？

桐栢東北五里，有華林山居，水石清秀，靈寂之境也。長慶初，道士陳宗言修真之所。

自觀北上一峰，可五里，有方瀛山居，上有平地傾（頃）餘，前有池塘廣數敏⑤畝，塘中有小洲島焉，有苛（荷）芰。前眺望蒼岑，後聳雲蓋，即後峯名也。西接瓊臺，東近華林，即靈府長慶元年定室於此。是天台第二重。自方瀛上七里，有玉霄山居，平地傾（頃）餘，四山迴合，又邃若洞天也。即【十一左】天台第三重。自玉霄東南行三里，有雙石碙，列爲高門，可百餘仞，因呼爲石門。桐栢觀北亦有上華頂路，路深邃梗澀，遊人罕逢，此行多取國清路上。

自天台觀西行十五里，有白巖寺，寺去縣三十里，宋末有僧普遼所見精舍。

自天台觀東行一十五里，有赤城山。山高三百丈，周迴七里，即天台南門也，古今即是於國家醮祭之所。其山積石，石色艷然如朝霞，望之如雉堞，故名赤城，亦名燒山。故【十二右】《賦》云："赤城霞起以建標。"即此山也。半山有飛霞寺，即是梁岳王母爲居此寺也，今則癈矣。山下有石室，道士居之。其中山趾有寺曰中巖寺，即是西國高僧白道猷所立也。

國清寺在縣北十里，皆長松夾道至于寺，寺即隨（隋）煬帝開皇十八年爲智顗禪師所創也。寺有五峯：一八桂峯，二暎⑥霞峯，三靈芝峰，四靈禽峯，五祥雲峯，雙澗迴抱。天下四絶寺，國清第一絶也。寺上方兜率（率）臺，臺【十二左】東有石壇，中有泉，昔普明禪師將錫杖琢開，名錫杖泉。自國清寺東北一十五里，有禪林寺，寺本智顗禪師修禪於比〈此〉也，以貞元

---

① "目"字當爲"自"字之誤，《唐文拾遺》已釋作"自"。
② 此形不明，《唐文拾遺》釋作"粲"。
③ 這裏及下行"靈"字皆誤作"雲"。
④ 二形不明。
⑤ 此字很可能爲衍文。
⑥ 原文誤從目旁。

四年,使牒移黃巖縣,癈(廢)禪林寺額,來易於道場之名。寺東一十五里有香爐峯,甚高嶮,峯上多有香栢檉桂之木。相連有宴坐峯,其峯①可高百餘丈,是智者大師降魔峯。後有神人送石屛峯於大師背後,至今存焉。峯下有龍潭,周迴一里,下注【十三右】螺溪,亦出縣大溪耳。寺西北上十里至陳田,昔有神人於此開田,供智者大師朝種暮收。白陳田可五里,西入一源,甚平,坵号(號)曰白砂,有僧居之。

禪林寺西北上二十五里,乃至歇亭,即平昌孟公簡廉察浙東。北一十里,乃至②靈墟,令③來是智者禪院,即白雲先生所居之處也。先生早歲從道,始居嵩華,猶雜以風塵,不任幽賞,迺東入台岳,雅愜素尚,遂北〈此〉④建修真之所。《真誥⑤》云:"天台山中有不死之鄉,成【十三左】禪之靈墟,常有黃雲覆之。"北〈此〉則其地也。故建思真之堂,兼号(號)黃雲堂。堂有小澗,南有岡,其勢⑥迴合。岡前有平地,立壇一級,用石甃之,名白〈曰〉⑦玄神,故先生《靈墟頌》云:"堂号(號)黃雲,以⑧真氣,壇名玄神,仰窺清景。"東爲練刑(形)之室,吸引所居;南爲鳳軫之臺,以吟《風》奏⑨《暢》;西爲朝神靜⑩,開啟祈依;北曰龍章之閣,以瞻雲副墨。卑而不陋,

---

① "其峯"兩字後又有"其꞊峯꞊","꞊"號表示這兩字爲衍文。
② "至"字下有"乙"號,爲衍符。
③ "令"當爲"今"字之誤,《唐文拾遺》已釋作"今"。"今來"即當今、如今之意,三國魏曹植《情詩》:"始出嚴霜結,今來白露晞。"唐顏師古《大業拾遺記》稱:"今來已是几年事矣。"唐韓愈《落齒》詩:"今來落既熟,見落空相似。"
④ "北"應爲"此"之誤字,同誤者還有四處,不再出注。《唐文拾遺》已釋"此"。
⑤ 底本誥,《古逸叢書》摹作誥,缺一橫筆,誤刻。
⑥ "勢"作勢,俗寫,見《敦煌俗字典》第368頁。
⑦ 《唐文拾遺》釋爲"曰"。
⑧ 《唐文拾遺》在"以"字後、"真"字前加一"□",表示這裏可能抄漏一字。《(嘉定)赤城志》卷三十寺觀門四:"天台桐栢崇道觀在縣西北二十五里,舊名桐栢……又傳承禎所居,黃雲常覆其上,故有黃雲堂、元晨壇,自頌云:'堂號黃雲,俯蔭真炁(氣),壇名元晨,仰窺清景。'"據此,此處似可補一"蔭"字。
⑨ 原文作憂,《唐文拾遺》釋"養",《大正藏》釋作"奏"。按,釋"奏"是。《暢》是古代琴曲名,《文選・枚乘〈七發〉》:"使師堂操《暢》,伯子牙爲之歌。"漢應劭《風俗通・聲音・琴》:"其道行和樂而作者,命其曲曰《暢》。暢者,言其道之美暢。"這裏,"奏《暢》"與"吟《風》"相對,《風》原指《詩經》中之《國風》,也可泛指詩作。
⑩ 《唐文拾遺》釋作"靖"。

可待風雨；�①而不豐，可全虚②白。壇前十步有大溪，【十四右】發源華頂，東南流寧③海界。又堂西十步有泉，其色味甘，可以愈疾。中間平地立別院，營大丹爐，修釼（劍）鏡，並皆克就。長松十株，修竹數傾（頃），皆天師手植。頻有詔命，先生皆不就。至睿宗景雲二年，今④兄羕〈承〉⑤褘就山邀迓。詔書曰："練師⑥德超河上，道邁浮丘，高遊碧落之庭，獨步清源之境。朕初臨寶位，久⑦藉微⑧猷，雖非堯舜丕圖，魃心齧缺；軒轅御歷，遙想崆峒。緬惟彼懷，寧妨此願，朝欽【十四左】夕佇⑨，跡⑩滯心飛。欲遣使者迎，或慮鍊師驚懼，故令羕〈承〉褘往詔，願⑪與同來，披尉⑫不遙，無先此慮。"先生旡（既）⑬詔至京，帝問以"理身以清高爲貴，理國則如何？"先師對曰："國猶身也，身猶國也。老君曰：'遊心於淡，合氣於漠，順物自然而無私也，而天下治也。'⑭《易》曰：'大人與天地合其德。'是知天不言而信，不爲而成。元〈无〉⑮爲亦⑯理家之道也。"帝歎曰："廣成之言，何以加

---

① 𠃍很可能爲"莊"之壞字，本文十五左·2行"莊"字作𤆵，《唐文拾遺》釋作"莊"。
② 盧爲"虚"之俗字，"虎"頭多訛作"止"。
③ 《古逸叢書》本"寧"字缺末筆避清諱，底本不缺筆。
④ 原文作"今"，當爲"令"之誤字，《唐文拾遺》已釋"令"。
⑤ 原文作"羕"，當爲"承"字之誤，《唐文拾遺》已釋"承"。《新唐書·隱逸傳》："睿宗復命其兄承褘就起之。"
⑥ 此作"練師"，下文又有"鍊師"，應爲同一人。
⑦ 原文作乆。
⑧ 原文作㣲。
⑨ 《古逸叢書》"宁"旁多缺末筆避清諱，如本篇十六左·2行"鑿龕以貯雲霧"，"貯"字底本作貯，《古逸叢書》本作貯。此字漏避。
⑩ "跡"右旁寫作"之"。
⑪ 原文作願，"願"字俗寫，見《敦煌俗字典》第524頁。
⑫ 原文作尉，《唐文拾遺》釋作"尉"。
⑬ 底本作旡，《古逸叢書》本摹作旡，有誤。旡爲"无"，可讀作"既"。
⑭ 《莊子·應帝王》："無名人曰：'汝遊心於淡，合氣於漠，順物自然而無容私焉，而天下治矣。'"
⑮ 原文爲"元"字，本篇"無"既有作"無"形，也有作"无"形者。從文義看，這裏"元"應作"无"字用，參見《敦煌俗字典》第431頁。
⑯ 原文作亦，本篇"之"、"亦"字皆從此形作，從文義看這裏當爲"亦"字。

此。"請歸山,帝賜寶琴一張,及霞紋帔。中【十五右】朝屬詞之士,贈詩百餘人。帝遂置桐栢觀,諸①先生居之。

自靈墟南出二十里,有小莊在歡溪也,梁高士顧歡曾居比〈此〉,是名歡溪也。

自歇亭西行泫②澗一十五里至石橋頭,有小亭子。石橋色皆清③,長七丈,南頭闊七尺,北頭闊二尺,龍形龜背,架万仞之壑④上。有兩澗合流,從橋下過,泄爲瀑布,西流出剡縣界。從下仰視,若晴虹之飲澗,橋勢崒峭,水聲崩落,時有過者,目眩心悸,今遊人所【十五左】見者正是北〈此〉橋也,是羅漢所居之所也,意爲即小者,則不知大者復在何處,蓋神仙冥隱,非常人所覩。從此橋沿澗行一十五里,又有一石橋,中斷,號爲斷橋也。

自歇亭北上廿里,上華頂峯,北〈此〉天台山極高處也。常爲雲霧霾翳,少有晴朗⑤之時,其高霖〈霏〉⑥微,似寒先雲,幽澗凝冴,經夏不消,若遇晴時,則朝觀日之所設。《圖經》云:"白雲先生從靈墟至華頂,兩處從來朝謁不絕。其上【十六右】造天尊堂,並左右二室,開寶以延日月,朝湌其光,鑿龕以貯雲霧,夕吸其氣。堂前立壇三圾(級),堂内有石像、石磬,上有鐵香爐並鍾。北〈此〉壇久爲荒榛,近亦修開也。堂東一十步有甘泉。先生住經二十八載,頻奉勑(敕)詔,先生多不就。有表云:"俗人貞隱,猶許高棲,道士修真,理宜遜遠。"又詔云:"雖阻彼懷,宜從此旨,請斷⑦來表,無或二三。"開元十一年,玄宗皇帝追入内,先生辭⑧歸。帝以天【十六

---

① "諸"字不辭,可能爲誤字,《唐文拾遺》釋作"詔"。
② "泫"字《古逸叢書》本缺末筆避清諱,底本不缺筆。此字《唐文拾遺》釋作"注"。"泫"很可能爲"注"之誤字。
③ 《唐文拾遺》釋作"青"。
④ 本文有兩"壑"字,皆從豁從土,爲當時俗寫,見《敦煌俗字典》第152頁。
⑤ "朗"字作朗,底本同。
⑥ 《唐文拾遺》改釋作"霏"。霏微,意爲飄灑、飄溢。南朝梁何遜《七召·神仙》:"雨散漫以霑服,雲霏微而襲宇。"唐韓愈詩《喜雪獻裴尚書》:"浩蕩乾坤合,霏微物象移。"
⑦ 原文作斷,從米從斤,"斷"字俗寫,見《敦煌俗字典》第94頁。
⑧ 原文作辭,從台從辛,"辭"字俗寫,見《敦煌俗字典》第65頁。

左】台幽遠，難以迎請，遂於王①屋山選形勝，特置陽臺觀居之。合〈今〉②靈墟華頂，無復堂宇，唯餘松竹。天氣晴，望見海水，碧色朕然，與天同光。若清真之儔，則三山十洲，髣髴而覩，雲珮風笙，條〈倏〉③忽而聞。

　　自華頂北直下，甚嶮阻，千崖萬壑，千霖複磵，猿猱騰騫，靈祇憑託，非人迹④所及。又去天臺北門，在剡縣金靈觀，觀前有香炉（爐）峯，峯下有小穴，可以窺之，則莫窮於深淺。自天台山西北【十七右】有一峯，孤秀迥拔，与（與）天台相對，曰天姥峯，峯下臨剡縣路，仰望宛在[天]⑤表。舊屬臨海郡，令〈今〉⑥隷會稽。又有大唾小唾二峰，去天姥唾爲谷。天姥峯有石橋，以天台相連，石壁上有刊字，科斗文，亦高邈不可尋覓，[春]⑦月醮者[聞]⑧筇簫鼓（鼓）之聲。宋元嘉中，臺遣畫工匠，寫山狀於圓扇，以標榪⑨靈異，即复〈夏〉⑩禹時劉、阮二人採藥遇仙之所也。古之剡人劉日成⑪、阮肇，入山遇【十七左】仙於比〈此〉，其事亦具在本傳。又按《仙經》云："比〈此〉山有石橋一所，現二所不知其處。"又云："多散仙人，遇得橋，即与（與）相見。"以此言之，即靈仙之橋也，非今常人見者。自非精誠玄達，阻絕相偶，真仙亦不可得見，橋亦安可睹之。至於奇禽異獸，千狀万類，不可稱記；靈葩仙草，潛産谷中，莫能名之。而五芝耀綵，非真不遇；建木匿影，豈凡所觀。

　　靈府以元和十年自衡岳移居台嶺，定【十八右】室方瀛，至寶曆初歲，已逾禹〈再〉⑫閏，修真之暇，聊採經誥，以述斯記，用彰靈焉。

　　天台山記一卷【十八左】

---

① 原文此字半殘，此從《唐文拾遺》補爲"王"。
② 據文義，"合"當爲"今"字之誤，《唐文拾遺》已釋作"今"。
③ 據文義，"條"當爲"倏"字之誤，《唐文拾遺》已釋作"倏"。
④ "迹"字所從"亦"旁寫作"之"形。
⑤ 原文此字半殘，此從《唐文拾遺》補爲"天"。
⑥ 據文義，"令"當爲"今"字之誤，《唐文拾遺》已釋作"今"。
⑦ 原文此字半殘，此從《唐文拾遺》補爲"春"。
⑧ 原文此字半殘，此從《唐文拾遺》補爲"聞"。
⑨ 此字形不明。
⑩ 據文義，"复"當爲"夏"字之誤，《唐文拾遺》已釋作"夏"。
⑪ "日成"當由"晟"字誤析而成，沈曾植指出："劉晟、阮肇，夏禹時人，亦異聞。書劉晟爲劉日成，則誤析晟字爲二耳。"見錢仲聯《沈曾植海日樓文鈔佚跋（一）》，《文獻》1991年第3期。
⑫ 字形作禹，當爲"再"字之誤。

主要參考文獻(按作者姓氏拼音排序)

中文文獻

1. 《元泰定本廣韻》,中華再造善本影印本,北京:北京圖書館出版社,2005年。
2. 北京圖書館編《中國版刻圖錄》,北京:文物出版社,1960年。
3. 蔡夢麒《廣韻校釋》,長沙:嶽麓書社,2007年。
4. 陳東輝、彭喜雙《"〈古逸叢書〉本〈爾雅〉之底本辨析"商榷及釋疑》,《圖書館工作與研究》2009年第3期。
5. 陳捷《關於楊守敬與日本刻工木村嘉平交往的考察》,《中國典籍與文化論叢》第七輯,北京:北京大學出版社,2002年。
6. 陳捷整理《清客筆話》,謝承仁等編《楊守敬集》第13册,武漢:湖北人民出版社,1988年。
7. 陳矩《東游文稿》,光緒十九年(1893)刻本。
8. 崔富章、朱新林《〈古逸叢書〉本〈玉燭寶典〉底本辨析》,《文獻》2009年第3期。
9. 戴南海《版本學概論》,成都:巴蜀書社,1989年。
10. 戴微《琴曲〈碣石調・幽蘭〉譜版本研究》,《音樂藝術》1997年第2期。
11. 島田翰《古文舊書考》(出版社更名爲《漢籍善本考》),北京:北京圖書館出版社,2003年。
12. 杜澤遜《長伴蠹魚老布衣——記藏書家張景栻先生》,《藏書家》2001年第4期,濟南:齊魯書社,2001年。
13. (清)段朝端《邵氏姓解辨誤》一卷,清光緒間邵武徐氏刻本。
14. (晉)范甯集解《春秋穀梁傳》,《四部叢刊》影印本,民國間上海:商務印書館。
15. 范志新《〈古逸叢書〉本〈爾雅〉之底本辨析》,《文獻》2008年第2期。
16. 傅增湘《藏園群書經眼錄》,北京:中華書局,1983年。
17. 傅增湘《藏園群書題記》,上海:上海古籍出版社,1989年。
18. 高亨《古字通假會典》,濟南:齊魯書社,1997年。
19. 高正《〈荀子〉版本源流考》,北京:中國社會科學出版社,1992年。
20. 顧廷龍主編《續修四庫全書》經部第228册《玉篇》,上海:上海古籍出版社,

1995年。
21. 管庭芬、章鈺《錢遵王讀書敏求記校證》,《清人書目題跋叢刊四》,北京:中華書局,1990年。
22. 何澄一編《故宮所藏觀海堂書目》,北平故宮博物院圖書館,民國二十一年(1932)。
23. 胡平生《孝經譯注》,北京:中華書局,1999年。
24. 湖北省博物館編《湖北省博物館藏日本卷子本經籍文書》,上海:上海辭書出版社,2006年。
25. 黃萬機《黎庶昌評傳》,貴陽:貴州人民出版社,1989年。
26. 黃徵編《敦煌俗字典》,上海:上海教育出版社,2005年。
27. (清)紀昀等編《四庫全書總目》,北京:中華書局,1965年。
28. 賈二強《〈古逸叢書〉考》油印本,1986年陝西師範大學碩士論文,黃永年先生指導。
29. (清)金武祥《粟香隨筆》三筆,光緒刻本。
30. 來新夏《黎庶昌對異域古籍搜刊的貢獻》,《北京圖書館館刊》1993年第2期。
31. (清)黎庶昌、楊守敬刻《古逸叢書》,清光緒十年(1884)刻本。
32. (清)黎庶昌《拙尊園叢稿》,清光緒二十一年(1895)金陵狀元閣刻本。
33. (清)黎庶昌《拙尊園存書目》,收入林夕主編《中國著名藏書家書目彙刊(近代卷)》,北京:商務印書館,2005年。
34. 李士棻《天補樓行記》一卷,清光緒十一年(1885)上海自刻木活字本。
35. 李新魁《韻鏡校證》,北京:中華書局,1982年。
36. 林家驪《日本影弘仁本〈文館詞林〉及其文獻價值》,《杭州大學學報》1988年第4期。
37. 劉昌潤《日本訪書志續補》,謝承仁等編《楊守敬集》第8冊,武漢:湖北人民出版社,1988年。
38. 劉復、李家瑞編《宋元以來俗字譜》,北京:文字改革出版社,1957年。
39. 劉雨濤《龔澤浦購買黎庶昌珍藏善本書》,《貴州文史叢刊》1992年第3期。
40. 劉玉才《島田翰其人其事》,《版本目錄學研究》第一輯,北京:國家圖書館出版社,2009年。
41. 劉玉才主編《從鈔本到刻本:中日〈論語〉文獻研究》,北京:北京大學出版社,2013年。
42. 羅國威《〈文館詞林〉刊布源流述略》一文,《古籍整理研究學刊》1994年第3期。

43. （元）馬端臨《文獻通考・經籍考》，上海：華東師範大學出版社，1985年。
44. （清）馬瑞辰《毛詩傳箋通釋》，北京：中華書局，1989年。
45. 馬月華《略論元泰定本〈廣韻〉》，《文獻》2010年第2期。
46. 《宋監本爾雅郭注》，民國二十年（1931）故宮博物院影印本，《天禄琳琅叢書》第一集。
47. 穆石《枯樹綻新芽　古籍煥青春——訪江蘇廣陵古籍刻印社》，《讀書》1980年第10期。
48. 倪其心《校勘學大綱》，北京：北京大學出版社，2004年。
49. （清）潘祖蔭《滂喜齋藏書記》，民國十三年（1924）海寧陳氏慎初堂鉛印本。
50. 朴現圭、朴貞玉《廣韻版本考》，台北：學海出版社，1986年。
51. （清）阮元校刻《十三經注疏》，北京：中華書局，1980年。
52. 清瞿鏞撰《鐵琴銅劍樓藏書目錄》，《清人書目題跋叢刊》第3冊，北京：中華書局，1990年。
53. 容肇祖《史地學家楊守敬》，《禹貢》半月刊第三卷第一期，北京：禹貢協會，1935年。
54. 澀江全善、森立之著《經籍訪古志》，光緒十一年（1885）徐承祖鉛印本。北京圖書館出版社2005年出版的《日本藏漢籍書志書目集成》第一冊影印此本。
55. 蘇芃《原本〈玉篇〉殘卷國内影印本述評》，《中國典籍與文化》2008年第4期。
56. 孫欽善校點《論語集解》，《儒藏》精華編第104冊，北京：北京大學出版社，2007年。
57. 臺北故宮博物院編《"國立故宮博物院"藏沈氏研易樓善本圖錄》，臺北故宮博物院，1986年。
58. 臺北故宮博物院編《"國立故宮博物院"善本舊籍總目》，臺北：臺北故宮博物院，1983年。
59. 臺灣"中央圖書館"特藏組編《"國立中央圖書館"善本題跋真跡》，臺北："中央圖書館"，1982年。
60. （元）脱脱等修《宋史・藝文志》，上海：商務印書館，1957年。
61. 王寶平《黎庶昌東瀛訪書史料二則》，《文獻》2004年第4期。
62. 王國維《覆五代刊本〈爾雅〉跋》，《觀堂集林》，北京：中華書局，1959年。
63. 王國維《校松江本〈急就篇〉序》，《觀堂集林》，北京：中華書局，1959年。
64. 王文進著，柳向春標點《文禄堂訪書記》，上海：上海古籍出版社，2007年。
65. 王燕均《汲古閣原藏宋五十卷本〈杜工部草堂詩箋〉離散考》，《版本目錄學研究》

第一輯,北京:國家圖書館出版社,2009年。

66. 王肇文編《古籍宋元刊工姓名索引》,上海:上海古籍出版社,1990年。
67. 王重民《〈史略〉校勘劄記》,《圖書館學季刊》第二卷第四期,民國十七年(1928)中華圖書館協會編印。
68. 王重民輯《日本訪書志補》,謝承仁等編《楊守敬集》第8冊,劉昌潤整理,武漢:湖北人民出版社,1988年。
69. 王菡整理《藏園群書校勘跋識錄》,北京:中華書局,2012年。
70. 吳天任《楊惺吾先生年譜》,臺北:藝文印書館,1975年。
71. 夏日新《楊守敬日本訪書成功原因初探》,《江漢論壇》2007年第4期。
72. 嚴紹璗《漢籍在日本的流布研究》,杭州:浙江人民出版社,1996年。
73. 嚴紹璗《日藏漢籍善本書錄》,中華書局2007年3月。
74. 楊世燦《楊守敬學術年譜》,武漢:湖北人民出版社,2004年。
75. (清)楊守敬《日本訪書志》,謝承仁等編《楊守敬集》第8冊,劉昌潤整理,武漢:湖北人民出版社,1988年。
76. (清)楊守敬編《觀海堂書目》一冊,收入林夕主編《中國著名藏書家書目彙刊(近代卷)》第10冊,北京:商務印書館,2005年。
77. (清)楊守敬、熊會貞《鄰蘇老人年譜》,謝承仁等編《楊守敬集》第1冊,武漢:湖北人民出版社,1988年。
78. 葉昌熾《緣督廬日記抄》,民國二十三年(1934)上海蟬隱廬石印本。
79. 葉德輝《書林清話》,民國間《郋園先生全書》本。
80. 余嘉錫《四庫提要辨證》,昆明:雲南人民出版社,2004年。
81. 余迺永《新校互注宋本广韻定稿本》,上海:上海人民出版社,2008年。
82. 張景栻、張旻《楊守敬舊藏日本卷子本目錄》,《藏書家》2001年第4期,濟南:齊魯書社,2001年。
83. 張麗娟《南宋建安余仁仲刻〈春秋穀梁傳〉考》,《版本目錄學研究》第一輯,北京:國家圖書館出版社,2009年。
84. 張元濟《涵芬樓燼餘書錄》,上海:商務印書館,1951年鉛印本。
85. 趙飛鵬《觀海堂藏書研究》,臺灣:漢美圖書公司1991年;2005年修訂再版,收入潘美月、杜潔祥主編《古典文獻研究輯刊初編》,臺北:花木蘭文化出版社。
86. 《宋端平刻本《楚辭集注》影印本,北京:人民文學出版社,1953年。
87. 中國古籍善本書目編輯委員會編《中國古籍善本書目·經部》,上海:上海古籍出版社,1989年。

88. 中國古籍善本書目編輯委員會編《中國古籍善本書目·子部》,上海:上海古籍出版社,1996年。
89. 中國國家圖書館、中國國家古籍保護中心編《第一批國家珍貴古籍名錄圖錄》,北京:國家圖書館出版社,2008年。
90. 中華書局影印《原本玉篇殘卷》,1985年。
91. 周祖謨《廣韻校本》,北京:中華書局,2004年。
92. 朱賽虹《觀海堂藏書與日本漢文典籍的回傳》,《紫禁城》2002年第3期。
93. (宋)朱熹《晦庵先生朱文公文集》,《四部叢刊》影明嘉靖本,民國間上海:商務印書館。
94. (清)朱彝尊《曝書亭集》,《四部叢刊》影印康熙本,民國間上海:商務印書館。
95. 劉玉才、稻畑耕一郎編《日本國會圖書館藏宋元漢籍選刊》第7冊《姓解》,南京:鳳凰出版社,2013年。

網絡參考

96. 日本國立國會圖書館網站,日本平安時代抄本《天台山記》全文影像:http://rarebook.ndl.go.jp/pre/servlet/pre_wa_thumb.jsp;jsessionid=F219D999697CEED546970338BA58D3AB
97. 日本京都大學圖書館網站,日本永祿七年刻本《韻鏡》全文影像:http://edb.kulib.kyoto-u.ac.jp/exhibit/kichosearch/src/tani159.html
98. "香港武林琴苑"網站,日本東京國立博物館藏唐寫本《碣石調·幽蘭》全文影像:http://www.wulin.hk/the_5th_special.html
99. 日本國立公文書館網站,南宋刻本《史略》書影:http://www.archives.go.jp/exhibition/digital/kanseki/contents/photo.html?id=photo11_1

日文出版物

100. (日)阿部隆一《"中華民國國立故宮博物院"藏楊氏觀海堂善本解題》,收入《(增訂)中國訪書志》,日本昭和五十八年(1983)東京汲古書院。
101. (漢)班固撰,(唐)顏師古注《漢書·食貨志》一卷,日本昭和三年(1928)東京古典保存會影印公元八世紀日本寫本。
102. (日)長澤規矩也《古逸叢書の信憑性ついて》,收入《長澤規矩也著作集:第一卷》,日本昭和五十七年(1982):東京汲古書院。

103. (日)長澤規矩也《楊惺吾日本訪書考》,收入《長澤規矩也著作集:第二卷》,日本昭和五十七年(1982)東京:汲古書院。
104. 陳捷整理《楊守敬與宮島誠一郎的筆談錄》,東京大學中國哲學研究會《中國哲學研究》第12號(1998年11月1日)。
105. 陳捷《貴州省におけゐ日本関係典籍について——黎庶昌の古典籍蒐集およびその旧藏書の行方を中心として》,《中国に伝存の日本関係典籍と文化財》(International Symposium 17 February 19－22,2001)。
106. (日)關儀一郎、關儀直編《近世漢學者傳記著作大事典》,日本昭和十八年(1943)井田書店。
107. 日本古典研究會《神宮文庫藏南北朝刊本〈爾雅〉》,日本昭和四十八年(1973)東京汲古書院。
108. 日本靜嘉堂文庫編《靜嘉堂文庫宋元版圖錄》,日本平成四年(1992)東京汲古書院。